अनादि मेमना

बहु मूर्ति दर्शी श्रृंखलाः गैर–यहूदी चीन के लेखक (1)

अनादि मेमना

कझाकी जीवन की दीवारदरी

यर्केसि हुमनबिक

GYAN

प्रकाशित

1. 远离严寒:-चाईना ट्रांसलेशन एण्ड पब्लिशिंग हाऊस (चाइना भाषा में प्रकाशित सन् 2013)
2. An Eternal Lamb:-ऑरोरा पब्लिशिंग एलएलसी, 215 यूनिवर्सिटी बूलिवर, नॉटिंघम, एनजी9 2जीजे (ब्रिटेन) (अग्रेजी भाषा में प्रकाशित सन् 2015)
3. अनादि मेमना:-ज्ञान पब्लिशिंग हाऊस (हिन्दी भाषा में प्रकाशित सन् 2018)

अनादि मेमना

ISBN : 978-81-212-1369-1

भारत में सन् 2018 में प्रकाशित
ज्ञान पब्लिशिंग हाऊस,
5, अंसारी रोड, दरियागंज,
नई दिल्ली-110002
Phone : 9811692060
ई-मेल: books@gyanbooks.com

मुद्रित: जी. प्रिंट प्रोसेस, दिल्ली

विषय सूची

अध्याय – 1

पुराना कब्रिस्तान

घर से हम रवाना हुए। खेल मैदान, पुराना कब्रिस्तान, मोची टॉग की लोम दुकान व छोटी झरना के बीच रास्ते में आए। टॉग खुद वहाँ रहने लगा था। वह लोम की धुलाई व सज़ावट झरने में करने लगा था। हमारा परिवार झरने से पानी ढ़ोता रहा। आरंभ में पिताजी, माँ, बहन और बाद में स्वयं पानी घर तक ढ़ोने लगे। पुराने कब्रिस्तान के बीच पानी हम लाया करते थे। छोटी सड़क के बाद में घर तक पहुँचने का वह मार्ग बना था। हमारे लिए पानी ढोने वह बना था, बाद में वह सीधा मार्ग बन गया। कब्रिस्तान का फैलाव बाद में अवरोध की भांति कठिन बन गया।

मैं दो खाली बाल्टी ले गया था। खेल मैदान के ज़रिए कब्रिस्तान की उत्तरी छोर पर रूका। दिल में उत्सुकता की संवेदना उमड़ आयी। कब्रिस्तान के कब्र एक–दूसरे के बगल सुव्यवस्थित रहें। आसमान पर सूरज़ उमसदार प्रज्जवलित रहा। कब्रिस्तान सोये हुए गाँव की तरह स्तब्ध रहा। लग रहा था कि हवा या धूल या रेत बिना कीड़े उड़ नहीं रहे है जिससे मैं बेदम हुआ। आगे बढ़ा। कन्धे पर लटकी खाली बाल्टी कब्र पर खड़े पत्थर के फलक पर टकराती रही। लोहे और पत्थर के टकराव से निकली प्रतिध्वनि विस्फोट करती रही। कब्र के भीतर सोया हस्ति के ऊपर धूल छिड़क से जागा होगा। कोई बता पाएगा कि मृत व्यक्ति की शांति भंग करने से मुझे क्या प्रतिकार मिलेगा?

घर पर उदास मुड़कर देखा। लगा कि मेरे चेहरे पर कोई साया भी नहीं पड़ा है। गर्मियों में छात्र स्तोम की चढ़ाई पर गए। घर की खिड़की, दरवाज़े लावारिस दिखने लगे। खेल मैदान भी वीरान् था। बास्केट बॉल के दो टांड़ से ज़मीन पर अपरिचित बद्वहस्त शिकारी महा कीड़ों की तरह साये पड़े रहे। घर पर महाकाल गहरी नींद पर चला गया। ऐसा लग रहा था कि पुराना कब्रिस्तान पर वह हुआ है। अथवा हमारी धुंआरे से ज़मीन को गीला करने से पूर्व धुंएँ ने बर्फ को पिघला दिया है। दरवाज़े के सामने माँ खड़े होकर इशारा कर रही थी। उसकी समझाना मालूम था – निरंतर बर्फ ढ़ेर में पिघल रही हैं, जल्दी से जल्दी तुम्हें घर को पानी लाना पड़ेगा।

मुड़ा और आगे देखा। पाया कि मोची टॉग की धुंआरा धुंआ फूंक रहा है। कब्रिस्तान के दक्षिणी छोर की कब्र पर उनकी धर की साया पड़ा है। मूंदी हुई आँखों से एक छोटा मेमना बिन समय की परवाह वहाँ जुगाली ले रहा है।

मेरे दिल में उत्सुकता उमड़ आयी। मेरे साये के बीच मैं उदास हो चला। ऊँचे कद की चाहत से सोचा कि बाल्टी को ज़मीन से दूर मैं ले जाऊँ।

कब्रिस्तान पर लगभग पचास से साठ कब्र थी। बिन कब्र फर्क पता नहीं चलता कि किस का कब्र कहाँ है। खिड़की से पत्थर–भराव से दबी कब्र को देख सकते थे। वह पत्थर का स्तोमे जैसे लगते थे। कुछेक कब्र मात्र सूखे मिट्टी दीवार से आवृत थे। रहस्यात्मक हवा बहने लगती थी कि किस हस्ति उनके नीचे गाढ़ा गया है। पश्चिमी दीवार पर एक खिड़की थी। दक्षिणी दीवार पर एक दरवाज़ा था। समय की चाल से मालिक की अनदेखी से सब मलबे बने रहे। कोई नहीं जानता कि उधर कितने कब्र होंगे अथवा कितने लोगों को वहाँ गाड़ा गया है। वयस्कों के कथन अनुसार, मिट्टी दीवार के पास गाढ़े हुए हस्ति प्रतिष्ठित अथवा बड़ी परिवार से जुड़े होगें। तात्पर्य था मेरी याददाश्त में किसी ने वहाँ शोक सभा का आयोजन भी नहीं किया। नया कब्र भी नहीं बना जिससे

हमारे व उनके ज़माने की पहचान बन सके। लग रहा था कि हमारी जिंदगी से उनको समाप्त कर दी गई है। संसार से समय की चाबी से हमेशा के लिए उन्हें अलग कर दिया गया था।

समय बीतता गया। लोग व घोड़ों के बार–बार कुचलने से कब्रिस्तान की नुक्कड़ के कब्र ज़मीन पर उखाड़ फेंके गए । हवा में बह गए रेतीला पर्बत की तरह वह दिख रहे थे। एक वर्ष बीता। एक कब्र को बैल ने कुचल डाला। बैल का आधा शरीर कब्र के नीचे चला गया। नासमझी से वह ऊपर न आ सका। कई लोगों के परिश्रम से उसे बाहर खींचकर निकाला गया। परिदृश्य बैल को मिट्टी के ढ़ेर से खींचा जैसा लग रहा था। मिट्टी पर आप काम किए हो तो हम मिट्टी मिश्रित जल से परेशान हुए होंगे। कब्रिस्तान पर काम करते समय हमारे सामने धूल की सतह का जमावड़ा रहा। ऐसा लगा कि लोग बैल की जगह खुद कब्र के भीतर चले गए है। वह हास्यास्पद भी रहा। बैल के निकलने के बाद, कब्र में एक खाई बन गई। सर्दी में उस पर बर्फ जम जाती थी। गर्मी के दौरान् अन्धेरी रात मे खुली खाई विकराल बन जाती थी। कोई उसकी देखभाल नहीं किया करता था। मैं सोचता रहा कि कोई उस पर एहतियात के तौर पर ख्याल करें। कल्पना कीजिए एक साहसी किशोरी ने बड़ी परिश्रम से कब्रिस्तान के बीच झरने तक कैसे पहुँची।

मुझे मालूम नहीं पड़ा कि मैं कब्रिस्तान के भीतर या बाहर हूँ।

छत पर एक शाम चढ़ा। माँ को टमाटर कतले सुखाने में मदद कर रहा था। हर गर्मी के मौसम में पिताजी किताई जाते थे। वहाँ से टमाटर खरीद कर लाते थे। कतले करने के बाद छत पर खुखाने डालते थे ताकि सर्दी में काम आए।

मेरी बहन पिछले वर्षो में यह काम करती थी। दोपहर से अस्तमय समय तक उसे सुखाते थे। अंधेरा होते ही मेरी आँखें भी टमाटर सी लाल हो जाती थी। छत, आसमान, ज़मीन, लोग और आसमान में उभर रहा तारा – सब लाल लाल दिखने लगते थे। हैरान् हुआ। सोचने लगा कि मेरे में कुछ गलती होगी। छत पर ही खड़ा रहा। आँखों को रगड़ा।

हाथ भी लाल हो गये। सिर पर हाथ बढ़ाया। अस्तमय सूरज़ भी रूधिराक्त हुआ। लाल चिड़ियों का झुंड़ उड़कर आ टपका। ऐसा लग रहा था कि हल्का बादल गहराई गरज़ सहित वहाँ पहुंचा है। पीछे से मुड़कर मैने देखा। पत्थर–भराव पर लाल धूल चिपक गया था। कुछ लोग वहाँ पेड़ से पेड़ उड़ रहे भारी पंखेवाली कीड़ो की तरह मुक्केबाज़ी कर रहे थे। कुछ नीचे गिर रहे थे। कुछ खून के दरिया में खड़े थे। एक बरछा पकड़ खड़ा था। बिन टांग दूसरा उधर मोची टॉग के झरने तक रेंगता रहा। टॉग झरने में अपने काम में मस्त रहा। उनकी कमसीन पत्नी कब्रिस्तान के निकट माहौल पर अनदेखी की हुई थी। पक्षी समूह आसमान के नज़दीक शोरगुल कर ऊँची दीवार पर आराम कर रहे थे। आसमान तक खींच गई दीवार पर खिड़की से बत्ती के प्रज्वलित रोशनी चमक रही थी। चिल्लाहट की आहटे सुना, ''पानी, पानी, पानी....''

एक क्षण में मेरा बदन बेसिरा लाल धूल से आवृत रही।

किसी ने कहा, ''बच्ची बीमार है। कल रात से अत्यधिक बुखार है। बेमतलब वह बातें कर रही है। कहने लगी कि, ''उसने लड़ाई देखी है। किसी ने मोची टॉग की झरने को छीन ली है''। मुझे मालूम पड़ा कि मेरे पिताजी ही ऐसे बोल रहे हैं। उसने कहा, 'उसके मुँह में बुखार से छाले–छाले हो गए है''।

आँखें खोली। महसूस किया कि मैं अपने पिताजी के बाँहों में पड़ा हूँ। उसके दाहिनी बाँह मेरे गर्दन के नीचे है। एक दरवाज़ा मेरी आँखों में दिख रहा है। कोई हमारे पास आ रहा है। घर में घुसकर बत्ती जलाया। मेंरी आँखों में उसकी रोशनी प्रज्जवलित होकर चौंधिया गयी।

किसी ने कहा, ''कोई बात नहीं। बच्चे को टटोरा हुआ है। दवा अथवा सुई लेने की ज़रूरत नहीं। उसे घर ले जाओ। बाद में वह सही हो जाएगी। रोशनी से इसे दूर रखों। उसकी आँखें बर्दाश्त नहीं करती। उसकी मुँह पर संदूषण रोकने बेंगनी रोगनिरोधक द्रव्य लेप सकते हैं। ''होंट देखिए जहाँ छाले हुए है''। मुझे लगा कि सूखी रूई के कई टुकड़े बार बार जीभ लगाया जा रहा है।

सभी दरवाज़े व खिड़की घर में बंद रहें। बाहरी दुनिया से लाल पर्दा अलग कर दी है। कटिये पर हूँ और सोच रहा हूँ कि दोबारा कब्रिस्तान जाकर आऊँ। देखूँ कि भरचाधारी आकर झरना छीनकर तो नहीं गया। घर में छिप कर रहा। कोई नहीं जानता कि मोची टॉग से मैं कितना जलता हूँ। हम क्यों नहीं। झरने के बगल में उसने मकान बना लिया है।

एक सप्ताह बीत गया। माँ छत पर टमाटर की चकले इकठ्ठा करने दोबारा चढ़ी। मैं उसे सुखाने वहाँ डाला था।

संपूर्णतः सूख गया था। चकले सूखे पत्ते की तरह पपड़ी बन गए थे। मेरी छाले ग्रीष्मीय हवा में गायब हुए। लाल धूल की भाँति बचपना के संस्मरण की तरह सुप्त हुए। महसूस हुआ, टीका लगने के बाद बदन की जैव–विश सम्मोहक रहा। दोबारा पूरे बदन पर छाले फैल गए। पपोटे के भीतर खिला बना दिया। हम कितने असुरक्षित रहे होंगे? जैव–विष जब तक शरीर में रहेगा छेद्यता हमेशा वहाँ रहती है।

टमाटर की चकले की टोप को फैलाया। माँ ने दिया था ताकि कब्रिस्तान पहुँचने मैं काबिल हूँ।

खेल मैदान मे कुछ बच्चे स्कूल से लौटने के बाद बास्केट बॉल खेल रहे थे। एक गेंद के लिए आपस में वे लड़ रहे थे। आंगन की पूरब से पश्चिम दिशा पैरों तले धूल उड़ा रहे थे। पसीने से भीगे हुए थे। गेंद की न मिलने पर नाराज़ हुए थे। मुझे वह मज़ा दे रहा था। समय का ऐसे हरण कर रहे थे। धरती तले गाढ़े लोग समय की अनदेखी कर रहे थे।

कब्रिस्तान पहुँचा। विदा हुए लोगों पर मैं बेफिक्र था। गेंद सिर पर आकर उलझन में ड़ाल दिया था। लड़ने में कमज़ोर था। मैं दुबला पतला दिखता था। बीमारी से हाल ही में उठा था। धूप से शरीर में संपोषण होना था।

आसमान में धूप तेज़ थी। कब्रिस्तान पहुँचने कीं हिम्मत आई।

झरने के रास्ते में बढ़ा। पिताजी, माँ, और बहन उधर से गुज़रते थे। खुद को राहत महसूस किया। बच्चों का शोरगुल कानों में गूंजता रहा। दिन में धूप से कब्र–फलक गरम हो गए। बादल की तरह उनसे लू मारते रहे। देखा कि टीले पर सिर झुक कर चर रहा टॉग का श्वेत बकरा बड़ा हो गया है। देखते ही वह स्तब्ध रहा। देखा कि मेरी अच्छे होने के बाद झरने से पानी ढ़ो सकता हूँ। वहाँ तक मेरी सेहत में बदलाव आना है। बास्केट बाल सिर पर खेल मैदान से उड़ा। बैल कुचला हुआ कब्र के ऊपर वह गिरा।

मेरी ओर एक किशोर आकर कब्र के पास रूक गया। सोचता रहा वह ऐसा क्यों किया। उत्तेजित मेरा वह अभिवादन किया। उनकी आँखों में खुशियाँ झलकती रही। कुछ कब्र के ऊपर चढ़कर गेंद को देखने लगे। वहाँ जाने से पूर्व मैं हिचकने लगा। खुली कब्र पर तीखी नज़र से देखा। ऐसी कोई हैरानी नहीं थी। खाई में ऐसे कुछ चीज़ भी नहीं रही। सोचा कि जल्द उधर से जाऊँ। क्योंकि कब्र के नीचे जमें श्वेत हड्डी देखने की हिम्मत मेरे में नहीं थी। ऐसे में लोहे की टुकड़ा पास ही पड़ा देखा। पकड़ा और देखा। वह एक वाणाग्र था। उसके पंखे की तरह अधूरा खुरदरा पूंछ था। हाथ में भारी लगा और धूप के वजह गरम था।

कई वर्ष बीते। शाम के समय कब्रिस्तान में खड़ा प्रसंग का याद किया। भरचे के साथ खड़ा आदमी देखा। सोचा कि वाणाग्र उसी से निकला होगा। किसी ने इच्छा नहीं जताई। कई लोगों ने बाद में उत्सुकता दिखाई। किसी ने कुछ नहीं कहा। लाल रंग व्यक्ति की टिप्पणी उचित लगा। कहा था कि बीटा स्तोम सरहदी है जहाँ कई लड़ाई हुए थे। सैंकड़ो ज़वान व दस्यू के बीच लड़ाई चली। सब झरने के लिए लड़े न की गढ़। वाणाग्र किसी एक को चुभा होगा। उन्हें सामूहिक वहाँ गाढ़ दिया होगा। उनको कई वर्ष बाद एक किशोरी ने पहचाना। किस्सा ऐसा हुआ होगा।

वाणाग्र को मैंने सम्हाल कर रखा। मेरी संस्मरण में अब भी संझोया स्मरणीय तोहफ बना है। मेरी शादी होते ही उसे दहेज़ का भागांश मान

लूंगा। मेरे माँ—बाप के पास उसे छोड़ दिया। अब भी मुझे वह बचपना याद दिलाती है। माँ—बाप के सामने अपनी जीवन की बहाली हुई है।

झरने का मार्ग कभी भूल नहीं सका। मौत का कुंआ था वह। हम वहीं रहने लगे।

मोची टॉग और हम झरने के इर्द—गिर्द पर रहें।

न सर्दी, न की सड़क को भूला जब पिताजी और मैं टॉग की पत्नी को अपनी पीठ पर लादकर हमारे घर लाए।

झरने की यह शुरूवात रही। बर्फ की भारी चकले सड़क पर गिरे। सड़क के कई सतहों पर बिछाए गए। टाँग दरवाज़े खोलकर हताश बोलने लगा, उनकी सुंदर पत्नी मुखिया के समक्ष उससे विच्छेदन मांगनेवाली है। कई वर्ष तक वे झगड़ा करते रहें ताकि हमेशा के लिए चैन से रहे। वह स्त्री इतनी दबंग नहीं थी। सोचती थी कि जिस दिन सड़क के अंत पहुँची तो उसी दिन उसकी तलाक निश्चित है। कोई बच्चा भी जानता था तलाख का अर्थ मौत। मौत किसी को निश्चिंत जीवन नहीं रहने देता। टॉग के बोलते समय, हमारे चूल्हे के सामने बैठ वह तंबाकू पीया। उनकी आँखें आँसुओं से भीगी हुए थी। अपनी शादी की बहाली के बारे मे मां—बाप के सामने गिड़—गिड़ाया, "आप दोनों शिक्षक है। कृपया मेरी पत्नी को होश में लाइए क्योंकि इस स्त्री के बिना संसार में वह नहीं रह सकता"।

पिताजी और मैं सड़क के ऊँची दीवार तक पहुँचे। वह सुन्दर स़्त्री दीवार के नीचे बर्फ में आधा मुंह भिगोकर लेटी हुई थी।

बर्फ के चकले उसकी सिर और बाल पर सतह—सतह गिर रहे थे। बर्फ मंच पर पद चिह्न अस्तव्यस्त पड़े थे। स्पष्ट था कि वह क्षेत्र मौत का अड्ड़ा रहा। दंपत्ति के बीच गम्भीर लड़ाई ज़ारी रही। इसकी वजह से वह स्त्री गिर पड़ी थी। वह बेहोश थी जब पिताजी उसे अपनी कंधे पर बिठाए। उनकी दिल से कराहने की आवाज़ आती रही। कह सकते है कि अत्यधिक वह दुःखी हुई थी।

कई वर्ष बाद संसार की समझदारी मुझ में आई। कई लोगों से मैंने महसूस भी की कि बिगड़ी हुई शादी अटल है। कई लोग अपने वरण को त्याग देते है। सुःखद या कड़वे अनुभव को लावारिस कब्र में बदल देते है। उनकी निर्दिष्ट स्थान उम्र के हिसाब से लुप्त होने लगती है। व्यथा से मुक्त लोग नव जीवन प्राप्त कर सकते है।

सुना कि टॉग और उनके पत्नी के बीच तलाक हुआ। टॉग के हालात से मैं भी विचलित हुआ। उनकी पत्नी बर्फ मंच पर बेहोश पड़ी हुई थी। मां–बाप के प्रतिपादन कमज़ोर और निरर्थक रहा। टॉग और उनकी कमसीन पत्नी और मां–बाप उनकी कटकटे में पड़ी शादी बचाने अथक प्रयास किये हुए थे।

हम जिए, प्यार किए और घृणा भी किए।

कब्रिस्तान में पड़े लोग, वृद्धावस्था या पानी के लिए युद्ध में जिए, प्यार किए और घृणा किए, पानी के लिए मरे हों, ज़रूर उसी झरने से हम सभी पानी पीए हुए थे।

अध्याय – 2

गोली

पर्वतस्तोम बीहड़ में पिताजी गोली के छिलके और हड्ड़ियों को छानने ले गए। उन चीज़ों को हम सरकार के फार्म विभाग को सौंपना था। हम और अन्यत्र से संग्रहित चीज़ों को बाद में राज्य के जंगार हौज़ में फेंकते थे। हमारा काम मात्र संग्रहित कर संबंधित विभाग को सौंप देना था। हम यह नहीं जानते थे कि किसके लिए और कहाँ उसका समुचित उपयोग किया जाएगा।

पिताजी मुझ से आगे बढ़ रहे थे। उनका पीछा करते हुए घास –सतह के तले कुछ उन्हें चुबते ही वहीं खड़े हो गए। मई का महीने होने के वजह से, बर्फीला बीटा पर्वतस्तोम संपूर्ण रूप से पिघला नहीं था। उनकी साये में अभी भी वहाँ बर्फीले चट्टानें पड़ी हुए थे। यद्यपि वे इतने प्रभावशाली नहीं थे। फिर भी वे कमज़ोर व अत्यधिक पुराने पड़ गए थे। बर्फ की ढ़ेर सटिया जा रहा था। बिन कारण, बिन बोझ, व बिन उम्र श्यनैः–श्यनैः वह पिघलने लगते थे। बीते हुए यादें शरदांत में उभरे बर्फ सार वसंत से पूर्व गायब (कझाकस्थान मे) होकर पिघले जाते थे। मुरझाए गए घासी गद्दे से कुचले गए पिताजी बसंत के पनप रहे कई प्रजाती सस्य का प्रत्यक्ष गवाह बने रहें थे। स्वर्णिम धूप में उसकी आकर्षण किसी के मन को लुभा सकता था। यादों की उन बारात तरोताज़ा रहा करते थे। वसंतागमन के बाद ऋतु मौसम मे यह प्रक्रिया बाद में समाप्त हो जाती थी।

पड़ोसी नानी ने कहा, 'पुरानी की गायब होने से पूर्व यह कैसा आ रहा है? स्तोम के उभय पार्श्व देवदारू वृक्ष के लम्बे–लम्बे ठूंठ फैलने लगते थे। क्षणों की हम प्रतीक्षा करते थे जब उनकी रौनक को महसूस किया जाएं। पता था कि ऐसे लम्हों में नये पत्ते उभर कर आते थे। विगत वर्ष की संस्मरण नया हो जाता था। आसमान पर नज़र ड़ाला। दो गरूड़ वहाँ मंड़राते थे मानों आसमान हम से अत्यधिक दूर समाया हुआ हों। क्षितिज ऊँचा स्थिर रहा और बादल दूर बहने लगे। हमें हवा की आवाज़ भी अभेद्य रही। कुछ दूर आगे बढ़े मगर वहाँ कुछ भी नज़र नहीं आया। सूरज सिर पर विराज़मान था। थूक निगलते हुए पिताजी से कहा, 'यह जगह मुझे प्यासी बना दिया है'। पिताजी ने मुझे छोटे–छोटे ड़ांड़ और झरने की कुछ गहरी खाई में ले गए।

घोड़े के साथ वहाँ एक चरवाहा पहले ही मौजूद था।

लगता था घोड़ा पानी पी चुका था। उसके मुँह पर छींटे दिख रहे थे और वह हुनहुना रहा था। उसकी लगाम झरने के अंदर एक लम्बी रंगीली सांप की तरह लटक रही थी। चरवाहा चट्टान पर बैठकर पानी पी रहा था। कदम की आहट सुनकर, झरने से सिर उठाकर वह मुस्कराया। हमारे वहाँ पहुँचने से पूर्व वह खड़ा हो गया। मेरे सामने गुज़रने के बाद पिताजी के हाथ में अपने हाथ देकर अभिवादन करने लगा। पानी पीने के लिए मैंने अपना सिर नीचे किया तब उनका चेहरा मेरे सामने अजीब सा दिखने लगा। कुछ समय तक मुस्कुराहट से उनका चेहरा भर गया जैसे उन्होंने खुशियों के साथ जीवन बिताया हैं। पश्चदर्शन में, उनकी मुस्कराहट मे कुछ सख्ती दिख रही थी जैसे उसका चेहरा बना हुआ हों। पानी पीने के बाद अपने घोड़े का देखबाल करने लगा। पिताजी मेरी ओर देखकर कहने लगे, शायद मैंने समझा कि वह मेरे बारे में उनसे कह रहे होंगे, 'बड़ों का आदर किया करो'। नजीज़तन, जब मेरी नज़र उन पर पड़ी, मैं डर के मारे अवरूद्व हो चुका था। उनका चेहरा एक विकृत स्वरूप धारण कर चुका था। उनका मुंह का नुक्कड़ ऐसा पिचका हुआ था जिसे आप दिप्पणी करते होंगे कि

अभिघातीय चोट के बाद टांका लगाया गया हों। दुर्भाग्य से हमेशा के लिए उनकी चोट के कारण 'मुस्कराहट' चेहरे पर सख्ती दिखाई देने लगी। उम्मीद थी कि वह मेरे सामने मुस्कराया होगा। मालूम नहीं कि जवाब में मेरी मुस्कराहट का अनुक्रिया क्या हुआ होगा। सुना कि खुद से वह उपहास कर रहा है, ''संभव हों, जल्दी ही चला जाऊँगा, शायद बच्चे को मैंने डरा दिया लगता है।''

चरवाहा चल दिया। पिताजी बोलने लगे, 'उनकी मुस्कराहटी चेहरा बमबारी के कारण विकृत हुआ। कई साल पूर्व उसने पर्वतस्तोम से कुछ हथगोले का संगृहित किया। घर लेकर उन्हें विखंडित भी किया। भीतर एकत्रित हुए लाल बूरे को अपनी तर्जनी में लगा लिया। जब उस पर थूका तब वह लाल द्रव का स्वरूप धारण कर लिया। पत्नी से कहा कि उनके लिए एक पाज़ामें की रंगाई करके दें। वह करने के पूर्व खुद अपने बेटे का पाजामे की रंगाई की। कुछ भी नहीं हुआ, नतीज़तन उनकी चेहरे के बाहरी आकार पर अचल मुस्कराहट विकृत रूप धारण कर लिया।

कई साल बाद हमारा सैर और चरवाहे के मुँह के बारे में मैंने सोचा संग्रस्त भय अब भी अधिकृत छाया रहा। सुनिश्चित कौन कर सकता है कि हम अनंत मुस्कराहट की चेहरा नहीं मिलेगा? हमने महसूस किया कि वह साधारणतः अलग नहीं था मानों बारिश के साथ छप्पर पर मिट्टी का पलस्तर चढ़ाने अथवा जल्दी खाना परोसने मिट्टी के चूल्हें की मरम्मत करें। पिताजी और मैं यथार्थ में वांछित हड्ड़ी व गोली के छिलके संग्रहण करने की प्रयास जारी रखें। हमारी सफलता से वह सैर अत्यधिक सामान्य रही। सही रूप से याद करेंगे तो वह लवाज़म ऊंट की खोपड़ी, घोड़े की पसली और बैल का स्कंधास्थि या बकरी या कुत्ते से संबंधित हड्ड़ी हो सकती थी। छिलके बहुत नहीं थे। जहाँ हड्ड़ी मिली वह ज्यादा भी नहीं थें फिर भी मुठ्ठी भर से अधिक थे।

उदाहरण के लिए स्लेट छैनी तले सात–आठ छिलके ढ़ेर गुच्छेदार बने हुए थे। एक वहाँ मिले तो तीन और मिलते थे मगर आजकल कम हड्ड़ियाँ मिलने लगी थी। क्योंकि बहुत लोग दिन–ब–दिन उन्हें

छानकर विभाग को सौंप रहे थे। कुठाली पर उत्तेजित कहते समय निश्चित था। क्योंकि उससे चायदान बन सकता था। स्वयं उन्हें बनाया नहीं सकता था सिवाय एक कारखाना। पिताजी के उत्तेजित कहते समय से मैं निश्चित था। क्योंकि चायदान बनाने पर मैं सोचता भी नहीं था। बचे–खुचे पेन्सिल के टुकड़ों को कक्षा के अनेक बच्चे गोली के छिलके से ढ़क्कन बना देते थे। जब तक पेन्सिल की संकली समाप्त नहीं हो जाती थी उस समय तक छिलके ढ़क्कन की तरह पेन्सिल के साथ काम करते थे। सोचा कि कुछ छिलको को खुद व अन्य बच्चों के लिए छुपा कर रख दूँ।

पिताजी और मुझे अकसर मिला हुआ मई की धूप वंदनीय रही। वांछित वस्तु हमें उस समय मिलने की उम्मीद बढ़ी थी। अपने पीठ पर जानवरों की हड्ड़ी लादे थैले को वे ले जा रहे थे तब उनकी चाल से ऐसी हल्की आवाज़ आ रही थी मानों हड्ड़ियाँ रगड़कर भारी अवशेष के बराबर है। लगता था कि वे अपतृण की पोठली को ढ़ो रहे हैं। उजाड़ में किसी जानवर की देहावसान बाद उनकी खून व मांस मुरदारखोर से खाई जाती थी। उनकी हड्ड़ियाँ प्रतिकूल मौसम के कारण दाग रहित सफेद व परमार्जित नगीना लगते थे।

पिताजी ने कहा, 'यथार्थ में मनुष्य पशुओं की भाँति समाप्त होते है क्योंकि मूलतः हम पशु ही थे। सामान्य पशुओं से हम भिन्न होते है। धरती तले अपने मृत शरीरों को गाढ़ देते है ताकि मुरदारखोर के बख्शने से हम बच जाएं। ऐसे हमारे गरिमा प्रतिरक्षित हो जाता है। वरन् कौन हमारे लिए आश्वासन कर सकता है कि किसी दिन हमारी हड्ड़ियाँ संरक्षित गाढ़े गए हैं। इसके अलावा गोली की छिलकों से भी निपटना पड़ता है।'

ऐसे कहते हुए पिताजी कुछ ढ़ेर एकत्रित मिट्टी के घट्टों को दिखाएं। एक नुक्कड़ में पड़ी रही मनुष्य की हड्ड़ियाँ अथवा गोली की छिलकों को दिखाए ताकि विषय वस्तु का खुलासा हों। इससे मुझे कुछ विसर्प मिलें। भयभीत नज़र पर हीं हीं किया, 'डरो मत, मैं तुम्हें डरा रहा था।

मैं इतना बेतुका नहीं हूँ। वर्षो तक सोया हुए मनुष्य को क्यों जगाऊँ। उन्होंने कहा, 'यह ढ़ेर काला है। इसका अर्थ, यह व्यक्ति किसी युद्ध में मर गया होगा। परिजन उनकी लाश को गाढ़ दिए गए होंगे। पश्चात् इस मिट्टी के ढ़ेर सहित विनम्र भावना तले वह आ गया होगा। मनुष्य और जानवरों के बीच अंतर स्पष्ट है कि मनुष्य धरती की भागांश हैं जबकि धरती उनसे ही प्रधान स्तर पाई हुई है। पशुओं के बारे में यह नहीं कह सकते। वे बिल्कुल भिन्न स्थान पाए हुए हैं। अन्यथा हम इतनी मात्रा में हड्ड़ियों को इकठ्ठा नहीं कर सकते।

पिताजी के नाते वे दुनियादारी को उस समय समझने के अनिच्छुक थे अथवा संसार यथेच्छ रहकर किसी से प्रतिपादित करना अत्यंत उलझनदार रहता था। प्रसंग के बाद उनके सिद्धाँत क्षुब्ध हुआ जिससे वह व्याकुल हो उठें। क्योंकि अपनी प्रस्तुति सत्याभासी नहीं बनने के कारण वह सज्जन व्याकुल हो उठे थे।

हमारे घर लौटने तक संधिकाल आ चुका था।

मई के अपराह्न की धूप छिल छिलाती रही। हवा अल्प नमी रहने के कारण बर्फ अभी पिघल गया था रेतीली ज़मीन धूप से तप गयी थी। साधारण प्याज़ और सौंप के पूर्व प्रजाति पनप रहे थे। धूप में अपनी हाथ फैलाया। खुद को विकसित होने का महसूस किया। सुदूर चल रहे पिताजी के साथ कुछ कदम मिलाने बढ़ा। लम्बे कदम से हवा की झोंकों में उचला। कंकड़ मेरे चेहरे पर धाव बोलें जब हल्की धूल हवा में उड़ता रहा। कुछ पैर तले रोका जब हवा छोटे–छोटे पर्वतीय इलाकों में फूंकने लगें। पिछले साल की मुरझा हुआ घास हवा में उड़ता रहा।

पैर तले पड़े चीज़ को उठाया। वह एक साधारण सफेद हेट (विदेशियों की टोपी) की तरह दिखने लगा। लेकिन उसका किनारा त्रृटिपूर्ण रहा। मगर रेशा सफेद अंड़ कवच की तरह था। कुछ समय तक अध्ययन कर मैंने पहन लिया। अपनी सिर पर वह उमदा बैठ गया।

सोच लिया कि पहने हुए हेट के साथ पिताजी से मिलूँगा। उनकी ओर झुटपुटे में दौड़ रहा जब पिताजी के मुस्कराहट में चेहरे उपहास का शिकार था। उन्होंने कहा कि मैं हेट के बदले एक इन्सान की खोपड़ी को पहन लिया है।

सुन लिया आदमी वाकई भयभीत होकर बेतुका समझ लिया होगा। उस शाम के लिए कम से कम एक बच्चे के सामने वह अभिनय कर रहा था। वह समझा नहीं होगा कि छिलछिलाती धूप में एक आदमी क्यों धूल की कंकड़ बनकर दौड़ रहा है। वह चकराया भी हुआ होगा। उस व्यक्ति की धरती के साथ अहरणीय व अपरिछेध्य संबंध क्यों परिवर्तित हुआ। कई साल बाद मैंने उस परिदृश्य को याद किया। उस समय संसार के पास ऐसी कोई तर्क नहीं हुआ होगा जब यह गंतव्य अब बदल चुकी है।

जुलाई की उस गर्मी में पिताजी के अनुभव पूर्ववतः बदला–बदला सा लग रहा था। नतीज़तन यह बदलाव मुझ पर असर डाला।

पिताजी ने कहा कि वह चरवाहे से उन्हें 'बीटा पर्वतस्तोम' के सरहद पर रही क्यूट सहित निर्जन गोबी मरूस्थल पर आमंत्रित किया है। विशाल पर्वतस्तोम क्षितिज़ तक बर्फ के चट्टानों से अति दूर पहुँचा जैसे लगता था जहाँ हरी–भरी देवदारू पेड़ के नीचे प्रज्वलित बलुआ पत्थर स्तंभित है। वह सक्साल (एक नमी छाल से युक्त झाड़ी) पत्थरी मैदान विस्तृत फैलाव तक बढ़ चुका था। हवा में धुआं निकलता था न की इन्सान या पक्षियों का साया।

पिताजी ने कहा कि चरवाहा उन्हें सुचारू झरने के अल्प खड्ड़ के पास ले गया। साल भर यह झरना कुछ ही मीटर फासले तक बहकर रेतीली जमीन में व्याप्त हो चुका था। धारा के रेतीला तट से पिताजी ने गोली की छिलके सहित हड्ड़ियाँ को इकट्ठा किया। यह प्रमाणित हुआ कि वहाँ घोर लड़ाई ज़ारी थी। पिताजी के अनुसार उपरोक्त जगह को वह 'मौत का दरिया' समझ चुका था, जहाँ के अवशेष– सक्साल की पत्थरी इलाके सहित यादृच्छ रोड़ी के ढ़ेर मे समाये हुए थे। ऊँट, घोड़े, बैलों सहित इन्सान की हड्ड़ियाँ वहाँ जमे हुए थे। मृत जानवर और

इन्सान की खुली आँखें नीले रंग का आसमान देख रही थी। धूप में तप कर वे निर्वर्ण हो चुके थे। सरिता के दुतरफां ऊँट से भी भारी चट्टानें तले पिताजी ने गोली की छिलकें और ढ़ेर पड़े हड्ड़ियाँ देख चुके थे। यद्यपि यह स्थिति इन्सान और जानवरों से भरे जैसे लग रहे थे। जिन्दा नहीं रहने पर भी अस्तित्व के लिए वे दावा नहीं कर सकते थे बावजूद मोरचेदार दब्बों से घिरे हुए थे। कई साल के मौसमीयत के कारण हरा या काला रंग से वे आवृत थे। पहचान से बाहर वे परिवर्तित थे। जैसे अन्धेरे और अवमंदित जगह में वह फल रहें सांचे और खाई से परे पौधों की सड़ी जड़ें।

पिताजी ने कहा कि किसी जिन्दा व्यक्ति उपरोक्त परिदृश्य से परे क्यूट में जाना पसंद किया तो वह हद से बाहर बर्ताव रखेगा। उजाड़ मे परित्यक्त हड्ड़ियों को वह गाढ़ने मे उत्सुकता दिखाएगा। कुछ अवशेष गाढ़ने के बाद एक ठूंटे केटल के निकट कुछ काली गोलियों को देखा जिस पर चढ़ी जंग को साफ कर अपने जेब में डाल लिया। उन्होंने सोचा कि उसे स्मारिका की तरह ही रखना उचित होगा। मगर अपराह्नंत तक उसको वहीं मरवा दिया।

प्रहसन ऐसे ही ज़ारी रही। पिताजी और चरवाहा एकत्रित हड्ड़ियों को ऊँट पर लाद रहे थे। उसके कोहान पर गोलियों के दो थैले टंगाया गए थे। अन्धेरा हो चुका था। चरवाहे ने पिताजी से बोला, 'लौटने का समय नहीं है सिवाय उधर ही ठहरा जाएं।' पीने के लिए गर्म पानी की ज़रूरत पड़ी। सक्साल लकड़ी का प्रयोग कर जलाया और कहा यदि वे भाग्यवान है तो झरने मे पानी पीने आया किसी जानवर का वह शिकार कर लेंगे। चिंगारी लगने से पहले वहाँ एक बकरा पानी पीने के लिए पहुँच गया। पिताजी उत्तेजित हुए और हद से बाहर उत्साहित हुए। चरवाहा और पिताजी एक चट्टान तले आराम कर रहे थे। पिताजी चट्टान के ऊपर बंदूक रखे शिकार पर निशाना डाला। अपनी ज़ेब से गोली निकाल कर बंदूक की मेगज़ीन में भरे। जब उसकी घोड़े खींचे गोली निशाना तक नहीं गया सिवाय धुआँ निकला और बंदूक पिताजी के सिर पर चट्टान के पीछे चोट लगाया। भरकम बकरा धीरे–धीरे लाल चट्टान

तले घूर कर देखा और सुदूर पर्वतस्तोम पहुँच गया। चरवाहा अपने मनोरंजन का छिपा नहीं सका सिवाय हंसी। वह अचम्बे में पड़ गया कि एक शिक्षक कैसे मूर्ख बन सकता है? क्या वह बेतुका नहीं है कि नज़दीक आया शिकार आसानी से बिन छोट भाग सकता है? शिकारी के लिए यह एक बदनामी है।

लगता है कि पिताजी इस घटना को कभी नहीं भूलेंगे – उनकी तरह इन्सान पर प्रकृति के सचमुच यह अभिमान ही होगा। शायद बिन दागे गोली से बहुत पछताने के बाद संसार की तर्क पर अत्यधिक समझा होगा। जैसे उन्होंने सोचा था वैसे स्वर्ग तले जीवन–मृत्यु के तर्क लाखों रूप में अपरिवर्तनीय नहीं हो सकता, जिस पर खुद उन्होंने व्याख्या की।

पिताजी जिस दिन क्रोधोन्मत्त रहें उस दिन से उन्होंने शिकार करने पर सोचा होगा चाहे वह खड़े–खड़े या लेटे हुए बंदूक का निशाना साध रहा हो। यह एक रोचक प्रहसन बन गया। सचमुच उससे वे प्रेरित हो चुके थे। बच्चों को हफ्ते में छः दिन पढ़ाते थे कि वे क्यों जानवरों से प्यार कर जिन्दगी की कदर करनी चाहिए जबकि इतवार वे अकेले घोड़े पर सवार होकर बीटा पर्वतस्तोम में घूमा करते थे। उन जगहों में मुझे साथ में नहीं ले जाते थे जिससे घाटी के कच्चे रास्तों से उभरे सुन्दर परिदृश्य के बारे में मैं कल्पना नहीं कर सकता था। घर के सामने घोड़े से छोड़ी गई लीद की सफाई के बारे में ही मैं कल्पना कर सकता हूँ। उस समय मैं सोचता रहता था कि मैं कैसे बड़ा हो जाऊँ?

सर्दी की एक इतवार पिताजी ने एक बकरे का शिकार कर डाला। अभागा बकरा पिताजी से भारी बर्फीले ढ़लान पर टकराया। पिताजी के बंदूक की नोक पर उसकी मौत पूर्व निर्धारित थी जैसे ही चट्टान पर सुचारू रूप से अपनी बंदूक को रखकर वे निशाना साध लिए थे। बकरे को पिताजी के वहाँ रहने की जानकारी नहीं थी। वह अपनी जान बचाने के लिए भागा जैसे ही गोली उसकी टांग पर लगी और वह चोट पहुँचाया। पिताजी ने अपनी खुशी न मनाएं। बकरे जैसे ही पर्वतस्तोम पर भीषण बर्फीली आंधी ज़ारी रही, पिताजी उसके पदचिह्न या गिराये

गए खून की बूंद की पहचान नहीं कर पाएं। उसने अपनी शिकार पर निश्चिंत रहें और गोली की छिल्के को संभाल कर रखें ताकि वह युगप्रवर्तक महत्व रख सकें। घर लौट कर अपनी माँ से बोलते समय वह संदेही रह गई। पिताजी ने कहा,' यदि आप बकरे का शिकार किया हों तो मैं उसे कच्चा खा जाता था' माँ की संदेह से इस प्रहसन को मैं सच मान बैठा। कुछ दिन के पश्चात् चरवाहा पिताजी के पास आकर दावा करने लगा कि वह बकरे की ढ़ेर हड्ड़ियों को देख जब उस अभागे को किसी और ने बिन पीछा किए मार डाला। नजीज़तन वह ज्यादा तेज़ी से नही दौड़ सका जिसे एक भेड़िये पकड़कर खा गया।

पिताजी ने इस पर टिप्पणी नहीं की जो उनकी समझदारी का एक संकेत है। हड्ड़ियों की ढ़ेर को फॅार्म के प्रशासकीय विभाग को सौंपने का निर्णय किया।

उस दिन पिताजी मुझसे आगे जा रहे थें। एक थैली में एकत्रित हड्ड़ियों को भरकर बढ़ रहे कन्धे पर लटक कर आगे थे। अंदर बकरा निस्तब्ध था। जहाँ उसकी थैले के निचले हिस्से से खून की बूंदें टपक रही थी। वह रूक्ष रेशे को काला रंग में परिवर्तित कर दिया था। सोचा था कि जुता हुआ खून बर्फ तले जम गए होंगे। पिताजी के पदचिह्न के साथ घूम फिर रहे होंगे। मगर बर्फ का गिरना ज़ारी था। जहाँ इधर–उधर ताज़े टुकड़े पड़े पाए गए। पिताजी और विभाग के आपूर्ति अधिकारी गेहूँ तोलनेवाले तराजू पर एकत्रित हड्ड़ियों को तोलें। दोनों अचंबें में पड़ गए और आखिरकार वे पछताए भी। विभाग अधिकारी शानदांग प्रांत के थे। वे हैरान रहें कि बकरे की खोपड़ी का वज़न सोलह किलो से अधिक था। शायद उसकी खोपड़ी सांड़ की खोपड़ी से बड़ी हुई होगी।

पिताजी ने वहाँ से लौटने के बाद बकरे को निशाना साधा गोली की छिलके को अपनी जेब से निकाले। उन्होंने कहा, 'इसको लेकर मज़े ले लों'।

छिलके को पेन्सिल के टुकड़े का ढ़क्कन बनाया। पेन्सिल का टुकड़ा लम्बा लगने लगा। नतीज़तन मेरी उंगली पर पड़े वजन से लिखाई अत्यधिक मज़बूत बनने लगी। बचपन का यह एक राज़ रहा जिसे किसी को मैंने अब तक नहीं बताया।

कई साल के पश्चात् उन यादों की बारात में पिताजी और मैं अपनी दिल में अप्रिय सवेदनशीलता का अनुभव किया। यकीन नहीं आता कि धरती के ऊपर हमने सचमुच बकरे को क्यों मारा?

•

अध्याय – 3

प्रगाढ़ सर्दी से दूर

घर लौटने के लिए माँ को कुछ समय लगा। सोचा कि वह मोची टांग के झरने पर गई होगी। मगर उधर वह नहीं थी। हमारी दिमाग मे यह नहीं आया कि उनसे ली गई बाल्टी उधर ही पड़ी रहीं। दरवाज़ा पानी के भाप प्रवाह सहित आवाज़ करते हुए उस समय खुला। आवाज़ कमरे के अंदर तक पहुँची, मानों कहीं से एक बादल वहाँ मंडरा रहा हों। दूज़ा बादल उत्तरोत्तर चौखट पर बड़ा और नज़र से चुक गया। देखा की बिन जोरशोर माँ घर में प्रवेश किया था। दाहिने हाथ के तर्जनी सहित मझीली उंगली से दरवाज़े पर धक्का देकर हल्की से उसने खोली। ऐसा न किया हो तो गुमटे के साथ उनकी हाथ जम कर चोट पहुँचाया होता। हमारी अनुभव मे माँ का काम अजूबा रहा।

घर में घुसते ही उसने चूल्हें के सामने कुछ फेंका। इसके बाद हाथ धोने दरवाज़े पर रखे साबुन को ले ली। पाई कि बादल ऊन की गुच्छा बना जब वह चूल्हें तक आईं। ऊन वैसे बर्फ से ढ़का हुआ था और वहाँ की गरमाई में पिगल कर ज़मीन पर टपक रहा था।

'कब्र पर' उसने दिया जवाब। 'एक बकरी बर्फ जमने से मरी। पता नहीं वह किसकी थी और कहाँ से आई'।

हाथ धोने के बाद अंगीठी के सामने सेंकने के लिए बैठ गई। सर्दी के वजह से उनकी हाथ बैंगनी रंग लेकर पकी टमाटर की तरह अत्यधिक लाल रंग बना ली। सड़कर असावधानी से वह रस निकाल फेंक सकता है।'

हम परेशान रहे, 'मरी हुई बकरी से ऊन का क्या काम है?' उसने कहा, 'बेचारा खाल पर जम गया और निकालना अत्यधिक कठिन रहा। क्षमा कीजिए, कैंची भी यह काम नहीं कर सकती'। चूल्हे से पिघलने के बाद माँ छप्पर पर जाड़े की ठंड हवा घुड़क कर अन्यत्र बर्फ को निरंतर गिरा रही थी। कंभे के तारो या सीधे हवा में आकर टपकने लगे। भारी हिमपात के बाद जंगली हिरन व बकरी तंगहाल में चारा खाने फार्म घर व गाँव पहुँच गए। घर में छिपे हुए हम इनको न देख पाएं। सर्दी के यथार्थ ठंडापन के बारे में सुनने के बाद महसूस करने लगें। अब तक चौकट पर मंडरा रही बादल पर विचार फीका रहा।

उसी रात ऊन के छोटी गुच्छे को धोने माँ ने कही।

तकनी के ज़रिए अगले दिन ऊन से धागे काती। तीन धागों को एक में गूंथी। एक ऊन की मोज़ा तैयार हो गया। यह मोज़ा बच्ची बहन के लिए था। पादांगुली पूरी करने के लिए ऊन की कमी पड़ गई। वह उसे कुछ पूरी नहीं कर पाई। हमारे पास एक ही कमरा होने के वजह कुछ समय पर बिन पूरी किया मोज़े को खिड़की चौकट या मेज़ या कटिये पर छोड़ देती थी। बुनाई मशीन पर रखी मोज़े किसी के सोते समय सलाई से चुबने लगता था। गुस्से में वे सलाई व मोज़े को ज़मीन पर फेंक देते थे। व्यक्ति या तो पिताजी या परिवार के अन्य जने होते थे। अतः बिन पूरी की गई मोजे की बेकार वस्तु बन जाती थी। जैसे उसको पूरी कर छोटी बहन पहनी तब माँ की खुशियों का ठिकाना नहीं रही। बच्ची एक ही बार पहन कर फेंकने के बाद, माँ उसको उठाकर पुरानी स्वेटर से निकाल धागे से मरम्मत करने लगती थी।

माँ कहती थी, 'उसको ऐसा निपटाया जा सकता था'।

माँ का बर्ताव अबोध्य होता था। कई साल बाद मैंने महसूस की कि जो कुछ उसने किया वह हमारी भलाई के लिए किया था। उस समय ऊन या धागे पाना असंभव था। स्वेटर या पाज़ामें को बुनने के लिए उस मौसम कुछ रिपोर्ट की जरूरत पड़ती थी। ऊन प्राप्ति के बाद, उससे तैलांश को निकालना पड़ता था, फाड़ते हुए धागे बनकर रंगाई और आखिरकार बुनना पड़ता था। प्रक्रिया में लगभग एक से लेकर छः से अधिक महीने खपत होती थी। वास्तव में ऊन की स्वेटर से एक जोड़े मोज़े बनाना महत्वपूर्ण होता था, जबकि ऊन के बिना सूती तकिये सहित मोज़े का जोड़े बनाना असंभव होता थां। कई बच्चों के पैर में शीतदंश हो जाता था। माँ ने जब बकरी को देखा उस समय उसने बच्ची के बिन मोज़े पैर और अधूरा मोज़े के बारे में सोच लिया होगा। बकरी से ऊन निकालकर उसका सही उपयोग करना चाहती थी। बकरी जैसे दूसरी जगह में नहीं कब्र पर ही मरी और उसकी मालिक अनजान था, जब हम बकरी को घर ले गए तब हमें मालूम पड़ा कि हम किसी का अपमान कर रहें हैं। कई दिनों तक माँ ने आखिरकार छोड़ने से पूर्व संघर्ष की। कब्र पर मरे बकरी की ऊन से बुनी हुई चीज़ पहनकर आरामदेही बनेंगे? यद्यपि निंदा से दूर कब्र में मरी बकरी की ऊन आप इस्तेमाल करें या नहीं, लगता है कि आप खुद को रोके होंगे। यदि मैं हो तो उस समय माँ जैसे करती थी वैसे ही करता था। अपनी शरीर को गर्म रखने के लिए ऊन की ज़रूरत पड़ती है। रेशा निकालने के लिए मौसम गर्म रहना पड़ता है जब ऊन हाथ की पकड़ में आ जाता है। मार्च व अप्रेल महीनों में हवा चक्कू की तरह काम करता है जब वह आपकी त्वचे की तलांश को शनैः–शनैः निकालकर अफ्रीकी मृग के हाथ की तरह बना देता है। कई लोगों को जीवन भर संधिवात का शिकार होना पड़ता है, जैसे हमारी मां। वसंतारंभ के दौरान सहेलियों के साथ मृत बकरियों के बीच माँ बैठी हुई थी। वे खुद को आराम करने की दिशा में आपस में बातें करते थे। बर्फीली ठंड़ का असर मृत जानवरों की शरीर से उनकी शरीर पर प्रहार कर रहा था। माँ ही नहीं अन्य सहेली भी संधिवात से शिकार हो गए। लेकिन मौसम की बदलाव से पूर्व ऊन को निकालना ज़रूरी

था। इससे पूर्व कड़ाके सर्दी के कारण वह असंभव था। वैसे ही बाद में जानवरों की लाश सड़ने लगती थी।

माँ ने मुझसे कहा, 'गर्मी में ज़मीन जब पिघलने लगता है, पिताजी और तुम जमीन खोद कर मृत बकरी को गाड़ा दों। अन्यत्र जब मौसम गर्म होते ही मक्खियों की भरमार हो जाएगी। मृत जानवर बिल्ली या गौरिए हो तो ठीक मगर वह धूल से घुलमिलकर हवा में उड़ सकता है, अतः बकरी होने के वजह, उसे गाढ़ना उचित होगा'।

पिताजी और माँ ऊन का संग्रहण करते रहे। उस दिन मोची टाँग के झरने से मैं पानी ला रहा था। कब्र की ऊंची दीवार पार करते ही यकायक मैंने पाया कि बकरी को किसी ने वहाँ से हठा दिया था और उससे ऊन को भी निकाल दिया गया था। कुछ भी नहीं बचा था, जिसमें उसकी बारीकी रेशा जो अंसफलक पर उगता है।

मैंने सोचा कि किसी ने उसको भी नहीं छोड़ा है। अपनी निजी उपयोग के लिए लिया गया लगता था। वरन् सरकार अथवा जन विभाग उसकी जिम्मेवारी लिया करता था। माँ से जब मैंने कहा उस वक्त उसने कहा, 'कोई बात नहीं, हरेक व्यक्ति का अपना ही तरीका है। जब तक वह नेक काम के लिए हों, सही हो सकता है। हम को उसे गाढ़ना उचित होता है।

आपदा राहत के लोगों से मैंने सुना कि सब मृत जानवरों की ऊन को जनोपयोग के लिए नहीं लिया जाता। यह भी कहा गया कि चरवाहा वहाँ की गर्म जगह से गया और सुदूर मरी हुई बकरी का अस्तव्यस्त पड़ा देखा था। उसने हैरानगी जताई ठंड़ मौसम में गर्म जगह पर उस बकरी को क्यों छोड़ा गया। संदेह से आगे बढ़कर महसूस किया कि बकरियों की टोली सर्दी में एलेताँय से झंगार बढ़ रही थी, उनके सोते समय बर्फीली हवा से वे मारे गएे। अनुभव से उन्होंने सोचा कि जानवरों से छोड़े गए पदचिह्न में दो ऊँट, एक घोड़ा, एक कुत्ता व दस बकरी थे। वाकई बकरियों के मालिको ने उन बकरियों को छोड़ अन्य मवेशियों के साथ रहने का फैसला किया। चरवाहे गर्म शिबिर पर अधिक समय के

लिए रूका रहा। भावुकता से सोचने लगा कि वह एक पुरानी समर भूमि, जहाँ घने बारूदी धुवें की बू आ रही होगी अथवा भयंकर प्लेग महामारी से त्रस्त पुरानी गाँव में खड़ा हुआ होगा। विपदा कुछ भी पर्याय माहौल नहीं छोड़ता। अवशेष के बारे में जानने के बाद वह दुःखी हो गई। कुछ गर्भधारी बकरियाँ अपने शारीरिक तप से हताश खड़ी हुई थी। देर रात में ठंड़ के कारण सब बकरे मर गए होंगे। चरवाहे ने एक चक्कू लेकर उन सबका काम तमाम किया जब उनको अप्रत्याशित लाभ मिला। सोचा कि जानवर मनुष्य के लाभ के लिए जीते है। अब मरे हुए है। क्यो उनकी खोक से मेमनों को बाहर कर त्वचा को निकाल कर गर्म कोट बनाकर ठंड के मुकाबला न करें? मेहनत की और सर्दी से पूर्व दस मेमनों का त्वचा पाया। त्वचे की रंग काला, सफेद व लाल रहकर उत्कृष्ट गुण से परे थे। उस गर्मी में उन त्वचों का परिशुद्व कर अपनी बीवी और बेटी के लिए सुन्दर, नाजुक व शालीन कोट तैयार किया।

अध्याय – 4

कुछ वर्ष पूर्व तिरा हुआ बादल

परिवार कृषि समूह के साथ विस्थापित हुआ। हर वसंत में सोना रंग केश कन्या की परिवार अपनी रिहायशी को छोटी गिरिपीठ से हमारी मकान की पूरब दिशा में चले आता था। गिरिपीठ एक छोटा टीला लगता था जहाँ आप कम समय में उसकी चोटी पहुँच सकते थे। हमारी मकान उन मकानों की कतार से पूरब दिशा में था। हर सुबह, सूरज की धूप गिरिपीठ पर विराजमान होता था, जिससे उन मकानों की कतार पर पश्चिमी दिशा से पूरब दिशा तक धीरे–धीरे सूरज़ की साया पड़ता था। जब वह हमारी मकान के सामने आता था, काम में रहें किसी लकड़हार की साया उधर पड़ता था। गिरिपीठ की धूप के बारे में जब हम झांक कर देखते थे तब वह साया सचमुच सोने की रंग केश कन्या की होती थी।

अप्रैल की देर अपराह्न पर देखा कि वह कन्या गिरिपीठ के दक्षिणी छोर पहुँची थी जब उनकी कंधों पर पानी की बाल्टी होती थी। उस समय धूप प्रज्वलित रही, बादल आसमान तले तैरते रहे और समीर हवा में उछलता रहा। सड़क के पास खड़ी होकर मेरी ओर उसने इशारा किया। बारीकी घासमंच पार करते हुए उसके पास मैं पहुँचा। अपने कंधों को नीछे करते हुए सड़क के एक पार्श्व पर रही चट्टान पर वह बैठ गई।

जब मैं वहाँ पहुँचा तो उसके बाल्टी में सरसराता हुआ पानी भरा था। उस में निरायास संग्रहित और फैला हुआ तरंगों में बादल अपनी प्रतिबिंब दिखाते रहें। बाल्टी से कुछ चींटे उछालकर ज़मीन पर गिरा तब वह छोटे छोटे मिट्टी के गोले बन गए। एक बद्वा दिख रहा कीड़ा जल्दबाज़ी से सड़क को पार किया जैसे जालसाज़ी से तैयार टैंक बारीकी घास पर आहिस्ता हिल रहा हों। बारीकी घासमंच के बीच विशिष्ठ पत्ते धूप का स्वागत करते रहें।

कुछ देर तक मैं वहाँ खड़ा रहा। वह मुझे देख नहीं पाई। हाथ में चुबे एक चैली के साथ खेल रही थी। पूछा कि मुझ से उसकी क्या काम है। सिर उठाते हुए मंद दृष्टि से कहा कि, 'यहाँ एक चेली उसे परेशान कर रही है। कृपया उसे निकाल दीजिए'। कहते हुए, 'यह एक भारी काम है' मैंने उसको मेंरी कोट पर लगी एक पिन के जरिए निकाले तो वह काम पूरा हो सकता है।

उसी समय हवा का झोंका घूमकर हमारे मुँह पर फूंका। उसके बीच कन्या की सोने रंग केश पंखे की तरह हिलने लगा जब मैं आसमान की ओर देखने लगा। सिर के ऊपर एक बादल टहल रहा था और बसंत की धूप धुन्धला होता गया। ज़मीन पर पश्चिम से बादल की साया गिरा जैसे पानी के सतह पर पत्ता गिरा हुआ हों। हवा से पर्वत की चोटी से निकल कर हमारे बीच हलचल पैदा कर विदा हो गया। इसके पश्चात् एक दूजा झोंका मैदान में सक्रिय था।

कन्या की मझौले उंगली की नाखून में चैली फंसी हुई थी। चैली दबीज़ रहकर उसकी पूंछ सख्त बैठी हुई थी। जब मैं एक पिन का उपयोग किया तब वह अनम्य रही।

पूछा कि क्या हुआ। कहा कि वह अपनी कोमल हाथ चुभ गया था जब वह सुबह कुंदा को चीर रही थी। कही, 'कुंदा सख्त था। कुल्हाड़ी से जब मारी, उसे निकाल नहीं पाई। उसके धार को बाद में निकालना पड़ा। कुंदा रबड़ की भांति रहने के वजह काम कठिन, अड़ियल व सुन्न

था। बार बार धक्का लगाने के बावजूद वह नहीं निकला। उस समय माँ ने आवाज़ लगाई कि दूध से उफान आ रहा हैं। जल्दबाज़ी में चैली उंगली पर लग गई। काफी दिन तक वह दर्द देने लगी।

उनकी किस्सा सुनते समय, उनकी उंगली को कसकर मैंने रखा। चैली की पूंछ पित की नोक से ठेला। एक, दो, तीन बार, मगर आठ या नवम बार ठेलने तक चैली ढीली पड़ गई जैसे गांठ को एक सांड़ खींच रहा हो। मेरी उंगलियों की नोक से उसे निकालने तैयार था और निकाला गया। खुद को वह सम्हाली और निचली होंट को दबाकर रखीं। खुद को वह आराम महसूस नहीं किया जब तक चैली ढ़ीली पड़ी। देखा कि उसकी निचली हांेठ विवर्ण हुआ है मगर यकायक अपनी लालिमा रंग पर बहाल हो गई है। तिरा हुआ बादल के साये की तरह आकर विदा हुआ। 'ठीक' उसने कहा। आप उसको अपनी हाथ से खींच सकते हैं'। अपनी पिन को कोट में डाला। चैली की नोक पकड़कर बाहर निकालने अंगुष्ठ और तर्जनी का प्रयोग किया। खून से उसकी घाव आवृत था मगर चैली साफ दिख रहा था मानों वह कुंदे की बुरादें से उड़ा हुआ हो। यह प्रतिकूल नहीं था। कुंदे की हिस्से से बदन की हिस्से पर वह स्थानांतरित हो रहा था। स्थानांतरण में कुछ फर्क नहीं पड़ा।

चैली को उसके हाथ दिया। कुछ देर तक उसे देखा। बाद में हवा में फेंक दी।

कुछ दिन बाद, देखा की गिरपीठ पर कंधे से पानी की बाल्टी लेकर सड़क के किनारे वह रूकी हुई है। बिन बादल साफ धूप का वह दिन था। हवा में धुंवे की राळ की महक आने लगा, शायद वह ऊँट की कांटे की जलने से निकल रहा होगा। धूप में उसकी स्त्रोत पहचानने खड़ा था। वह भी मुझे देखकर इशारा कर रही थी। नज़दीक जाकर पूछा, 'क्या आप ठीक हैं'? 'कुछ दिन पूर्व था' उसने जवाब दी। 'मेरी हाथ की सेहत बहाल हुई और मैं उसको भूल चुकी हूँ'। 'तो मुझे आपने इशारा क्यों किया'? 'कुछ दिखाना चाहती हूँ'। 'कहां है'? जवाब दी 'घर पर है'। पूछा, 'क्या है'? उसने जवाब दी, 'कहना चाहूँगी। घर आईए तो जान

लेंगे', उस समय वह कंधे सरकाते हुए खुद को आगे बढ़ाई। देखा की उसकी बाल्टी में पानी सरसरा रहा है।

गिरिपीठ तक हमने पानी ढ़ोए और उनकी परिवार के पुश्ते पहुँचे। वह थक चुकी और सांस भी नहीं ले पा रही थी। जब हम लक्कड़ की छोटी घट्टे पर पहुँचे वहाँ बुर्रादा पड़ा हुआ था। एक भारी कुत्ता कुल्हाड़ी पार कर बाल्टी को सूंघने हमारे पास पहुंचा। वह चिल्लाई, 'चले जाओ कुत्ते मेंरी जान'। कुछ कहना चाहती थी। मगर बिन सांस कह नहीं पाई। कुल्हाड़ी की लक्कड़वाला पकड़ परिमार्जित था। उसकी निरंतर रगढ़ाव होती थी। उसकी पकड़ पतला होता रहा। सक्षिप्त में अधिक समय से उसे उपयोग किया गया था।

बाल्टी को हटाते समय वह दोपहर था। पुश्ते में बिछाई कालीन पर धूप प्रज्वलित था। बिस्तर रंगाई की गई दीवार जैसे रहा जहां रंगीन कंबल सहित सुन्दर कशीदे तकिऐं से भरा हुआ था। ज़मीन पर बिछाई गई कालीन अनेक रंगों से भरा हुआ था। देखने में वह अनोखा था जिसमें दीवार के ऊपर और नीचे जीवंत लाल फूल सहित हरी पत्तियाँ छाई रहीं। गढ़े को खूब मांजने के बावजूद उसमे राख जमा हुआ था, शायद गीले लक्कड़ से विस्फोट हुए चिंगारियों का वह नतीज़ा था।

गड्ड़े से उसने एक कंबल के बाद दूसरी निकाली। मैंने पूछा, 'आप का परिवार किधर है'? उसने कहा, 'अकेले छोड़कर चाचा की शादी में गए हुए है।' बाद में फूलों की नकाश सहित कशीदा की हुई बड़े रेशमी पाग निकाली और कहा, 'कभी इसे देखे हों'? उसकी कोने में अपनी हाथ रखकर नज़र डाला, और मैंने कहा, 'नहीं'। आगे पूछा, 'किसके लिए यह इस्तेमाल की जाती है'? उसने जवाब दिया, 'नहीं पता, इतनी मासूम हों। जब आप की उम्र की मैं थी, तब मुझे पता था कि शादी समय में दुल्हन की सिर पाग से ढकाया जाता है'। सुनते ही बदन में महसूस हुआ कि बिज़ली कौंधकर मत्थे पर पहुँच रही है। दिल आवेश से धड़कने लगा। जिंदगी में पहली बार शादी के विचार पर मै पहुँच गया हूँ। मेरा अनुभव व्याख्यातीत रहा। दिल में आया कि शादी करने की संबंध में नज़दीकी

से मै जुड़ गया हूँ। कई वर्ष बाद मेरी जीवन मे स्त्रीत्व की आत्मचेतना जाग उठी। सोचता रहा कि उस लम्हें से मैं शादी की बीज़ बोया हुआ है। आज भी जब कोई 'शादी कर लों' बोलने लगते हैं, उस दोपहर में कौंधी हुई धूप की चिंगारी और हवा में घुली हुई जल रहा ऊंट की कांटे की राल जैसा महक की याद आती है। साथ में सोने रंग केश कन्या के सांवले भौएं, सोने रंग की बरौनी, गुलाबी रंग की होंटें सहित प्रगाढ़ नील आँखें की परिदृश्य आ जाता है।

मैं स्तब्ध था जब मेरी आँखें कंचाऐं हुए थे। क्योंकि नींद से जगाने के लिए उसने मुझे धक्का देना पड़ा। अपनी सिर और बदन को पाग से ढ़कते है उसे निकालते हुए कही, 'मैं अब शादी करने जा रही हूँ। मेरी माँ ने इसको मुझे दिया है'।

उस समय दरवाज़े से बाहर कुछ दिखने लगा। मैंने देखा कि वह भरकम पीले रंग के कुत्ता वहाँ खड़ा हुआ था। कुंचित पूंछ से वह बाघ की तरह घूरकर हमें देख रहा है। नुक्कड़ पर ढ़ेर लक्कड़ की ओर से उसकी पीछे कमीज़ फड़फड़ा रहा था। सफेद कपड़ा हवा में उड़कर ज़मीन पर गिरा।

चक्कर आते ही खुद को सम्हाल नहीं पाया। पूछा, 'आप शादी कर रही हों'? जवाब दिया, 'पता नहीं। शायद, ज्यादा दिन नहीं होगी'। हमारी बातचीत के बीच पीला कुत्ता दोबारा दौड़ भागा। बिन जवाब कसम खाई, 'आप को पता नहीं कि कुत्ते से मेरी कितनी नफरत है'।

सुनकर मैं भी उस कुत्ते का घिनावना समझने लगा। उसे अनदेखी कर पाग के बारे में सोचने लगा। कई वर्ष पूर्व सोने रंग केश की कन्या से दिखाई गई रेश्मी पाग का मुझ पर की गई असर के बारे में कोई नहीं जानता था। प्रज्वलित धूप से परा विगत दोपहर के बाद न केवल कई कन्याएँ और मैं भी ज़वान की दहलीज़ पर पहुँच चुकी हैं। जैसे दिन बढ़ने लगे, लफ्ज जैसे 'शादी करना' कुछ हद तक मुझे साही (हेज़ हॉग– जींगा सुअर) या कीढ़े की तरह मरने पर कुंचित होना पड़ा। मित्र गण समझने लगें कि मुझसे भेंट करना अत्यधिक कठिन है। मेरी खिड़की

या दरवाज़े के निकट खड़े हुए ज़ोर से पुकारने लगें, 'देखो, वसंतागमन हो चुका है। कमरे से निकलो। हमारे साथ गाओं'। उनकी चिल्लाहट के बीच खुद को उस माहौल से सुदूर महसूस किया। वसंत से उनकी तरह मै भी सम्मोहित होने के बावजूद खुद की व्याख्या नहीं कर पाया। न मित्रों के चेहरे, न उनके केश, न आँखें, न नाक और मुँह देख सका। मेरी सपनों की तरह उनके चेहरे दिखते थे जिसके बारे में कह नहीं सकता था कि मैं उन्हें जानता हूँ।

यह एक प्रसंग रहा। गिरिपीठ पर बकरियों की झुंड़ को चारा खाता देखा। ध्यान से देखा कि यदि हमारी बकरी उस झुंड़ में शामिल हुई है। माहौल का महसूस किया। उदाहरण के लिए गिरिपीठ पहुँचते ही ध्यान देता था कि वह बकरी मौजूद है। जब वहाँ की ऊंचाई पर चढ़ता था, खाई पर नज़र डालता था, या हमारी परिवार की बकरी उस चोटी पर है। समय जैसे बितता गया, चाहा कि अनेक लोग मेरी खोपड़ी को शरीर के हिस्से से अलग कर देंगे ताकि उस हालत को वे समझ पाए। अनदेखी से गिरिपीठ देखने के बाद मैं सुन्न रहा कि हमारी बकरी अपनी मेमने के साथ आगे बढ़ रही है। नाराज़गी से वहाँ पहुँचकर एक धक्के से उन दोनों को अलग किया। पश्चिमी सूरज को उपद्रव देखने के बाद खुद पर डांट से बचा नहीं पाया। स्तब्ध रहकर दो लोग आपस में झगड़ा करते हुए मैंने देखी। ध्यान से पहचाना कि उनमें से एक सोने रंग केश कन्या और दूज़ा था, एक मर्द। भाउक होकर रोष से उस मर्द के साथ वह कुछ कह रही है।

नाले के बगल में दो बाल्टी व घोड़ा एक तरफा था। सरिता साधारणतः गड़गड़ा रहा था। मेरी पैर तले गिरिपीठ की छोटी रास्ता स्तोम के बाई से दाहिने हिस्से तक बढ़ रहा था। सिर के ऊपर स्तोम से विलोम दिशा में चट्टान में समाप्त होने के बीच एक गरूड़ वहाँ मंडरा रहा था। मर्द ने इसके पश्चात् सोने रंग केश कन्या से भिड़कर कुछ कहा। बाद में वह मुड़ते हुए धोड़े पर चड़कर वहाँ से चल पड़ा। कन्या वहाँ खड़ी रही। कंधे पर पानी की बाल्टी उठाकर चिड़चिड़कर वह घर

लौटी। जानना चाहा कि उधर क्या हुआ है। गिरिपीठ में उनकी पुश्ते पहुँचा।

मेरी पहुँचने के बाद वह चोटी पर गई हुई थी। धीरे–धीरे मेरे पास आकर रूकी। रोने लगी जब उसकी लाल आँखों से वह हांफ रही थी। मुझे याद है कि वह बादलों से ढ़की हुआ दिन था। सुदूर शिखर पर धुन्धला बादल छाऐ हुए थे। आसमान के आरपार नज़दीक में कुछ अबाबिल उड़ रहे थे। पूर्वांचली घाट पर कुछ गाय हवा में पूंछ हिलाते हुए घर लौट रहे थे। उससे पूछा, 'कुछ जल्दबाज़ी है क्या? नाराज़गी से पूछी, 'क्या हो सकता है'। पूछा, 'कौन आप से बात कर रहा था'? नज़र डाली और कहा, 'आप को कैसे पता'? स्तोम से मैं अभी आ रहा हूँ। उधर देखते हुए कहने लगी, 'आप को पता है कि वहाँ पीला कुत्ता है। वह मर्द वही कुत्ता था जो मात्र हराम़जादा भी था। खुदा अंधा न रहे तो उनकी आँखों को चुबाकर सज़ा देगा। जरूर उसे राख बना देकर सुलगता हुआ धुंए से पिघला देगा'। इसके अलावा कई अश्लील शब्दो को उसने प्रयोग किया जैसे 'सूर्यास्त के साथ वह सत्यानाश हों', 'उनकी जगह हरियाली कभी न हों', 'उनकी आँखों पर मक्कियाँ उड़े' इत्यादि। बाद में महसूस किया कि उनकी अभिशाप अत्यधिक भयानक थे। कल्पना कीजिए जिस रिहायशी जगह में हरियाली न हों, तो वह क्या हो सकता है?

उस दिन वह सचमुच स्नायुरोगी बन गई न कि पूर्ववतः सोचा सद्गुणी। भाऊकता से उछालने के बाद निस्सहाय मांगने लगी, 'किसी से इस के बारे में ——मत कहना, ———— समझना जरूर की जब आप भी उम्र में बढ़ोगे तो ऐसे कुत्ता जैसे इन्सान से बच कर रहना'।

नासमझी उसका कहना मानकर गम्भीर रूप से चुपचाप सिर हिलाया।

हवा हल्के कोहरे से ढ़की रही। घाटी से सफेद बादल पश्चिम की ओर बढ़कर हम पर आवृत हुऐं। बाल्टियों के साथ वह आगे बढ़ी। मुझसे

सुदूर नहीं, भगाई हुई छोटी बकरी हमें देख कर हमारे संवाद को समझने लगी।

उस समय से मेरे मकान के सामने सोने रंग केश कन्या की लक्कड़ चीरने न मैंने सुनी अथवा दक्षिण ढ़लान की ओर पानी से भरी बाल्टी कंधे पर लटक कर ले जाने की परिदृश्य को देखा। अब उसकी माँ या पिताजी या उनकी भाई या बहने वह काम कर रहे हैं। रोजमर्रे के अलावा उनकी परिवार देर रात तक रिहायशी भीड़भाड़ में अलग ही रहते है। न वहाँ आते हैं, न उनकी ढेरे पर आगुंतक आते है, न उनकी संवाद ज़ारी रहता है। परिवार की पीला कुत्ता कभी–कभी ढ़लान से नीचे उतर कर हमारी मकान के पास फेंकी गई हड्ड़ियों को लेकर एक नुक्कड़ की दीवार पर कुतरता रहता है ताकि कोई थरथराकर रोमांच होंवे। बुजुर्गो से सुना कि सोने रंग केश कन्या किसी की मुकाबला करने में अब शर्मिन्दगी महसूस कर रही है। हे भगवान! वाकई वह जन साधारण को वंचित रखने में माहिर थी। पाँच महीने से पूर्व उसे कोई भी नहीं जानता था। मेरी उम्र की कन्याओं से एक नानी ने चेतावनी दी कि ऐसी व्यक्तियों से बचकर रहें।

जैसे वह बोलने लगते थे उनको देखने की मेरी उत्सुकता बढ़ी। उनसे मिलने कुछ झूठ बोला और क्षमायाचना की। उदाहरण के लिए, जब अपनी माँ को कैंची नहीं मिली, मैने झूठ बोला था कि ढ़लान पर रहा परिवार उसको ले गया है। ढ़लान पर चढ़कर, पीला कुत्ते पर वार कर, पुश्ते की पर्दा सरकाते हुऐ, उनके परिवार जन से पूछने लगता था, 'कभी आप हमारी कैंची मंगाई थी'? परिवार जन संपूर्णतः संदिग्ध होकर एक–दूसरे को घबराहट से देखने लगते थे। मैंने कहा, 'बड़ी बहन ने उन्हें मांगी थी'। उदासीन स्त्री की तरह उनकी माँ नीचे देखने पर, दबी आवाज़ से रंगीले कंबलों के ढ़ेर तले दिखी कन्या की चेहरा कहने लगता था, 'जी नहीं, मैं आप से कैंची नहीं ली हुई है। शायद आपको गलतफहमी हुई है।' इसके पश्चात् ड़ेरे से बाहर चलकर अपनी माँ के पीछे वह खड़ी रहती थी जब उसे थका मंदा देखता था। अपनी माँ की

सांवले रंग की बड़ी साइज़ की कोट, जिसकी गरदनी उनकी कंधो पर झूलने लगता था, को पहनने के बाद, वह बीमार दिखती थीं। समझ में आया कि उसको क्या हुआ होगा। वह अब कन्या नहीं है जैसे वह पहले से रही थी।

झूठ को भूलते हुए मूर्खता से मैं खुद देखता हूँ। विलोमतः खाई मे सुप्त शोलें में जिन्दगी भरी पड़ी है, जो उत्साहपूर्ण जल रहा है। कुंदा चटचटा कर चिंगारी फेंकते हुए खाक हो गया है।

पश्चात् कोई झूटमूठ का सहारा मैंने नहीं लिया, न उसके ढ़ेरे पर मिलने का अवसर पाया। एक दिन वह कन्या वहाँ से चल पड़ी। कुछ और लड़कियों के साथ गिरिपीठ चढ़ते समय पुश्ते तक हम पहुँचें। हमने देखा कि कन्या सहित उनकी परिवार वहाँ से चल रहा है। लंबी बारात का नेतृत्व पीला कुत्ता कर रहा था। सोने रंग केश कन्या का घोड़ा उनकी माँ के घोड़े के निकट था। उनकी लौटने की परिद्श्य अत्यधिक क्षति को दर्शाया। मै इतना दुःखी रहा कि कई वर्ष बाद भी उस पाग की क्षति के बारे याद किया, फिर भी उनकी शादी के दिन में भी वह उसे पहनी नहीं थी।

शरद् महीना आ गया। सर्दी से पूर्व कृषक समूह के साथ हम को भी जाना पड़ा।

जाने से पूर्व हमने सुना कि कन्या की माँ उसे जच्चा बच्चे की जन्म देने हेतु अस्पताल भेज दी है। सिज़रियन शस्त्र चिकित्सा के बाद ही वह उस बच्चे को जन्म दे सकती थी। कहा गया कि उन्होंने एक लड़की को जन्म दिया, जो हूबहू उनकी हमशक्ल थी।

अस्पताल में दाखिल हुए समय मैं देखना चाहता था। चाहे उसे मैं झांक कर भी देख सकूँ मगर इतना डरपोक रहा कि दोबारा मैं स्पष्ट कह नहीं पाया। एक दिन एक अपरिचित महिला से वहाँ टकराया। अपनी सिर पर अंड़े से भरी टोकरी बेचने के लिए रखी हुई थी। एक हाथ में रंगीला छोटा कंबल और दूज़े में छोटी सी दुधिया बोतल। उस समय

मेरी माँ और बच्चे हाल ही में गए नई मकान के सामने मिट्टी की दीवार चढ़ा रहे थे। बर्फ से जमी मिट्टी पर मैं खड़ा रहा। अपनी पंजे पर खड़ी महिला को देखा ताकि उसकी जूते खराब न करू और हमारी दरवाज़े के सामने जाते समय उनकी सलवार की पैरों को न उठाएें। उनकी पैरों पर मैंने देखा कुछ तिनके सहित मिट्टी अभी चिपकी हुई थी जो पुख्ता मिट्टी से छिपका हुआ है। ज़मीन पर अपनी तलवे को रगड़ने लगी ताकि उससे मिट्टी छूट जाएें मगर ऐसे होने में कुछ समय जरूर लगा होगा।

एक घंटे के पश्चात् जैसे ही उस दीवार काम पूरी हुई, अपनी कंबल से ओढ़ी हुई बच्ची के साथ हमारी मकान के सामने से दोबारा वह अपरिचित महिला गुज़री। उनकी चेहरे मुस्कराहट से जमी हुई थी और आँखों में सौम्य झलक निकली हुई थी। चलते समय अपनी शिशुवस्त्र पर एकाग्रता से देख रही थी। खुद की हालत पर भूल गई थी कि तिनके से लदी मिट्टी के ज़रिए गुज़र रही है।

नटखटी से हंसकर बच्ची की रूलाहट सुनकर हम चुप रह गए। सुना कि बच्ची को चुप रखने वह दोबारा बुदबुदा रही थी। लेकिन बच्ची और महिला के बीच संबंध को हम आजमा नहीं पाए। उस शाम को हमें पता चला कि एक बिन बच्चे वाली महिला ने सोने रंग केश कन्या की बच्ची को गोद मे ले लिया था। कई वर्ष बाद जब हमारी दरवाज़े के सामने जाते समय मैंने सोचा कि वह बुदबुदा रही है, 'ओह, गुड़िया, रो मत, भूख लगी हो तो कुछ दूध पी। आपकी माँ की तरह मैं भी आप से प्यार करती हूँ'। बहुत दिन बाद, मेंने सुना कि बिन शादी से जन्मी अप्सरा बच्ची ने कही कि 'मिट्टी पर पैर रखी हुई महिला सबकी तरह भाग्यवान थी'। कही गई व्याख्या के बारे में कभी मैंने प्रतिशोध नहीं किया। मुझे विश्वास था कि उस बच्ची सुःखद जीवन का अनुभव किया होगा न की अपनी असली माँ की तरह, जो क्लेश के कारण जल्द मर गई थी। गोद में लेने के ठीक एक महीने के बाद उस बर्फीली रात में सोने रंग केश कन्या बारीकी घास मंच पर गई और अपनी कलाई की चीर ड़ाली।

मैं एक अबोध बालक था, जब यह सब विधिवत् चला जैसे एक अचेत अवस्था में रह–रहे वयस्क की तरह मैं देख रहा हूँ। बाद में मुझे स्पष्ट हुआ कि मेरी उपन्यास में उपरोक्त कन्या में विस्तृत जानकारी प्राप्त कर सकूँ। जितने ज्यादा उस पर सोचता रहूँ उम्मीद थी कि मैं हवा में फेंकी गई असाधारण तिनकों के बारे में उजागर कर सकता हूँ। जैसे उस विगत दिन, उस धूप की रोशनी, घोड़े पर सवार मर्द की विदाई, बच्ची की रूलाहट, और आखिरकार बारीकी घासमंच जहाँ सोने रंग केश कन्या की दुःखांत इनमें समन्वित थे। मुझे अकसर वह याद दिलाता है कि एक साधारण पुरुष के नाते मैं अपनी जिन्दगी गरिमापूर्ण बिताई है।

अध्याय – 5

परदे के उभय पार्श्व

दोपहर की खिलखिलाती घूप में चरवाहे की अर्धागनी मरीं। उनकी लाश को डोली पर रखी गई। मैं लम्बी गलियारें में वह चलने की सहायता की। डोली के आगे पिताजी और पीछे चरवाहे गलियारे की उत्तरी द्वार से अस्तपताल के पीछे स्थित काला दुर्ग पर आएें जहाँ पुश्ते पर वह महिला ज्यादा दिन से नही रह रही थी। मंद समीर दक्षिण छोर से हम पर बरसी। गलियारे की दक्षिणी दरवाज़े पर नज़र डाला जहाँ एक गहरी शहतीर का साया चौंकट पर पड़ा हुआ था। तैरता हुआ फूल की तरह थिगली को पिताजी और चरवाहे पार कर रहे थे जब मैं दोनों को देखने उत्तरी छोर में मुड़ा जहाँ कीड़े चीं–चीं आवाज़ से कोलाहल करते रहें। बारीकी घास के मुरझे हुए तिनके खड़े हो गए जब उन्हें कुचला गया तब हरियाली पत्ती भारी वज़न नहीं ढो रहे थे और झूलते रहे जैसे मारपीट से बेहोश हुए है। ड़ोली तले बारीकी घास मंच चराई करता रहा ताकि उभय ड़ोली बढ़ सकें। मगर वह गरीब महिला की पति के लिए कुछ भी नर्मी हुई न आराम।

यह महिला खुली आँखे अस्पताल में कल दोपहर मेरी माँ से बात करते हुए लेटी हुई थी। माँ के साथ दूघ से बनी चाय की प्याला पकड़ी थी। कहने लगी कि उसकी नमक और पानी की रिश्ता टूट गई है और जल्द वह मर जाएेगी। माँ ने कहा कि सीधे व्यवहार कर कटोरी को

पकड़ने की कमज़ोर महिला अचानक कैसे मरकर विदा ले सकती है।

कुछ भी हों, वह महिला मर गई। उसकी देहावसान से मैं समझा कि मरने वाला हस्ति कटोरी नहीं पकड़कर बात कर सकती है और सब जानते थे कि वह ज़रूर मरेगी।

महिला की मौत की अगले दिन माँ और मैं अश्वेत पर्वत स्तोम घाटी पहुँचने की सपना देखते थे। मेरी माँ मुझे जगाई ताकि बनी हुई केक को मैं तल सकूँ। शायद अपनी काम में वह मेरी मदद चाहती थी। कहती थी कि अन्धेरा होते ही विगत रात भर सफर करने के बाद लोग वहाँ पधारेंगे क्योंकि उन्होंने भयंकर समाचार सुना कि मरी हुई व्यक्ति की दफन समारोह में उन्हें शामिल होना। अतः एक अभागी महिला के लिए कुछ तैयारी करना हमारा फर्ज़ बनता है।

स्तब्ध बारीक घास तिनकों की दरिया तक हम पैदल गऐं। छिल छिलाती धूप की वहाँ कोई कोलाहल का संकेत नहीं थी। घास मंच के ऊपर कुछ टिड्डे स्तब्ध उड़ते रहे और एक गौरिए उस धूप में उड़कर साख जमाया। पुश्ते पहुँचते ही माँ मेरी ओर देखकर कहने लगी, किसी की घर में मृत्यु होने के वजह यहां से तुम बेफिक्र जा सकते हों। मगर मैं वहाँ से नहीं हिला।

पुश्ते में हम पहुँचें। वहाँ देखा कि पिताजी – चरवाहें झील के नज़दीक बैठे हुए हैं। तीन महिलाऐं भी वहाँ सोऐ हुए थे। हरेक संपूर्ण वस्त्र से ढ़के पड़े थे। प्रतीयमानतः, लग रहा था कि वे ताबूत के बगल में एहतियात के तौर पर जागे रहेंगे। नज़दीकी बिन पानी के तालाब अंगीटी का काम करता था। आग ज़ल रहा थी, मगर जली हुई लक्कड़ राख हो चुका था। चायदान में रही चाय उबलता रहा। भोर की मंद प्रकाश परिवार की झरोंके पर गिर रहा था।

भारी गुलाबी रंग के पर्दा पुश्ते की बाई तरफ लटका रहा। दरवाज़े निकट उसकी निचले बाये हिस्से ज़मीन पर पानी के चींज़ों से गीला

पड़ा था। वहाँ बाहर की बाढ़ पहुंस चुका था जिससे हवा में मंद खुश्बू आ रहा था। मुझे स्पष्टतः याद है कि वहाँ 'ओले' छाप साबुन पड़ा था।

संस्मरणानुसार उन दिनों में 'ओले' छाप साबुन पाना असंभव था। माँ उस की सिल्ली बख्शे में रखना सोने की सिल्ली रखने के बराबर मानती थी। अतः उसके अनुमति के बिना साबुन की सिल्ली को खुले तौर पर हम छू नहीं सकते थे। साबुन की सिल्ली तक मैं आगे बढ़ा। गुलाबी परदे के दूज़ी भाग में अभागी महिला के दो पैर देखें। लग रहा था कि उन पैरों को 'ओले' साबुन की जल से परिशुद्ध साफ किया गया है। उसे ज़मीन से एक फुट ऊंचाई की मेज़ पर लिटा दिया गया है।

पिताजी मेरी आँखों को अपनी हाथ से ढ़के थे ताकि मेरी ध्यान वहाँ से हट सकें। मुझे याद नहीं कि उस मर्द की चेहरे को मैंने कभी देखा होगा अथवा वह मेरी माँ के सामने बीबी की मौत के लिए रो रहा होगा। मात्र याद है कि वह भी पिताजी की तरह मेरे सिर पर अपना एक हाथ रखा हुआ था। उनकी हाथ सख्त बोझिल व गर्म था। वह विलाप करने लगा।

वह प्रतिकूल नहीं था, क्योंकि मुझे याद है कि उनकी विलाप की आवाज़ सुनी न की उनकी आंसू। कई वर्ष बाद मैंने सोचा कि उसने मुझे अकसर देखकर अपने ही बच्चे और अपनी अधूरी जिन्दगी के बारे में याद किया होगा। कड़वाहट से अपनी वेदना प्रकट करने क्यों विलाप नहीं कर सकता?

दोपहर बहुत लोग वहाँ पधारें। महिला मातमी मरसिया गाने शुरू कर दी जिससे हरेक व्यक्ति विपद्ग्रस्त बनें।

कई महिलाएँ स्त्री कोश से सफेद पोशाक निकाले। मृत व्यक्ति मरण पूर्व उसको सज़ाकर रखी थी। अनेक टुकडों में उसे काटें, जोड़े व सरल सिलाई कर जामुनी रंग परदे के पीछे मृत देह पर चढ़ाए। उसके ऊपर

साफ सफेद नमदा कंबल को ओड़वाए। अभागा महिला पूर्ववतः उसकी तैयार कर रखी थी।

बाद में लोग पर्दा सरकाए। उपस्थित पुरुष मृत शरीर को भारी ऊंट के रीढ़ पर चढ़ाकर स्तोमांत की चोटी पर पहुँचाऐं। लग रहा था कि उस समय सागर तट से पाल–नांव सरक रहा है।

मृत महिला गुमसुम गई जैसे वह रहीं। कुछ दिन बाद, उनकी पुश्ते को काली घाटी से हटाया गया। जब तक मैंने पता लगाई कि घासमंच की गर्म जगह से काली घाट तक उसे विस्थापित किया गया ताकि उनको रोगमुक्त किया जा सकें। उस समय उनकी बेटे व बेटियों को स्तोम की ऊपर बसे नाना के पुश्ते पर रखा गया था।

प्रसंग का समय काफी पुराना नहीं था। अब वह अपनी संस्मरण से विदा ले चुकी है। कई बार, मुझे विस्तृत दत्तांष की प्रामाणिकता के बारे में संदेह होता हैं। विगत धूप, गुलाबी रंग का भारी हवा में ओले साबुन की महक, और स्थिर रहें दो पैर।

अनेक वर्षों के बाद उन महिलाओं को कतार में बारी–बारी से प्रतिदान–रहित मार्ग पर ले जाया गया। उनमें से साथी, मित्र, आगुंतक सहित प्यारी चाची व नानी माँ शामिल थें। हरेक की विदाई की वापसी में मेरी अधूरी स्मृति में कुछ लिख भी दिया होगा। उनकी उम्मीद थी कि मेरी स्मृति में मृत महिला सहित गुलाबी परदे संपूर्ण व सुस्पष्ट अंकित किये जाऐं। अवधि जितना विगत रहा, उतना ही मैं निकट रह रहा था।

माँ के बक्से में भारी पर्दे का जोड़ा पाया गया। पिताजी और माँ की शादी के समय मेरी संस्मरण में मात्र यह बची हुई थी। लाल रेशमी परदे की जोड़ा मेरी बचपन में याद देता रहा। घर में वह ही अत्याकर्षक वस्तु रहीं।

माँ के पलंग के बाहर उन्हें गरूड़ पंखं व अगेट पत्थर से लड़ी ड़ोर से लटकाया गया। माँ ने हम बच्चों का यहाँ जन्म देकर फरवरिश भी

कराई थी। अब भी मुझे वह परिदृश्य याद है जहाँ बहन बच्ची बेहोश थी और दूध की महक आ रही थी। परदों को हठाकर अलग किया गया, उस समय मुझे महसूस हुआ कि हमेशा के लिए मेरी माँ ज़वान महिला नहीं रहीं। रेश्मी लाल पर्दा मुझे पूरी बचपन, ज़वानी, मां–बाप की ज़वानी सहित परिवार की असमानी वितान का संस्मरण है। उनकी ज़वानी मेरी बचपन के साथ गुज़री। मगर आसमान सर्वदा नील रंग से प्रज्वलित बना रहेगा। हमारी मन्नत रहेगी कि वह सर्वदा नील रंग प्रज्वलित और प्रमुदित रहें।

बसंत के दौरान् संसार के बारे में उमदा समझने के बाद, माँ घर की चादर सहित बख्शे–बंद कपड़े निकाली, धोई और टंगी हुई ढ़ोर पर उन्हें सुखाईं। धूप स्वर्णिम व प्रज्जवलित रहा। सर्दी की याद जल भाप के समान था। धुली हुई बिस्तरें और कपड़े धूप में सूखते थे। माँ की भारी लाल परदें व सफेद चादर बेफिक्र व सौम्य तरीके से समीर में फड़फड़ाते रहें मानों ढ़लान से सरिता बह रही हों।

अस्तमय सूरज के समय धूप से सुलगी परदों को उतार बड़ी बहन के साथ मुझे अभिवादन किया। माँ ने कहा, 'आओ प्यारे! कुछ बताऊँगी। बहनों के बीच आप दो भाई सबसे बड़े है। कुछ समझना ज़रूरी है। भारी लाल परदें अब मेरी बख्शें में बन्द रहेंगे। मौत इन्सान के लिए अनिवार्य है। आप के पिताजी और मैं भी इनमें शामिल हैं।

ऐसा भाग्य जल्द या देर से हमारा पीछा करेगा। मेरी मौत के बाद चेहरा ढ़कनेवाली चीज़ के बारे में दूज़ा पूछेगा, तो बाकी चीज़ छोड़कर आप इसे दोगे। याद रहें कि रिश्तेदार खोना अत्यंत कठिन व दुःखदाई होती है। रूलाई व उदासी दायरे पर ही हों। वरन् दूसरे लोग नीचा दिखा कर आप का उपहास करेंगे। समझ गए बुद्दू'!

बहन और मैं आंसू भरी माँ की व्याख्या सुनकर अपनी सिर हिलाए। वर्ष के दोरान् प्रदर्शन से लाभान्वित गुलाबी और लाल परदें, मेग्नोलिया फूल की खुश्बू सहित प्रशांत पैर – कभी भी मैं शांत नहीं रह सकता, इत्यादि से माँ की टिप्पणी याद आ गई।

बहन और मेरे जन्म देते समय माँ की उम्र क्रमशः उन्नीस और तेईस वर्ष रहा। उसकी व्याख्या करते समय मेरा उम्र दस था। उस स्वर्णिम बसंत पर उनकी उम्र तैंतीस था।

दो दशक से अधिक अवधि में – माँ, पिताजी, व हम पाँच बहनें और एक भाई – से समय लांघते हुए फहराने लगता है, जैसे खुली मैदान में हवा, परबत की चोटी पर बादल, तालाब में बारिश और लंबी रातों के सपनें। दशकों के हलचल के बाद हमारी परिवार पुख्ता और सुरक्षित रहने में सक्षम है। जीवनी में प्राप्त की गई चीज़ों सें हम वाकई संतुष्ट है। परिवार के पाँच बहनें अनुक्रमण में शादी कर अपनी ही परिवार व वृत्ति की शुरूवात की है। पिताजी और माँ की अश्रुपूर्ण विदाई सहित हमारी जन्म व परवरिश के लिए कारण बने घर में मेरी भाई के साथ एक विनम्र बहु खुशहाली पैदा कर दी। सच तो यह है कि अनेक बदलाव के बावजूद माँ के बख्शे में कुछ चीज़ संस्मरणीय है। उनकी शादी के दौरान् पहनी पोलेन्ड की ऊनी ओवरकोट, भारी परदों के जोड़े।

अकसर सुदूर स्थित चीज़ें व लोगों के बारें में मां जी ने भावुकता से आहें भरीं थीं। किसी को जरूरतमंद चीज़ की अभाव में नज़ला हो सकता है। वह वस्तु मनुष्य से भी धीरे–धीरे सठिया जाने लगता है। पता था कि वह लाल परदों की जगह ओवरकोट पर ही व्याख्या कर रही थी। वह उत्कृष्ट कारीगरी से बनी हुई थी। भाई के पहनने के बाद माँ जी ने कहा, अपनी पिताजी की भाँति वह लग रहा है। ओवरकोट उसके लिए अभिमानी बनाया था न की लाल परदें। बख्शें में रखने लायक परदे से कोई पहनावा भी नहीं बन पाता। सूरज की महक की छितराव उनकी दिल के लिए स्थिर स्थाई खज़ाना बना रहा।

लाल पर्दा माँ की जिंदगी रहने पर भी उनकी परिपक्वता की प्रतीक्षा करता रहा। चालीस साल की उम्र पहुँचने पर भी जिंदगी में दोहराऐं गए स्फूर्ति को मैं कभी इन्कार नहीं सकता।

शादी के बाद शरद् मौसम तक मैं सत्ताईस साल का हूँ। वर्षा के एक दिन में सब जगह पत्ते गिरते समय पड़ोसी सत्कारिणी दूसरी दुनिया पहुँच गई। प्रतिदान रहित मिट्टी मार्ग तय करते हुए फरवरिश लायक बच्चों को मेरे पास छोड़ कर गई।

वृद्धा की अंतिम संस्कार व्यवस्था के लिए अनेक महिलाएं थी। मुझे अल्प समय में उन के बीच शादी किया गया था। करीब नब्बे साल की महिला की शादी भी हुई थी। इस महिला को पता न था कि गुज़री हुई वृद्धा की अंतिम संस्कार में शरीक होने मेहमान ही बुलाई है। ज़वान महिलाऐं इस समय जानते नहीं थे कि वे क्या करें। मरा हुआ मर्द के बारे में उपस्थित लोग अनभिज्ञ थे कि उसकी विदाई समय उनको किस पोशाक से सजाया जाए। श्वेतकेशी व सठिया गई वृद्धा पुरानी शब्दकोश के समान है। भविष्य की प्रतीक्षा में हमें इस ग्रन्थ से लापता दत्तांश को ढूंढ़ना पड़ेगा। शायद हमें भी नब्बे बरस तक रेंगना पड़ेगा। सिलाई लोग स्वयं वृत्ति पर, वैसे ही लिखाई लोग मिश्रित जीवन के शिकार होते है। हरेक वृत्ति में जीवन एक ही परीक्षण चखता है।

पता नहीं कि नब्बे बरस महिला पर लापरवाह काम असर करेगा। उनकी नाराज़गी से मैं भौचक्का हो गया। बुरी मिज़ाज़ महिला मेरी नज़र में कभी नहीं आई। वह चिड़चिड़ी गरूड़ बनीं। श्वेतकेश के पीछे बेदर्द उनकी आँखें घूरते रहें। किसी को नानी माँ के बारे में न अनुकंपा न समझदारी रही।

'ठीक' उसने कही, 'महान्'। मतलब यह रही कि प्रसंग गुणगान के लायक था। स्वराघात पर तैयार कफन के लिए आप घृणित हुए होंगे। 'हाँ–हाँ, शर्मिन्दा मत करें.......... हम क्या पत्थर या डंडे बने हुए हैं? खटमल भी समझदार है। मरते ही खुद की निपटारे उसे पता है। हे भगवान, आठ बच्चे को जन्म देकर सब का मैंने गाढ़ भी दिया। साफ सुतरा संसार पर उन्हें लाई। दोबारा अश्वेत धरती पर भेज भी दिया। मेरी श्वेत केश पर नज़र ड़ालों। मै एक अभागा वृद्धा हूँ। उम्मीद थी कि आठ बच्चे मुझे अंतिम संस्कार करेंगे। भगवान प्रथमतः पति के पश्चात्

उन्हें गाढ़ने का आदेश भेजा। जानता था कि मेरी पचास साल की उम्र में स्वयं कफन तैयार कर चुकी हूँ। लापरवाह व्याख्या मत सुनाओं। कभी भी। इसका कोई विकल्प नहीं'।

कई वर्ष गुज़रे। वृद्धा अधिक समय तक नहीं रही। दिल में बेसहारापन बरकरार रहने के बावजूद नस्ल रहित साफ सुतरा उसे गाढ़ दिया गया। किसी कर्तव्य निष्ठ व्यक्ति प्रतिष्ठा से परे वृद्धा के अवसान पर उपेक्षा नहीं करता। अश्वेत धरती तले तीन–सतह के सफेद सूती, एक सिर पर, दूसरा सूती कोट, सूती पोशाक सहित मासिक धर्म के दौरान् प्रयोग हेतु स्वच्छता तौलिया के बारे में कल्पना की जा सकती है। शायद, साथ में छोटी कंघी, आईना या कोलोन की बोतल भी हों। कझ़ाक महिला के साथ अवसानोत्तर इन सब चीज़ की ज़रूरत पड़ती है। वृद्धा की निघंटू में यह सब कारक अंकित हुए थे।

मामला मुझे मृत महिला सहित कई वर्ष पूर्व उन पर किया गया सरल अंत्येष्टि, चौकट पर धूप गिरना, फूल पर मंड़रा रहे सफेद तित्तली, बारीकी घास के फैलाव पर कीड़ों का चिहचिहाट ताकि फरियाद कामयाब हों पर संस्मरण ज़ारी रहा। मई महीने का स्वर्णिम धूप जो माँ के बख्शे को एक दशक तक सम्हाला और उदासी सहित वेदना पर उनके संयम को हम अनदेखा नहीं कर सकते।

क्षणों सहित अनादि काल पर वृद्धा स्वयं के लिए पुरज़ोर कोशिश की। ऐसी तैयारी उनके लिए ओछा व तुच्छ रहने के बावजूद तत्काल पर स्वयं पोशाक बना लेती थी।

समझ में आने लगा कि माँ की प्रशांतता और सावकाश का स्त्रोत क्या होगा।

अब मैं चालीस बरस का हूँ। सोचता था कि भारी परदे या माँ की पीढ़ी लायक ठोस कदम अपनाने की दिशा में स्वयं का काम नहीं कर सकते ताकि सावकाश व प्रशांतता बरकरार रहें?

हाँ, मेरी समझ में आया कि ऐसे सावकाश व प्रशांतता को एक झटके में पाया नहीं जा सकता। यदि हाँ तो, आप के पास तितिक्षा, सहिष्णुता, सौम्यता, प्रशांति और विपत्ति की बर्दाश्तगी को मुस्कराहट से स्वीकृत करने की दीच्छक्ति होनी चाहिए। सर्दी में प्रत्यस्थ वृक्ष की भांति, शीतवायु प्रकोप पर कमर नीचा कर बाद में अपनी हालत पर आप लौट सकते है।

अध्याय – 6

उल्का

1

ग्रीष्म शाम में काश्त खूँटी तक माँ जी को ले गया ताकि घर के सामने गाय बांध सकें। हाथ में छोटी बाल्टी सहित स्टूल लाई ताकि सुचारू वह दोहन कर सकें। भीगी ज़मीन से काली गाय लौटकर बछड़े की बाल का लेहन कर रही थी। माँ की तरह बछड़ा भी काले रंग का था। वसंतागमन का वह उपज़ था। मध्य ग्रीष्म तक वह आधी मुरगा साईज़ पहुँच चुका था। बालोचित न होने की वजह से माँ की नज़र में अपनी होंट को लेहन नहीं कर सकता था। हर समय गाय की तुन्दा पर छिपक कर चूची को लेहन कर लेता था। दोहन समय मेरा काम उस जिद्दी मस्करें को पकड़ कर रखना ताकि गाय की चूची से पूरी दूध चूस न पाए। वस्तुतः गाय की दूध को हम पूर्ण रूप से अपना नहीं सकते। चाहते थे कि बछड़े गाय की चूची दोहन से पूर्व मृदुवात् करें। बछड़े को यथेच्छ दूध मिलने के बाद, गाय के पास ही छोड़ देते थे।

काली बछड़े के पास गया। मुंह से लम्बी डोर की तरह वह लार टपका रहा था। मकड़ी तागे की तरह ड़ाल से वह झूलने लगता था। अस्तमय सूर्यकांति में लारा प्रज्वलित तैरता रहता था। देख लिया आप इस मस्करें बछड़े की चाल को!

गाय के पास माँ रहकर दोहन कर रही थी। झॉग सहित दूध बाल्टी में सिसकारते हुऐं गिर रहा था। अविक्षुब्ध आँखें बंद मालिक से रिझी बिल्ली की तरह वह गाय जुगाली लेती थी।

अंधेरा होते ही सूरज जल में गिरे थाली बन जाता था। जल में वह अस्थिर नीचे आते गायब हो जाता था। कोई नहीं जानता था कि सूरज किधर गया। पश्चिमी क्षितिज़ पर तारा स्तब्ध उभरे थे। शाम के दोहन समय तारों को देख सकते थे। पूरब में भी दूज़ा तारा उभर कर आता था। हरेक दोहन में तारों को देख सकते है। पश्चिम मे भीगी ज़मीन पर आया तारा हमारा है जबकि पूरब में बर्फ जमी स्तोम शिखर की हिसाब दूसरों का होता है। कहा गया है कि पूरब की तारों तले लोगो का समूह रहता है। वे कमर पर सूती बेल्ट बांध, चोगा ओढ़कर समतल घास मैदान पर इधर–उधर घोड़ों पर सवार करते है। बिन बादल दिन में तन्त्री–वाद्य पर मैंने सुश्राव्य धुन्धली धुन सुनी। मेरी कान पर पूरब की बर्फीले स्तोम से हवा की झोंकें प्रहार करने लगें। एक बार हवा से आये उस गाने की धुन को मैंने भी गाया। पता लगाना था कि किस कलाकार की दिल बिंबित हो रहा है। परिणामतः मालूम पड़ा कि वह कज़ाक व्यक्ति का नहीं था। एक और गैर–यहूदी समूह, जो कज़ाक प्रजाती से जुड़े नहीं थे, बर्फीली स्तोम की चढ़ाई में रहते थे। मौज़ रही कि परिदृश्य सम्मोहित रहकर अबोध्य दिवा स्वप्न में खो गया। दरवाज़े के सामने पड़े ढ़ेर कुन्दों पर बैठा रहता था, या घर के पीछे स्थित काली टीले चढ़कर पूरब की दिशा में स्तब्ध सफेद बादल झांक कर देखता था। किसी दिन उधर पहुँचने का सपना भी देखता था।

समय बीतता गया। तमन्ना अब तक पूरी नहीं हुई। किसी ने आग्रह किया कि सपना रही जाती है। क्योंकि संगीत स्त्रोत को कहीं भी कोई भी प्राप्त कर सकता है। चेतावनी अथवा बिन सूचना अक्रम प्रवेश व्यक्ति को पकड़ कर कारागृह भर्ती किया जाता था जब तक उसके पास बादल, हवा अथवा पक्षी के पुख्ता सबूत न हों।

पश्चिमी काली स्तोम पर प्रगाढ़ रोशनी देखी। माँ और मैं बछड़े का दोहन कर रहे थे। वह बर्फीली स्तोम की दूज़ी चोर गया जहाँ हम पहुँच नहीं सकते थे। उल्का की तरह वह अति सुन्दर था। सार भाग चकाचौंध करनेवाली थी। उसकी पूंछ देदीप्यमान रही। पश्चिमी चोर पर अचानक

बढ़ी रात की आसमान के बीच वह खो गया। बछड़ा और मैं उसकी आवाज़ सुनी। कल्पना कीजिए कि परिद्श्य चकाचौंध करनेवाली थी। बछड़े की तरफ मैंने देखा। वह भी हैरानी से उस तरफ घूरता रहा। माँ को जल्दबाज़ी में बताया। आखिर रहस्यमय अतिवादी उड़नपरी गायब रही। माँ उसे देख नहीं पाई। मानने से वह इंकार कर दी। कहने लगी, 'कैसे होगा, तुम्हें गलतफहमी हो गया होगा'। बछड़े से इसके प्रतिपादन के लिए पूछा। दुनियादारी से दूर, एक क्षण में वह भूल दिया। मात्र आखिरकार उसका काचाब घूरने लगा।

माँ उसे माने या न, अपनी विश्वस्त नज़र से मैंने मान लिया। दिल रहस्यमय घटना से वाकिफ नहीं था। फिर भी मै उसी में खो बैठा। हर शाम, ढ़ेर कुन्दे पर बैठ अस्तमय सूरज की तरफ उसे देखने को तरसता रहा। वहाँ कुछ भी नहीं हुआ। कुछ चिउरे उड़ते रहें। रात की आसमान में उल्कें दिखने लगें। पछताया और सोचने लगा कि बादल, हवा, या मुठ्ठी भर की मिट्टी बनकर आसमान में क्यों उड़ न जाऊँ? पूरब हिस्से के लोग अत्यधिक खुशनसीब थे। संभवतः किसी की जब्त पर वह आ गया होगा। वीरानगी अथवा निर्जन स्थल में गिर भी गया होगा।

शरद् धूप में गाय की झुंड़ रास्ता भूल कर सरहद पहुँचा। बीहड़ की मुरझायी घास के बारे में वह जुगाल कर रहा होगा। खोए गए समूह में वसंतारंभ का उपज़ काली बछड़ा रहा। मेरे साथ वह भी अनपहचानी तारा को देखा। गायब रही सदमें का वर्णन नहीं कर सकता।

2

पता था कि वह क्या कर रहा है। जीवन की अन्य चीज़ की तरह यह ओछी वस्तु को जल्द हम भूल गए। सरहद पर कुछ मवेशियों को खोना सर्वेसामान्य था।

संसार में कर्तव्यनिष्ठ व पर्यवेक्षी लोग सक्रिय हैं। भारी चीज़ न की नगण्य की खोज़ में वे रहते थे। पता नहीं कि मंड़ली में मैं हूँ या न। तिरस्कृत चीज़ पर निगाह डालता रहा ताकि मैं संतृप्त हो जाऊँ। काली बछड़े की विदाई के बाद परिसर के बारे में सोचने लगा। उदाहरण के

लिए, पश्चिमी हवा धूल सहित पूरब की ओर बहने लगी। पाने की दिशा में दौड़ने से कोई फायदा नहीं । दोहरा रही घटना समझा रहे थे कि भावुकता में न मै अधम न मत्सरी था। चाहता नहीं था कि मुझसे विदा होकर दूसरों की वह अमानत बनें। बिलकुल कमसीन व कमज़ोर था। पानी की बाल्टी ढ़ोते हुई स्त्री–प्रेत घर के सामने की पुराने कब्र से एक रात गुज़री।

दिन गुज़री। मवेशीयों रास्ता भूले। घर से पूरब की छोटी खुली जगह पर चरवाहे 'जिन ड्यूल' का पुश्ता बदला। हमें पुराना कब्र पार करना पड़ता था। बारीकी घास मंच सहित पीली सोड़ियम सल्फेट की ढ़ेर वहाँ थे। चरवाहे की बीबी कोयला से भी काली थी। उनके तीन बच्चे थे – सबसे बड़ा बेटा बीक, कजिलां व याजिलां छोटी बेटियाँ थी।

चरवाहे के पुश्ते के सामने रंगीली कालीन पर हम बैठे थे। वसंत की धूप सेख रहे थे। लापरवाह बीक खेल–खेल में सिक्के लील लिया। छोटी बहनें हड़बड़ा गए। चीख–पुकार के बाद मैं उसके बीबी से कहा। पुश्ते से बाहर आकर वह देखने लगी। एक छोटा चक्कू लाई जिससे चाय पिसी जाती थी। बीक ने गले में चक्कू घुसेट दिया जैसे चट्टान् से काई निकाली जा रही है। बेटे से मुस्कराते हुए कही, 'कोई व्यक्ति कैसे बच्चे की मुंह में पैसे डाल सकता है'? तुक्केवाली टिप्पणी से हम हीं–हीं करने लगे। कई लोग चरवाहे के घर पहुँचे। लड़के को पकड़ कर ले गए। बीहड़ की वृक्ष की भांति हम आवाक् रह गऐ।

चरचाहा धनुर्जंघी था। मंदबुद्दि न रहा बल्कि मांसल। खुले मैदान में बेटे को ले जाया गया। पैर तले सोड़ियम सल्फेट बूरे हवा में घुल गए। पूरब की स्तोम चोर में सफेद कोहरा छा गया। नाराज़गी छा गई। सोचा कि मुठ्ठी भर के भूरे हवा में घुल गए।

कई दिन बीतें। सुबह की चाय पीते समय माँ से चरवाहे के बारे में पूछा।

माँ ने मना कर दी। कहा गया कि चरवाहे एक बन्दूक मांग लिया था। बीहड़ में मंगोलिया के एक घोड़े का शिकार करने चला। मगर उसे

कहीं छिपा भी दिया। माँ से बिन सबूत बताया कि बंदूक नदी में गिरा दिया। प्रसंग की समाप्ति सुखद रही होगी। सरहद पर बंदूक खोने की सज़ा पर सोचिए।

चरवाहे से दूर रहकर खामोश रहें। पिताजी धंधे पर गए हुए थे। हम चरवाहे से संबंध गाढ़ने संदेहित थे।

चरवाहे की उदास बेटियाँ बारीक घासमंच पर मुझे देख रही थी। यदि वहाँ जाऊं तो खुली में धूप सेक सकता हूँ। मगर वहाँ नहीं जा सका। लड़कियाँ सोच नहीं पाए कि हमारे बीच अंतर रहा है।

कई दिन भीत गऐ। घर के पीछे कतारी बंगलों में चरवाहा स्तब्ध बैठा था। कभी–कभी पहरेदार के साथ देखा जाता था। खाना खा रहा होगा। दरवाज़े के सामने घूम रहा होगा। सफाई कर रहा होगा। एकत्रित बर्फ को ढ़ेर कूड़ा–कचरे में सरका रहा होगा। समय की बरबादी हो सकती थी। बर्फ यकायक पिघल जाती थी। घुलने के बाद विषैला पौधों का संपोषण मिलता था।

अप्रेल की आखिरी ठंडी धूप का दिन था। चरवाहे को मैंने देखी। उसके साथ में कोई नहीं आगे बढ़ा। था। चिकनाई मिट्टी मिलाता रहा। ढ़ेलें खींचकर घुड़साल पर गिरा दीवार खड़ा करने लगा। द्रोण में खड़ी घोड़े चारा निगलते रहें। लगा कि घोड़ों से बात कर रहा है। बर्फीली सफेद घोड़ा के बदन पर कर्बुरित निशानें थी। उसकी बाल एक तरफ भारी लटकी रही। कैंची की तरह कानें छेड़े हुए थे। यह घोड़ा भीगी ज़मीन में चारा निगल रहा था। हिनहिनाते समय, देखा कि अपनी सिर उठाकर चरवाहे को देख रहा है। बाद में उसने उसकी सुंदर गर्दन पर थपकी दिया। मुझे यकीन था कि कुछ चीज़ प्रमुख थे। बेलचे सरकाकर कंधे पर रखा। भीगी ज़मीन की झरने में पैर तले मिट्टी साफ कर बंगले में कैद कर लिया। मालूम था कि झरने की पानी अत्यधिक ठंड़ था। छूने से आपको सिर दर्द आ सकता था।

मैं उदास बैठा रहा। सोचा कुछ गड़बड़ हो सकता है। माँ ने कारण पूछी और बताया कि वह भी वहीं हाल में है। सोने से पहले लोहे की

तार पर डाले कपड़े लाए। माँ को यह काम रोज़मर्रे से जुड़ा रहा। हवा से दूसरों के घर में कपड़े उड़ने की खतरे से मैं सतर्क रहा। माँ अधिक प्रयास से कपड़े उठा रही थी। उनका काम सिर के ऊपर स्थित तारों को नीचे लाने के बराबर रहा। लेकिन वह प्रशांत क्षितिज़ को विचलित किया था। आकाशगंगा से उल्का गिरने का अवसर आ गया था। लौटते ही आसमान की ओर देखने लगा। बर्फीले स्तोम पर एक और तारा गिरने लगा। दिल में प्रार्थना की। याचना रही कि किसी से हम वंचित न रहें।

नींद में खो गया। सपना देखने के बजाय कुछ अप्रिय प्रसंग घटा। किसी ने हमारा दरवाज़ा खटखटाया जब सब सोए हुए थे। चादर के बीच लुड़का। भयग्रस्त कीड़े की तरह दिल धड़कने लगा। घर के पीछे घोड़े हिनहिना रहे थे। अधवस्त्र माँ ने पूछी हो क्या रहा है। लौट कर कही कि चरवाहै जल्दबाज़ी में भाग गया। भगदड़ में ज्योति को देखा। हाँय! चरवाहे बर्फीली घोड़े से बात कर रहा है। जेल से भागना नहीं बल्कि सरहद का पार करना भी है। बच्चे को कौन समझ सकता है? वयस्क की नज़र में मासूमियत होती है। बच्चे को नई ढ़ग से सिखाया जाना पड़ता है। अंधेरे में घोड़ों का सवार करना सीखना पड़ता है। काराग्रह से भगावत करना साधारण नहीं होता है।

घुड़साल पर अनेक लोग फुसफुसाते रहे। किसी ने कहा कि चरवाहा जेल से भागने में कामयाब रहा। घुड़साल की सफाई की। चाहता था कि लोगों को गुमराह कर बर्फीली–सफेद घोड़े को चारा खिलाऊं। जेल की संतरी से उसने कहा कि उसे मूतना है। जब संतरी उसे बारीकी घास पर ले गया, चरवाहा वहाँ से भाग निकला। अपनी कोट को उसने घासमंच में छिपा रखा था। घुड़साल पर दौड़कर घोड़ा चुरा कर भागा। वह सबसे तेज़ निकला। चार दिन तक उनको पकड़ने भेजे गए लोग नाकाम हुऐ। स्तोम व घाटी की छप्पे–छप्पे छान मारें। न वह मिला न घोड़े की टाप चिह्न। किसी ने कहा कि वह वांछित घोड़े की टाप को कहीं चिथड़े में छिपा दिया है। निगरानी कर रहा व्यक्ति

सही कहा होगा। अन्यथा, कैदी पर छूठी निगाह के बावजूद घोड़े की टॉप से की गई आवाज़ को जरूर सुना हुआ होगा। संतरी अपनी उत्तरदाइत्व से नहीं चूका। चरवाहा वाकई प्रचंड़ निकला।

कैदी को वयस्क ही पकड़ सकते है। मैं खाली नहीं बैठा रहा। परिवार बीटा स्तोम के समय गंवाने के बावजूद मैं शोकार्थ रहा। बर्फीले स्तोम पर उड़नपरी के उड़ान के बाद बकरियों के झुंड़ के गायब होने से मैं चिंतित नहीं था। हरेक चीज़ पर मेरी पसंदगी को कोई नहीं जानता था। मेरे लिए घास के हरेक पत्ती, या पत्थर, या पानी की बूंदे, या हवा की झोंके बराबर खज़ाने थे। माँ की खोक से निकलने के बाद गिरी खून की धब्बे सहित बचपन की प्रथम पदचिह्न पर मेरी समझदारी बढ़ी थी। सूरज क्षितिज़ पहुँचते ही प्रार्थना की कि सब पर वह प्रज्वलित हों। हवा की झोंको से याचना की कि चरागाह में उमदा हवा मिलें। अपनी ज़मीन की खुशहाली क्षतिग्रस्त होने को मैं बर्दाश्त नहीं करता था। चरवाहे की पलायन से मैं विषण्ण था। अपनी शरीर को वह साथ में नहीं ले गया था बल्कि वह सुंदर घोड़े को भी। दशक तक लिया हुआ सांस की हवा, सूंघी हुई मिट्टी की महक, मूकिया हुआ नाड़ी, और प्यार का महत्व को भी उसने हरण कर लिया। हतोत्साहित व झुकावरहित घर की खाली दरवाज़े व खिड़कियां धूप में खुली। ज़मीन तले वह अधोन्मुख हुआ। हवा की धूल अंधेरे से रोशनी के बीच असीम ब्रह्मांण्ड़ में निहारिका की तरह तैरता रहा।

चरवाहे की परिवार अगले दिन जंगार हौज़ की दक्षिणी चोर पहुँच गया। मालूम नहीं मौसम का हाल क्या हुआ होगा। धूप से परे, बादल से घिरा, मस्त हवा या वर्षा से आवृत हुआ होगा। कोई भी मौसम की हालात को भूल सकता है न की खंड़ित अनुभव। परिवार की विदाई किसी ने देखी होगी। लगा कि चरवाहे की पत्नी रो रही है। देख नहीं पाया कि वह कहां बैठी हुई है। कई वर्ष बाद मैंने सोचा कि अपनी चेहरे को रिश्तेदार की बाँहों में छुपी रही होगी। परिवार के सब सामान ट्रक पर लदें पड़े थे। बाढ़ की तरह काश्त फलकें उसके भीतर से अक्रांत

थी। बेटियाँ कजिलां व शजिला, ट्रक के ऊपर बैठे हुए थे। उनकी नज़र 'घेरे' के जरिए स्तब्ध भीड़ में मुझे ढूंढ़ते रही। विदाई के बारे में हम नासमझ थे। हमारी नज़र फिर भी एक–दूसरे से मिलने लगे। जानता था कि स्वेच्छा से वे जा रहे है। वह भी जानते थे कि मैं वही रह गया हूँ।

ट्रक हिलकर भीड़ के बीच मिट्टी की फुहार उछाला। अस्पताल के पीछे स्तोम पर मैं चढ़ा। देखा कि ट्रक दक्षिण स्थित अंतहीन गोबी मरूस्थल पहुँच रहा है, जहाँ सुदूर नील रंग क्षितिज़ छाया हुआ है। ट्रक अत्यधिक फासले तैयार करने के बावजूद उछाला गया सफेद मिट्टी की फुहार लाल सागर में सफर कर रही पाल–नाव से मिलता–जुलता था।

चरवाहे परिवार की स्थानांतरण से काफी क्षति हुई। खाली पड़ी घर पर बार–बार गया। बीहड़ सहित बारीकी घासमंच के दौरा ज़ारी रखा। खाली जगह पर छोड़ी छाप काफी समय तक छाया रहा। गोल मटोल, रेत रहित, कंकड़ या मुरझाया घास मंच का वह प्रतिरूप रही। पुश्ते में जलाए गए लक्कड़ से निकली राख को हवा ने तितर भितर कर दिया था। कंगाल गौरिए फड़फड़ाने लगे थें। बिन चारें ऊबने से पूर्व वे चोंच मारते रहें। रिक्त जगह पुराने मित्रों के हवाला होना मुझे वाकई निर्भीक बना दिया। आंसू बहाकर खुद को ज़मीन पर बैठने रोक नहीं सका।

बचपन में क्षति के कारण हुई अनुभव प्रभावशाली व अविस्मरणीय रहीं। हर समय उदास व हताश हुआ जब पिताजी या माँ फटकारते थे। कहा करते थे कि या तो प्रसन्न रहों न की भग्नावशेष के पीछे रेंग रही पिल्ला। कोई तुम्हारे लिए सहानुभूति दिखाता है? माँ या पिताजी तेरे लिए जिंदा है। हम स्वस्थ हैं। परिवार मज़बूत है। किसी का पराजय नहीं हो सकता? कहने लगे कि चरवाहे की पुश्ते पर मैं गया हुआ था ताकि अपनी गृहस्मारी उत्तेज़ित हो सके। उसके बारे में वे कुछ भी नहीं जानते थे। मालिक से छुड़ा गया पिल्ला लावारिस महसूस करता है। किसी की दयनीय रेखांकन में शब्धाभाव क्यों हुआ? मैं वह पिल्ला नहीं हूँ। पुरानी जगह के परित्यक्त पिल्ला की बात ही अलग है।

पिताजी, माँ सहित अन्यत्र अनज़ान हैं कि खुद की मज़बूती से मैं जी रहा हूँ। आखिर अपनी आंतरिक छेद्यता को बदल रहा हूँ और वाकिफ़ हूँ कि ऐसे छेद्यता को मैं छिपा सकूँगा। उनकी नज़र में अभागा हूँ मैं। उन्होंने मेरी खुद की अवनति पर टिप्पणी की थी। जानता हूँ कि मुझे क्या करना है।

3

प्रसंग के पश्चात् खुद को पूर्ववतः मैंने सतर्क किया। घोड़े की अफराव की अस्तव्यस्त ध्वनि से सचेत हुआ हूँ। दूसरों की पलायन से भयभीत भी हूँ। हों सके तो उन्हें मैं रोक भी सकता हूँ। बिस्तर से रेंगकर बाहर पहुँच चुका हूँ। बाहर घना अंधेरा छाया हुआ है। कुछ भी नहीं देख सकता। आसमान में न तारे है न की बादल। अंधेरी रात इतना मुझे डरा चुका है कि घर लौट आ सकूँ। माँ की पूछताछ पर खुद का हवाला दिया। उन्होंने पूछा कि क्या मै अवमुक्त हो सकता हूँ। जवाब में 'हाँ' कह दी। बिज़ली की कंदील से मुझे बाहर लेकर आई। वहाँ खड़े होकर पूछा यदि वह संदेहपूर्ण ध्वनि से आलिंगन किया है। उसने 'हां' कर दी। 'क्या हो सकता है'? माँ ने जवाब दी कि घुड़साल में रहा घोड़ा जिसने एक छोटा बच्चे की तरह तुतलाता रहा। सोचा कि मैं या तो लोमड़ी या बिल्ली। प्रकृति के साथ घोड़े संवेदनशील होते हैं। रात की समय जरूर उनकी ड़र जाना स्वाभाविक है। उसने कहा 'चिंता मत करों और 'अंदर जाओ'। घर लौटे और माँ नींद में खो गई जबकि मैं अधूरा जागा रहा।

अगले दिन लम्बी नींद से जागकर खुले हुई दरवाज़े को देखा। दक्षिण की भीगी ज़मीन के फैलाव पर केन्द्रित कटिये दरवाज़े की तरफ था। थकान से अपनी आँखों को रगड़ा डाला। देखा की घोड़े भीगी हुई ज़मीन पर आराम व बेफिक्र से चारा लील रहे हैं। ज़मीन हरी भरी है जहाँ लाल, सफेद व काले रंग के घोड़े पड़े है। हवा उनकी अयाल व पूंछ को भड़का रहा है। अपनी सिर को ऊंचा कर हिनहिनाते समय कोसों दूर देख रहे है। बादलों के निचला सतह भीगी ज़मीन के बीच तैर रहे हैं और प्रातः सूरज खुले में संकीर्ण जगह से धूप दे रहा है।

मुरगाबी चीं–चीं करते हुए हवा में अपनी पंखें खोलते हुए उछालकर झपट्टा मार रहे हैं। उठकर बैठा। दरवाज़े पर माँ बकरी का दोहन कर रही थी। बड़ी बहन लकड़ी काट रही थी। हर प्रसंग जैसा था वैसा ही ज़ारी रहा। ठंड़ी सांसें भर ली और बिस्तर पर दोबारा लेट गया। कुछ भी नहीं खोया। हर चीज़ पुख्ता और सुरक्षित रहा।

समय गुज़रा। प्रयास रखा कि कंकड़ भी न हिल पाऐं कुछ बदलाव आया। महसूस किया कि वह मैं नहीं था जो घर पर उतना अनुरक्त हो चुका था। यदि हां तो जरूर हमारे लिए कुछ नुकसान हुआ होगा।

उस अगस्त में स्तोम पर बसी वृद्धा ने किसी को पकड़ा। वह मध्यम वयस्क था और पड़ोस में खाली हुई मकान में रह रहा था।

चाय पी रहे थे। पिताजी ने कहा कि वह हेबी प्रांत से जुड़ा हुआ था। एक बार उसने किताब लिखकर खुद के लिए आपदा खड़ा किया था। किताब को बाद में शहर के बृहत् चौक में जलाया गया था। बाद में वह जगह से उन्होंने विदाई ली थी। पीठ पर कपड़े की बोरी और लिखने की नोटबुक, एक नक़्शा, अग्रेज़ी संख्या की कलाई घड़ी, सूती व खिलाड़ी के जूते से वह आया था। उनकी जूते तले नमूने को सावधानी से खुरेदा गया था। पहना हुआ जूते का हाल सादृश था। ज़मीन पर कोई निशान नहीं छोड़ा था। तात्पर्य यह रहा कि सरहद से निकल कर आने की सख्त तैयारी कर चुका था। आंतरिक माल गाड़ी तियांशां स्तोम की शिखर की दक्षिणी पीठ पर उनकी सफर समाप्त हो चुकी थी। दस दिन तक लाल गोबी मरूस्थल पहुँचने पैदल निकला जब उनके पास संग्रहित पानी और राशन खत्म हो चुका था। वांछित रिक्त चरवाहे की पुश्ते आकर बसने लगा। दूध से बनी एक गढ़ा चाय पीकर थकान से नींद में खो गया। नींद खुलने के बाद पकड़ा गया।

सचमुच रोमांचक प्रसंग बना। कार्यालय में कई लोग के साथ उस मध्य वयस्क की हिरासत से निकलने तक मुझे प्रतीक्षा कर रिक्त पुश्ते पर भेजना पड़ा। कई वर्ष बाद मान लिया कि उस वृद्धा की बर्ताव सही था। उसके लिए नहीं बना हुआ हो तो हमारे लिए कोई भी किताब नहीं

लिख सकते थे। संदर्भ में न मेरी नाराज़गी न हर्षोल्लास ज़ारी रहती थी। नतीज़तन उसे मैं किसी और के ऊपर पलट दे सकता था। अंततः अमर्श व आनंद घालमेल में परिवर्तित हुऐ।

अगस्त के सूरज़ आसमान में छाया रहा और तेज़तर्रात हवाऐं बादलों को तितरभितर कर दिया। सूरज तले खड़ा व्यक्ति की साया उसके पैर पर पड़ा रहता था। हमारे मकान के पीछे की कतार पहुँचते ही त्वरित गति में न्यूनतम कदम से बढ़ने लगा। जानता था कि लांघने पर मेरी पैर ज़मीन पर अपने साये तले आ जाता था। पूर्ववतः अपनी परिवार से भी अवगत कराया था कि वे ज़मीन पर अपने सिर से खड़े न हों। सब ने अनदेखी कर दी। न की पकड़ा हुआ मध्य वयस्क।

केन्टीन में अपराह्न भोजन पर मार्गरक्षी के साथ भेजा गया। हथकड़ी सहित घर से निकला। उद्दीप्त रोशनी उनको भेंगा बना दिया जैसे उन्हें अधिक समय तक अंधेरे मकान में कैद हुआ हो। यथार्थ पर उनकी वहाँ आया मात्र दो दिन हुआ था। उनकी पलित बाल गंजा सिर से पेले हुए ऊंट कांटे जैसे लग रहा था। लगभग तीन मीटर उनसे दूर खड़ा था। कुछ देर के लिए वह मुझे देखता रहा। पश्चात् यांत्रिक रूप से अव्यक्त मुस्कराहट से आगे बढ़ा। जैसे वह बकबक रहा था, उनकी पैर पर बंधे भारी झंजीर ज़मीन के रेत व कंकड़ सहित साये के साथ रगड़ने लगें। सोचा कि मैं उसकी ओर बढ़ सकूँ ताकि उसे अवगत कराऊँ कि बहुत आगे बढ़ वुके हों, मगर वह मुड़ कर भी नहीं देखा। उनकी बेफिसलन तल्ले को सावधानी से खुरेदा गया था जिससे ज़मीन पर कुछ भी नहीं असर पड़ता था। चरवाहे चुराई घोड़े की अफराव को लपेटा प्रसंग इनके पैर तले हुई तल्ले की याद दिलाया। सोचा कि उसे समझाने कुछ करके दिखाऊं।

मुड़कर देखा। ढ़ेले के डलों को उनके बिस्तर पर ड़ाल दिया। लोह शायिका बिस्तर छात्रों के लिये बनी हुई थी। ढ़ेले के वज़न से उसको निचला कर दिया।

आधे घंटे के बाद, मध्य वयस्क को मार्गरक्षी के साथ वापस लाया गया। हाथ पर लगी हथकड़ी के सिवाय दो भाप में पके गुलगुले को दूर से मैंने देखी। कमरे में प्रवेश करने के बाद संतरी उनकी हाथ पर लगी हथकड़ी को ढीला कर दिया। हाथों को लोहे की शायिका के पलंग पोश के कन्धों से जोड़ा, हथकड़ी का दोबारा सख्त कर संतरी वहाँ से विदा हुआ। मुझसे उसने कहा, 'बच्चे इस पर नज़र रखों। जल्दी आऊँगा। ड़रो मत। बंधी बनाने के वजह वह भाग नहीं निकलेगा'। उनकी मूल शब्द भूल दिया। उसने मुझसे एक अनुज्ञा चाही। मेरा संस्मरण सही काम करेगा तो संतरी की किसी हालत में मांग थी कि अपनी परिवारजन के सहयोग लूँ।

घुटनों पर टोड़ी रखकर अपनी घर के साये में उसकी घर पर नज़र रखा। घोड़े पर सवार व्यक्ति मेरी वहाँ रहने का कारण पूछने पर कहा कि वहीं मैं खेल रहा हूँ। मेहमान वहाँ से विदा होने चाहा। पूंछ उठाते हुए उसकी घोड़ा दुबाल कर इठलाया। देर बाद कुकुरमाछी गन्दी नाली से पानी पी रहा अनाड़ी की तरह डटी जीभ लेकर कहीं से वहाँ आ टपकें। साये में सो रही चुज़े को मेरी वहाँ पहुँचना घबरा दिया। छोटा पिच्छ छोड़कर वह खिसक गया। घर में माहौल स्तब्ध रहा। टूटी हुई खिड़की की शीशा अन्धेरी सुराख की तरह खुल गया। कैद व्यक्ति यदि स्थानांतरण की जादूगरी समझता हों जरूर मक्की बनकर उड़ सकता था। खिड़की तक पहुँचा और देखा कि वह दहलीज़ पर पड़ा हुआ है।

खिड़की से धूप मेरी दाहिने घर की पूर्वी छोर पर पड़ा था। लोहे शायिका कन्धों पर गतिहीन झुका हुआ था। कहने लगा, 'आप दिलचस्प बच्चा है––काफी समय से देख रहा हूँ। बताव मेरे लिए कौनसी अच्छी जगह है? पता था कि आप ही मेरी बिस्तर पर ढेलों को डाला था।––कोई बात नहीं। मिट्टी से उमदा नहीं रहने के बावजूद डरता नहीं हूँ। मेरे लिए चादरों को गंदा मत करों–––ऐसे काम मत किया करों। ठीक! घर जाओं! यहाँ मत रहो! आपके परिवार जन देखते होंगे'। सोचा कि वह कुछ मुझसे कहेगा जैसे 'मैं तुझे मार ड़ालूंगा' मगर बदले में कहा 'घर जाओ'। संतरी लौटा जिससे मैं घर जाने की नौबत नहीं आई।

शारीरिक रूप से जाने के बावजूद दिल उसके साथ चिपका रहा। मानता हूँ कि उसका कहना मेरे ऊपर ज़रूर असर ड़ाला। कई वर्ष के बाद उनसे बताते समय मेरा कोई विद्वेष नहीं रहा। दिल में आया कि यदि भविष्य की कुचक्र बने गए तो। एक आंधी रात पर माँ कहीं पड़ी थी। दिल में आया। उसे कुछ रूचिकर बना कर खिलाऊँ या हम लोग उसे कुछ कपड़े दे दें। ऐसे हुआ हों तो हमारे बीच काफी दिलचस्पी आयी होगी। फिर भी ऐसे नहीं हुआ। एक सुबह घर के पीछे जीप आया। ज़ोरदार हड़बड़ी में परिदृश्य देखने गया। नील रंग सशस्त्र वरदीधारी मध्य वयस्क को वहाँ से ले गऐ। उसकी पिछले हिस्से में कंटीले बाल सहित निशाना रहित जूते मात्र देख पाया।

अस्पताल के पीछे स्तोम चढ़कर जीप को देखता रहा। पहले चरवाहे की परिवार की विदाई परिदृश्य का यह अनुकरण था।

स्तोम की चोटी पर खड़ा रहा। हवा की तरंगें सागर पर चकराने लगी। दूर से बादलों को हवा ने उछाल दिया। साये से लगा कि बारिश होने जा रही है। गोबी के लाल मरूस्थल अजीब दिखने लगा। पाल–नांव, पर्वतश्रेणी सहित शिखर की उतार–चढ़ाव। एकांत में देखता रहा मानों किसी अपरिचित पक्षी आसमान में उड़ रहा है।

जन्मोत्तर नवम शरत् के एक दिन चाय पीते रहे। मिलने आये दो चरवाहों को हमने सुना। हम बहनें काश्त कटिये पर रहे आगुंतक के नीचे स्टूल पर बैठे थे। मेहमानों को दूध की चाय मिली।

एक ने प्याली पकड़ कहने लगा, 'लगता है, आप का परिवार सौभाग्यशाली है। दूध की चाय मिलती है'। माँ ने जवाब दी, 'छोटी बकरी दूध नहीं देती। सफेद बकरी की दूध यथेच्छ है। इससे हम चाय बनाते है'। चरवाहे उत्तेजित हुआ। चाय की चुस्की लेने के बाद याद करने लगा। कई दिन पूर्व एक आगुंतक अपनी बकरी समूह लेकर अपने पास आया था। वह सफेद और बड़ी बिन मांसली बकरी थी। समूह से बार–बार उसे भगाने नाकाम कोशिश की। प्रत्यक्षतः मदचक्र पर रही मवेशी एक बकरे की तलाश में थी। उसको मालिक को लौटाने की दिशा

में नज़दीकी परिवारों से पूछा। किसी की बकरी गायब नहीं हुई थी। सोच लिया कि वह बकरी यहां पहुँची हुई है। दिल की धड़कनों से सुनता रहा। कैसे हो सकता है! कई वर्ष बाद, दिल में कड़ी मेहनत से तारें, हवा, बादलें, जल, मिट्टी सहित जानवर देखा सिवाय पूरब से चली घुड़शिरा तन्त्री–वाद्य की धुन। चरवाहे की टिप्पणी के बारे में कभी सुनी नहीं थी। दूसरे चरवाहे ने बोला, 'अच्छी बात है। एक से दो, बाद में चार या पांच और अधिक। मांस खाना ही नहीं बल्कि दूध को भी पी सकते है। कितना बढ़िया'! चरवाहे ने कहा, 'भूल जाओ। दूसरों से क्यों लेंगे? जब तक मांगने नहीं आया, उसे मालिक को लौटा दूंगा'।

दोनों की बात के बीच, देखा कि सफेद बकरी उठाया हुआ चरवाहे की नाक पर पसीना निकलने लगा।

अध्याय –7

गोदी माँ

आप कज़ाक नहीं हो तो गोदी माँ का पाना अत्यधिक मुश्किल होगा। संभवतः आप नहीं समझ सकेंगे कि गोदी माँ कौन होते है। शायद यह शोचनीय हुआ होगा क्योंकि कज़ाकी के लिए गोदी माँ उनकी फरवरिश में सहायक होती है। एक मायने में वे धर्म माता अथवा धात्री बनती है। तथ्यतः वे हूबहु माँ नहीं बनती हैं। क्योकि गोदी माँ विशिष्ठ होती है। दूसरों की बच्चों को खुद की तरह गोद लेकर पालने में योग्य होते हैं।

प्रथमतः सभी महिलाओं के लिए यह योग्यता नहीं मिलती है। कुछ हद तक महिला की भाग्य या किस्मत होना भी ज़रूरी बनता है अर्थात् उनकी भाग्य या किस्मत गोदी माँ बनने का साथ देता हों। धरती पर यह कैसे होता है। एक वाक्य में व्याख्या कर सकते है।

बीटा स्तोम में पैदा हुई मै कज़ाकी बेटी हूँ। पूर्व विधित रहा होगा कि मेरी गोदी माँ एक चरवाहे की जनानी होगी। उनसे मैंने सीखी कि एक थैली पनीर के साथ आकर बच्चे को ऊंट में बिठाकर गोद में लिया जाता है। कमरे में गोदी माँ सोई हुई थी। ऊंचा सिर उठाया महावत से सवार ऊँट घर के सामने आकर रूखा। दरवाज़े की दहलीज़ पर उद्दीप्त धूप में एक छोटे पहाड़ की तरह दिखने लगा। गोदी माँ खुशी और उत्सुकता से परिवादी रही। कहा, 'मेरी जन्म उनकी खोक से छः दिन पूर्व हुआ था। लाल व नमी त्वचा तले निस्सार आँख व कमज़ोर बदन का बदसूरत चिड़िया की बच्ची जैसे मैं लगती थी।

गोदी माँ अपनी उपाधि के बारे मे सोचा करती थी जब मुझे चिकनाई व दूध की गंध के बारे में याद दिलाया जाता था। मवेशियों के उत्पादन का अंत होने की कई महीने में मैं पैदा हुई थी। बीटा स्तोम की चोटी पर यह मौसम में खेतों का पौधांकुरण होता है। हरेक परिवार नई फसल के साथ भीड़ में आकर घूमने लगते हैं। सृष्टिकर्ता की कृपा से धूप और स्वच्छ जल सेवन कर जीवन भर उमंग के साथ खेलते रहते है। हरेक वर्ष की इस मौसम में गोदी माँ मेरे लिए दूध की मज़बूत गंध और परिवार की सुखद विचक्षणता लाकर हमारे बीच खुशियां बांटा करती थी।

गोदी माँ अपनी मांसली पैर पर मुझे लाड़ती थी। हाथों के पीछे व मत्थे पर गहरी और नर्म होंट से चुम्मे देती हुई कहा, 'ओह मेरी जिन्दगी, देख तुम्हारी पुतलिया। छोटी मेमने और हिरनी की आँखों जैसी है। हे सर्वेश्वर, संसार की चंचलता से धोका मत दें, स्पष्ट झरने की आँखो में मुझे डुबा दें। व्याख्या करते–करते मैं उसकी श्वास से निकली गर्मी की महसूस करती थी। मेरी चेहरे पर छिपकी हुई उसकी काली त्वचा और हाथों निकट 'छोटी मेज़' से भी बढ़ी–बढ़ी मम्में नमी से झूमने लगते थे जैसी चमड़ी की थैली में सरसरा रही दूध। असली माँ से गोदी माँ गाय की पूर्ववर्ती दूध उपलब्ध कराने की मांग करती थी। एक 'छोटी मेज़' पर रखकर उसने कहा, ''गुड़िया, तू मेरी ही गुड़िया हों, देखा जब तुम को अपनी माँ ने जन्म दिया था, तेरी नाभि–नाड़ी को मैंने काट दी थी। याद रहें कि तू ही मेरी नाभि–नाड़ी है। तु ही मेरी बनी हुई है। बिन माँ इस संसार में मुझसे तुझे छीनने की किसी का अधिकार नहीं है। किसी दिन मेरी कोट की जेब में रखकर मुठ्ठी भर की मिसरी की तरह घर तुझे ले जाकर जब चाहूँ उसे मेरी मुँह में डालूँगी''। दूध की प्याली उठाई, ''ड़रो मत, अब तुझे मैं ले जाऊँगी। सारा दूध पी जाओ। जब तू पी जाओगी, कोई भी तेरी दाढ़ी को कुल्हाड़ी से तोड़ नहीं सकता। ओह गुढ़िया, देख तेरी हिरनी जैसे आँखें'। उसने चुम्मा दी, 'मैं मर जाऊ'। और चुम्मे देते हुए 'मैं मर जाऊं, नमदी घर की गुड़िया'।

मै अत्यधिक छोटी थी। उनकी कहना मुझे समझ से बाहर था। वह मुझे चकरा देने लगती थी। मैं एक साधारण लड़की रही। सामान्यतः

कुछ ही लोग मुझे बच्ची की तरह जानते थे। कैसे एक महिला से अत्यधिक अनुराग पाती थी यह समझना कठिन होगा। यह भारी नुकसान में असली माँ की प्यार व अनुराग से मैं वंचित रहीं। गोदी माँ के साथ उनकी खुद की बच्ची की तरह मैं बन्धी हुई थी। उसके लिए भी मैं आभारी हूँ। दोनों परिवार एक दूज़े से दूर नहीं थे। चाहते थे कि एक चरवाहें की परिवार वहाँ रहता हैं जहाँ पानी ओर चराव हों, जहाँ हम भी कई वर्षो से रहा करते थे। सोचा कि उसके लिए मैंने कुछ सेवा भी नहीं की है, जैसे उनकी मेमने की फरवरिश करना भी।

चकराते हुए मैने कहा. ' क्या मैं एक चुहिया हूँ?

दोबारा पूछा, 'मेरी नाड़ी किससे काटी थी? चक्कू अथवा कैंची से'?

हंसते हुए गोदी माँ कही, 'समर्थ सर्वेश्वर! चक्कू! सोच सकती हूँ चक्कू? क्या चक्कू इसे सम्हाल सकती है? मैंने कुल्हाड़ी का इस्तेमाल किया ताकि वह कट जाए, मेरी बच्ची, कितनी मज़बूत बन गई हो आज'!

अत्यधिक हतोत्साहित हुई। नाभि–नाड़ी पाने के लिए मैं कितनी दोषी थी, जैसे एक गाय की बाल की गुच्छा और संवेदनात्मक जन्म! ऐसी बच्ची का जन्म क्या उपहास का कारण नहीं बन सकता? प्रत्यक्ष या परोक्ष मुझ पर नज़र रखी सभी लोगों को मैने सावधानी से देखी। अंततः कोई भी इसके बारे में न ध्यान दिया न की इच्छा जताई सिवाय गोदी माँ समझी कि मैं अवमुक्त हूँ। मेरा जन्म अत्यधिक संतुलन के कारण नगण्य मामला रही।

यथार्थ में, मेरा जन्म साधारण व संसार की सभी बच्चों की तरह नीरस था। मेरी नाभि–नाड़ी की गोदी माँ से व्याख्या कुछ भी नहीं था या सिवाय अतिशयोक्ति। मेरी जन्म समय वह मौजूद नहीं थी, न केवल उसने ऐसी हरकत की होगी, जन्म के बाद मेरी पोशाक को स्वयं वह सिलाई हुई होगी। संसार में सुई और अंतर्ग्रंथित धागों से मेरी नाभि–नाड़ी, गोदी माँ और मुझ से जुड़ी हुई थीं न वह एक समारोह, न प्रतिज्ञा, न कर्तव्य सिवाय प्रत्याशा। अतः स्वयं वह उसका मेरी अस्तित्व

के बारे में बढ़ा–चढ़ाकर बोल रही होगी और मैंने आँखों का वर्णना करने प्रेम गीत का प्रयोग अक्सर की जाती हूँ। साधारण चूहे के बारे में कल्पना कर सकते हैं? प्रेम गीत में उसकी वर्णना नहीं की जाती है। हुला लाई स्तोमवासी चुहिया थी। वह जंगल में रह–रहें गिलहरी से भी अत्यधिक फुर्तीला, सख्त व सक्रिय होती थी। उनकी आँखे शुद्व व असावधान जल नगीने की तरह होते थे। अत्यधिक प्यार से इस अरक्षित 'छोटी प्राणि' का सम्हालने के लिए गोदी माँ खुद पर अभिशाप दिया करती थीं, 'मैं मर जाऊं, मैं मर जाऊं'।

आप सोच सकते हैं कि गोदी मां बिन कारण किसी से प्यार करती थी? वह मानती थी कि धरती पर हरेक व्यक्ति परिश्रम से बढ़ना चाहिए वरन् रंगीली दुनिया को समझदारी से वह पकड़ नहीं पाएगा। जीवन भर का संघर्ष से व्यक्ति सेहत, रिश्ता व मवेशियाँ पा सकता है। सेहत उमदा होती है, क्योंकि हम सेहत भरी शरीर व मन से उत्कृष्ट वस्तु नहीं होती। बुरे दिनों मे व्यक्ति खुद को मिठास से उस की सृष्टि करना चाहिए। मेरी असली माँ अकसर गोदी माँ की नियंत्रण में संपूर्णतः मुझे हवाला नहीं करना चाहती थी। वह कहा करती थी, स्तोम की चढ़ाई पर जाकर मवेशियों का कई वर्ष तक फरवरिश करों जहाँ अपनी कंधों पर मैं पानी ढोकर ला सकती हूँ, उनका दोहन कर सकती हूँ, चूल्हे के लिए लकड़ी एकत्र कर सकती हूँ। जितना समय तक मैं ठंड़े, भूखी और एकांतता की महसूस की, उतने ही मैं मज़बूत और अध्यवसाई बन गई थी। धूप, हवा और दूध से संपोषित हो चुकी ताकि जिन्दगी पर दबंग जैसे हो सकूँ। तथाकथित दूसरों की कुल्हाड़ी मेरी दाढ़ी को काट नहीं सकता। सोचिए किसी का शिरच्छेदन वह कर सकता है जब किसी की दाढ़ी का उस्तरा नहीं कर सकता? कभी भी गोदी माँ के साथ चढ़ाई नहीं पहुँची न उसके लिए प्रतीक्षा कर प्रशिक्षण पाई। उसके मुकाबले में यह जीवन भर की पछतावा होगा। बचपन मे मैं संवेदनशीन थी। अब मैं अदृढ़ हूँ। कई वर्ष गुज़रे साथ में कई परिवर्तन। मेरी असमर्थता व छेध्यता ही संसार और जिन्दगी की ताल से गोल छेद में वर्गाकार खूंट की तरह परित्यक्त किया है। जैसे समय भीता, मैंने महसूस किया कि किसी से सच्चा ठंड़,

भूख व एकांतता अपनी उत्तरोत्तर जिंदगी में अनुभव किया जा सकता है। यदि आप अपनी तितिक्षा को प्रशिक्षण देना चाहेंगे तो वह अत्यधिक देर हो सकती है।

गोदी माँ यह भी मानती थी कि जब तक किसी व्यक्ति को भूला नहीं जाता है तब तक वहाँ मौत का अस्तित्व नहीं होता अथवा उसकी अनुभूति नहीं होगी। उनकी यह व्याख्या मेरी जिंदगी की प्रथम रात पर सताने लगी।

वह बर्फीली शाम थी। पिताजी कई दिनों तक बाहर थे। असली माँ गंभीर रूप से अस्वस्थ थी। आपात शुश्रूशा के लिए सुदूर अस्पताल भेजा गया। लापरवाही से उस रात एक सुई को मैंने लील लिया जो गले मे जाते ही आड़े टूट गयी। यद्यपि गंभीर रूप से चिंता करने का विषय नहीं होने के बावजूद उस रात वाकई मेरी जिंदगी में प्रथमतः अर्थपूर्ण रात बना रहा, जबसे मैं अनिद्रा की शिकार हुई। मेरी माँ मरनेवाली थी, वैसे ही मैं भी। यदि गोदी माँ के लिए नहीं बनी हुई हों, कल्पना कीजिए कि उस रात मैं कैसी गुज़ारी हुई होगी।

हम चार बहिनें एक ही पलंग पर लेटी हुई थी जहाँ अंगीठी बुझ रही थी और बाल्टी में पानी बर्फ बन रही थी। दीवार की उस तरफ दीदी सोकर अपनी बदन से घनी तुशार की ठंडी सतह को लटकी हुई लाल कंबल से रोक रही थी। बाहर हवा की झोंके बिलकुल बंद पड़े हुए थे और स्तब्धता से बर्फ गिर रहा था जिससे माँ को ले गई ट्रक के शिकन पर सतह पर सतह गाढ़ रहा था। किसी को पता नहीं था कि मैंने सुई की खूंटी की शिरा को लील लिया है। न जंगार में रह–रहे पिताजी को इसके बारे में जानकारी थी। जैसे पिताजी की याद आते ही, मेरी आँखों में आंसू बहने लगे। पता नहीं था कि हमारी एकाकी परिवार के साथ पिताजी, माँ और खुद के लिए खेद प्रकट करना पड़े। मुड़कर मुह भर थूक लीलने लगी। पता नहीं था कि मेरी निश्चेष्ट लेटी हुई समय कहीं स्तब्धता से मौत मुझे तैयारी कर रहा है। विगत मई में शोक गीत फरमाई नानी माँ की तरह हो सकता है कल या परसों तक काली धरती तले

मैं चली जाऊँगी। धूप में नानी माँ हमारे घर के सामने बैठकर धागे को लपेट रही थी। चूल्हे पर किसी ने आग लगाकर उससे धुंआ निकलने लगे। उस पर वह ध्यान नहीं दी, मात्र गाने लगीं और समय के बारे में बिन ख्याल करते हुए तकली को घुमाती रही।

दोबारा गोदी माँ हमसे मिलने आई जब हम दूध से बनी चाय पीने लगे थे। धुंआे में फंसी हुई नानी माँ को देख कर गोदी माँ से पूछी कि वह क्या गा रही है। गंभीर रूप से वह कहने लगी, 'हे बेटी! उसकी इकलौती बेटी अन्यत्र रह–रहा किसी से शादी की। प्रसव–पीड़ा में तुरंत उसकी मौत हो गई। इन चीज़ों पर आप बच्चे लोग ख्याल नहीं करते। आप जब बड़े हो जाएगे तब समझ ही जाऐंगे। ऐसे गाने से उनकी दिल में हल्की राहत मिलने का एहसास होगा'। गोदी माँ कहने लगी कि प्रसंग काफी वर्ष पूर्व होने के बावजूद अभागा नानी माँ अपनी बेटी के बारे में कभी भूल नहीं पाई।

उनका कथन मुझे हतोत्साहित किया जब मै खामोश खिड़की की चौखट पर झुकी पड़ी थी। गोदी माँ कहने लगी, 'अतः मौत उसी समय पीछा करता है जब किसी भी उस पर ख्याल नहीं करते'।

सोची कि यदि मैं मर जाऊँ तब गोदी माँ के भीतर ही रहने लगूंगी सिवाय अपनी असली मां। उस पर अधिक ख्याल नहीं कि क्योंकि अनिश्चितता से मेरी हालत में वह जूझ रही थी। कई वसंत के पश्चात् गोदी माँ पर मैं आश्वस्थ हो सकती थी जब धुएँ से आवृत धूप में इकलौती बेटी समझ कर मेरे लिए शोक गीत गाया करती थी।

हथेली पर चांदी के गहने
पोशाक पर बीहड़ फूल सिलती रहीं
नाले पर नदी सूख गयी होगी
किधर है वह छोटा मेमना?
पूरब में सूरज निकला और
पश्चिम में चांद उतर आई

बेचारे मेमना को ले गई
निर्दयी काली धरती।

दृढ़तापूर्वक चुप्पी साधी संकल्प ली कि स्तब्धता से मैं मर जाऊं क्योंकि खूंटी की शिरा किसी हालत में अत्यंत दर्द नहीं दे सकता। दमनी से दिल तक वह पहुँच सकता है जैसे एक बेड़ा शीघ्र प्रवाह में बह कर मुझे मरवा सकता है।

निश्चयी रही कि यह एक भूल होकर मैं ऐसी ढंग से नहीं मर सकती। क्योंकि गोदी माँ मुझे हर हालत जिंदा रहने देने में कोई संदेह नहीं होगा।

कई वर्ष बाद पता चला कि गोदी माँ अपनी जिंदगी में क़भी बच्चे की माँ नहीं बनी थी। मुझे ही वह गोद में नहीं ली हुई थी बल्कि पास रहें दो बच्चों को रिश्तेदार से गोद में ले रखी थी। कुछ और भी लड़के और लड़कियाँ थी। मैं सबसे छोटी थी। पता नहीं कि घर में निश्चेष्ट लेटी हुई मुझे मौत अन्यत्र अपनी तैयारी कर रही होगी। घर में या नहीं रहे बच्चे उनकी जिंदगी पर कोई अंतर नहीं बना सकते। असली माँ के अनुसार गोदी माँ नहाते समय अपनी मम्मों को खुद छू लेती थी। कहा करती थी कि सर्वेश्वर सुंदर मम्मों को बख्शा है जिसे छोटे बच्चों की मुंह पर कभी न चूंसने दिया न अपनी भाग्य को कोसी। उनकी राय में ऐसी स्थिति पर कोई फरियाद नहीं करनी चाहिए। संसार में कौन सर्वेश्वर को नंगी नेत्रों से देख सकता है? अनुचित रूप से उनके साथ जब बरताव किया जाता है तब "भगवान् की आँखों को चुभना चाहिए"। जब तक कोई मुस्करा या रो सकती है, जिंदगी में वही काफी है। अकसर मुस्कराना या रोने की अनेक प्रसंग आ सकते है। संभवतः अधिक समय तक रोते समय कोई व्यक्ति मुस्कराने की कोशिश करता है, अथवा मुस्कराने का अवसर आया तो गढ़े की मुंह बना लेता है। कहने का तात्पर्य यह है कि जिंदगी भर किस हालत में उसे रोना या मुस्कराना चाहिए। अपनी अमूल्य अवसर जिंदगी भर गंवा चुके होंगे। किसी की जिंदगी में यह एक अनुचित मामला बन सकता है।

गोदी माँ की भारी होंटों पर ख्याल रखी उनकी घुटनों में बैठी छोटी बच्ची मैं नहीं है । यद्यपि मेरी जीवन में अनेक घटना के अनुपात में अनुभव हासिल की। कुछ चीज़ खोई और कुछ को पाई भी। समझी कि निष्कपट मैं ने दिल भर रोना और मुस्कराना सीख लिया था। उदाहरण के लिए अपनी खोई हुई ज़वानी पर ही नहीं बल्कि क्षति के बारे में कुछ हासिल करने पर खुश भी थी। गोदी माँ की अच्छी गुण व किस्मत की समर्थन में मेरी असली माँ का वरण वाकई श्लाघनीय होगी।

साधारण व्यक्ति समुचित रूप से जीना चाहते है न कि बेकार जिन्दगी।

कई वर्ष गुज़र गए। अब गोदी माँ की उम्र मैं पहुँच चुकी हूँ। पूरी जिंदगी जीने के लिए गोदी माँ के आदर्श अपनाकर खुद तीन बच्चों को गोद में ले चुकी हूँ। लेकिन खेदजनक प्रसंग यह रहा कि उन बच्चें उनके लायक सुगंधित चिकनाई दूध नहीं जान सकतें। गोदी माँ एक बार कही कि मुझे वह दूध मिला क्योंकि मैं एक नमदा परिवार में जन्म लिया था। मई महीने की धूप से कोसों दूर रही जब मेमने पैदा हुए थे। ऐसी जिंदगी की परित्याग कर चुकी हूँ। उन गोद में ली हुई बच्चे सहित मुझे यह अत्यधिक क्षति है। इसके लिए मैं माफी चाहती हूँ। उन बच्चों के लिए मैं क्या करना है, इस पर नहीं जानती, ताकि कई वर्ष बाद, जब वे जिक्र करेंगे तब जिंदगी भर आभार व्यक्त करते होंगे जेसे अपनी गोदी माँ के बारे में मैं कर रही हूँ।

इस मामले की तुलना में मैं विवर्ण हूँ।

हर बार उन बच्चों को देखती रहती हूँ। गोदी माँ कहने के अनुसार उनकी देखबाल करने की प्रयास रखती हूँ, जैसे

''हे देख मेरी गुढ़ियों, मैं मर जाऊँ, मैं मर जाऊँ''

अध्याय – 8

किशोर

दरवाज़े की ऊँची ढ़लान के सामने खड़ा रहा। लोगों की आगमन का महसूस किया। उम्मीद थी कि अधिक मेहमान आते होंगे। परिवार जन से इत्तला किया। किशोर सहित एक महिला आई। माँ जी से प्रणाम किया।

एक घंटे बाद देखा। हमारी कटिऐ पर दोनों बैठे थे। मां–बाप के साथ चाय पी रहे थे।

हरेक व्यक्ति स्तब्ध रहा। खामोशी छाई हुई थी। खिड़की के निकट कटिऐ पर हम थे। हमने कुछ भी काम नहीं किए थे। आगुंतक आते ही परिवार की माहौल बदल जाता था। परिवार का दस्तूर यह रहता था।

माँ के निकट किशोर स्तब्ध था। उनका सिर झुका हुआ था। उनकी पसीने नाक पुल पर टपक रहे थे। कई दिन पूर्व उनकी माँ से जान लिये थे। बकरियों की बेड़ें में उनकी समूह गुम थे। उसने सोचा कि बर्फ स्तोम चोटी पर वह पहुँची होगी। ढूंढ़ने के लिए निकल पड़ा। चढ़ाई के दौरान् पैर फिसला। खड़ी चट्टान पर गिरा। दाहिनी टांग टूट गई। चिकित्सा के लिए माँ गिरि पीठ ले गई। अनज़ाने उनकी दाहिने हाथ कोट की नियंत्रित गल पट्टी से झूमने लगा।

उनकी माँ के अनुसार मामला गम्भीर नहीं था। जल्दी पुश्ते लौटने का वे सोचने लगे। परिवार में मात्र वे दो जनें थे। पुश्ते की सामने की हिस्सा बंद था। वहाँ मवेशी आवारा घूमते रहे। उनकी देखबाल के लिए कोई भी नहीं रहा।

जानकारी मिलने के बाद हमारा दिल टूटा।

सोचा कि अकसर बिन बाहें किशोर बिन–ड़ाली दरख्त या क्षतिपूर्ण बर्तन या टूटी संस्मरण या जीर्ण औचित्य के बराबर होता है।

मैंने खूब याद किया। अलमारी के ऊपर छोटी चीनी–मिट्टी का गढ़ा था। बनावट में किंचित् वह चमकदार था। पीली निशान बिल्ली जैसे वह दिखने लगा। उसकी पूंछ मूठ बनाया हुआ था। दाहिने पंजा टोंटी और नेत्र चमकदार व रहस्यमय रहा। चेहरे पर खीज़ का संकेत रहा। कई वर्ष पूर्व उस गढ़े को एक असली काली बिल्ली ने गिरा दिया था। उसकी टोंटी सिलाई मशीन पर गिरी पायी गई। बिन–हाथ की चीनी मिट्टी बिल्ली जीने लगा। कई बार माँ जी ने उसे निकाल फेंका। मगर हमने वापस पाकर मेज़ पर उसे बिठायें। क्योंकि, एन वस्तुओं को वापिस पाना अत्यंत कठिन होता है। कई परिवार ही इन चीज़ को सम्हालते हैं। अतः हमने उसे रखा था। अन्य परिवार ईर्ष्या से उसे देखने लगें।

अपनी माँ के साथ किशोर चाय पी रहा था। टूटी हुई कंधे की चीनी मिट्टी बिल्ली अलमारी पर बैठा रहा। खिड़की की ज़ाली से धूप उसकी चमकीला बदन पर गिरता था। न उसे दर्द न की विरानगी महसूस हुआ। किशोर अपनी माँ के पीछे छिपा रहा। लग रहा था कि जन्मतः वह ऐसा रहा हों। उनकी चेहरे पर दर्द महसूस न हुआ। वाकई वह स्तब्ध रहा। लग रहा था कि वह चीनी मिट्टी की बिल्ली जैसा है।

माँ उन्हें अस्पताल ले गई। उसे वापिस भी लाई। तत्काल रहने का इंतज़ाम हुआ। अपनी घोड़े पर उनकी माँ सवार हुई। बेटे को रस्सी से बांध कर ले गई।

माँ जी ने चिकित्सक की हिदायतें बताई। बेटा बातचीत करना लायक नहीं था। अस्पताल में अकेले रखना भी अत्यंत कठिन था। अस्पताल दोबारा भर्ती कराना पड़ा। हमारी घर मे उन्हें रखना ज़रूरी थी। उनकी नाना के घरवाले की प्रतीक्षा करते रहें।

सोने से पूर्व पिताजी उस की घाँव की सफाई करने कहा। हमसे अनदेखी हुई थी। उनकी जांघ खरोचों से भरा था। रीड़ व पसली पर भी नुकसान हुआ था। खून से वह लतपत था। भारी धब्बों से आवृत था। लग रहा था कि लोहे की तूलिका से किसी ने मार्जन किया है। टूटी हुई बाहें पर घनी सतही प्लास्तर ढ़का था। लाल उंगलियां पांच टोंटे की तरह झांक रहे थे। उनकी हथेली और पृष्ठ भाग सुझे हुए थे। किसी के साथ मैं बता भी नहीं सकता था।

माँ जी ने कहा कि यह खुशनसीबी थी कि किशोर अपनी सिर पर नहीं गिरा, मगर उसकी नाक–नक्ष पर किंचित् असर ड़ाला। अन्यथा ऊंचाई से गिरते समय मरे नहीं हो तो जिंदगी भर वह विकलांग रह सकता था।

माँ जी ने पूछा, क्या घाँव में दर्द ज़ारी है? यदि हाँ तो बताओं। लेकिन वह स्तब्ध रहा। अपनी सिर को नीचा किया। मगर उसे कुछ भी नहीं बोला। माँ जी ने जिक्र किया कि आगुंतकों से उनकी शर्मिन्दगी है। उम्मीद थी कि कोई न कोई आएगा। अस्पताल जरूर ले जाएगा। उस समय उन्हें राहत मिल सकती है। लेकिन ऐसा नहीं हुआ।

रात में हम नींद में खो गऐं।

मैं संसार में रहने लगा। दिन के बराबर रात काटता रहा। हमारे बीच किशोर जितना दिन रहा उनकी तसवीर सामने आने लगा। यद्यपि मैं उसे भूलना चाहा। मेरी दृष्टि पटल पर वह सर्वदा छाया रहा। कई रात वह हरण होने के वजह मैं अनभिज्ञ था। उनकी दुःख के बारे में न मैं मदद कर सकता था न की मासूमियत की क्षति। संस्मरण की बहाली पर मैंने महसूस की। वाकई वह भाग्यवान था जब उसे अंधेरे में ले जाया

गया। खासकर जब वह परिश्रम से दुःखी था। कृतज्ञता से परे जिंदगी में परिवार के बीच उनसे बिताई रात पर मैं याद नहीं कर सकता था।

धीमी व गहरी कराहने की आवाज़ के साथ मेरा सपना टूट पड़ा।

नींद में खो जाने के लिए अपनी सांस को रोका। उनकी कराहें मुझे जगाने में कामयाब निकली।

निद्राजनक स्थिति में झांक कर मैंने देखी। कहां से कराहें आ रहे हैं? क्रंदन में किशोर लड़कड़ा रहा था।

आसमान में तारे टिम–टिमा रहे थे। धीमी गति, भीगी रात में कौआ सुदूर एकांत बैठा था। असहाय काँव–काँव कर रहा था। खामोशी छाई रही। किशोर की रूलाहट ज़ारी रही। स्पष्टतः मैंने सुना,

''मेरी बाँहें''

''मेरी बाँहें''

''मेरी बेचारी बाँहें''।

परिवार जन जाग उठे या क्रमानुसार लेट गए होंगे।

मां, पिताजी व दीदी जागे रहें, जबकि छोटी बहने सहित मैं लेटा रहा।

पिताजी व माँ जी किशोर की टांगे रगड़ कर दिलासा दिए। जिंदगी में तितिक्षा से रहने का उन्हें सलाह दिए। स्वयं सोने से पूर्व वे समझाऐं कि वह खुद सो जाऐं। दोबारा बहते समय उनकी पिनपिनाहट आने लगा।

अगले दिन हम जाग गऐ। गिरी पीठ से पानी लाऐं। लकड़ी काटें और गाय का दोहन कियें। बाद में धुलाई, बुहारा और पढ़ाई ज़ारी रखे। हमारी सामने अधूरी रात गुज़री। प्रसंग के बारे में भूल गऐं। किशोर से भी ऐसे ही बर्ताव रहा। अस्पताल में उसे सुई लगवाते समय पिताजी चाय लेकर गए। दोपहर, खिड़की तले काश्त मेज़ पर वह बैठा। काफी

समय तक खामोश रहा। काश्ती डंडे सहित पैर तले चींटों की बसेरा पर वह खेलने लगा। क्षितिज़ पर बिज़ली कौंधती रही। गरज़ तेज़ी से घड़घड़ाने लगे। सिर के ऊपर काले बादल बेलने लगे। मज़बूत हवा की झोंको से धरख्त समुद्री–शैवाल की तरह झूमने लगे। बारिश की छींटे दरवाज़े के सामने बरसें। तपे ज़मीन को वह गीला भी कर दिया।

किशोर के पैर तले चींटे समूह टिड्ड़े की लाश लाए। छोटी पुश्ते के सामने खड़े हम देखने लगें। टिड्ड़ा चींटों की बसेरा पर अटक गया। डंड़े से उसको वह खदेड़ा। चाहता था कि टिड्ड़े बसेरे की भीतर तक पहुँचे।

अस्पताल के सामने बैठ हम देख रहे थे। किशोर की अकेलापन पर पूछा गया। ज़वाब मिला कि आगुंतकों से वह शर्मिन्दा और गृहासक्त है। नाना के घर की लोग का वह प्रतीक्षा करता रहा होगा। पूछा गया कि क्या वह राहत महसूस कर रहा है। ज़वाब मिला कि कल की घटी हुई दर्द से खुद को सहनीय महसूस कर रहा है।

छोटी पुश्ते में खिड़की के पीछे खड़े मैंने देखा। मूसलाधार वर्षा हो रही थीं। मैंने चीखा, " किशोर, अन्दर चलो। बारिश होने जा रही है। तुम्हारी बाहें पानी में भीग जाएगी। ड़र नहीं होगी क्या कि बाहें जरूर सड़ने लगेगी?

सिर उठा कर वह मुस्कराने लगा। पैर से बसेरे पर मिट्टी के ढेले ढ़केलता रहा। बाद में घर पर लौटा। उनकी याददाश्त मेरी सस्मरण में रही।

दोपहर, भारी वर्षा के कारण फुहार आया। देर रात तक यही माहौल बना रहा।

लगातार वर्षा से मेरा सपना टूट पड़ा। कम्बल के नीचे खुद को कसकर समेटा और आँखे मूंद ली। उम्मीद थी कि बारिश के कारण सपने देख नहीं पाऊंगा। कीचड़ से भरा पानी बहने लगा। वह ऐसा रहा कि दूध की चाय बह रहा हौं। कपड़े सुखाने डाली गई लोहे तार से पानी

टपकने लगे। ज़मीन पर पानी के गड़्ढ़े बनने लगें। सुबह की धूप की चमक हमारे ऊपर चमकने लगी। बारिश के बाद लम्बी सांस लेकर हम घर लौटे। बादल की सायें गड़्ढ़ों में दिखने लगें। चूल्हें जलाकर दूध और चाय उभालने से हमारी सुबह खुली। बचपना की रोज़मर्रे में ऐसी लम्हें उमड़ने लगें। अनेक वर्ष तक ऐसी जिंदगी से किशोर दूर रहा। जिसे मैं न सोच पाया न की अनुभव कर सका।

खेदपूर्ण यह रहा कि जलमग्न रात का मुझे दर्दनाक अनुभव सताने लगा। परिणामतः अगले दिन की स्पष्ट दूरदर्शिता ध्वंस हुआ। सुना कि खिड़की के सामने बैठा किशोर सिसकियां सहित कराहने लगा।

"मेरी बाहें, मेरी बाहें, मेरी बेचारी बाहें"।

अगले दिन में पूर्ववतः किए सब काम का दोहराया। रोज़मर्रे साधारणतः स्पष्ट गुज़री। रात की दर्दनाक स्थिति का उनके साथ झेलना पड़ा। उनकी नाना के घर से कोई भी नहीं आया। किसी के सामने हमने संवेदनात्मक मामले का फर्दाफाश नहीं की। ऐसी परेशानी से भी हम बच निकलें। बीमारी और दर्द से झेले हुए व्यक्ति के बारे में हम उदार रहना चाहिए। वह अत्यधिक प्यार और परवाह की काबिल रहता है। अस्वस्थ बकरी की तरह उनकी चेहरे कुछ दिन बाद विरलक होने लगा। उनकी मिज़ाज़ अत्यधिक अवनत होने लगा। कुछ हद तक हम भी इससे उदास रहें। रात से हम पूरे थके हुए थे। उनकी सिसकियों और कराहों के वजह से मैं असहाय रहा। कम्बल की तले अपनी चेहरे ढ़क कर दुस्साहसी वह आंसू बहाने लगा। मैंने कहा कि, "थोड़ी देर तक आप रोक नहीं सकते? क्यों नींद में खोने नहीं दोगे?"

किसी ने सुबह चीनी–मिट्टी गढ़े को फेंक दिया। कूड़ा–करकट की सफाई के दौरान् देखा कि मल्बे तले चट्टान के पास वह पड़ा था। कंधे–रहित बिल्ली के सिर टूट कर उसकी टुकड़े ज़मीन पर बिखरे पड़े थे। गढ़े की नीचे टूटी हुई कंधा जुड़ी रही। चाय की दाग गढ़े की मुंह पर दिखने लगे। अश्लील परिवार से फेंकी गई कारण पूछा गया। किसी ने उसकी जिम्मेवारी नहीं ली।

सात दिन बीतें। उनके नानाजी की ओर से कोई आया। गुंगुर बाल व टूटी बाहें वाली किशोर को दोबारा नहीं देखा। कई वर्ष और प्रसंगों के बाद भी मेरी मस्तिष्क से उनसे काटी गई रात नहीं छूटें। परिवार की अस्वस्थता में मेरी निगरानी की जरूरत होती है। स्वयं बीमार या दर्द से परेशान हों ले बोर की प्रतीक्षा करनी पड़ती है। उन लम्हों मे अंतरिक्ष से मेरी कानों में उनकी निरर्थक व संदिग्ध कराहें गूंजने लगती थी। मेरी आँखों से कभी–कभी अश्रुधारा निरंतर बहने लगती थी।

पिताजी उनकी आघात की शिकार पर अस्पताल ले गए। उनकी बाँहें वहाँ गतिशील रहें। मगर स्वयं–प्रज्ञा खंड़ित व कुम्हाला हुआ था। स्वास्थ्य लाभ रातों में 'हठीले' पिताजी को उनके पास बुलाये। भावशून्य नज़रिये से वह देखने लगा। वह हमें पहचान नहीं पाया। हमने महसूस की कि उनकी आन निपात हो चुकी है। कुछ भी हमारे समक्ष नहीं बचा ताकि उनकी मदद किया जा सकें।

कई बार मैं कारणवशः भाग्यवादी बना। दर्द रात में ही गुज़रती है। नींद की उन लम्हों में मानव मस्तिष्क कमज़ोर रह जाता है। उसकी आवृत्ति उन लम्हों में बढ़ जाती है।

माँ जी कई वर्ष पूर्व गम्भीर रूप से अनिद्रा की शिकार हुए। छः वर्ष से अधिक तक उसे अच्छी नींद नहीं आई। कई लम्बी रात में वह आगे–पीछे और विपरीत चलने लगती थी। अंधेरे में अधिक समय तक बिस्तर पर बैठी रहती थी। उस समय वह हवा की घुमाव पर नज़र डालती थी। किसी की छत पर लटकी कमीज़ पर उत्तेजित होती थी। सिर पर बाल को सरबंद से बांध कर रखती थी। उनकी प्रक्रिया जिंदगी भर दोहराई गई। शेष समय रसोई में दूध की चाय बनाती थी। चाय ठंडी होने तक परिवार की खुशहाली के लिए प्रार्थना करती थी। किशोर से बिताई रात के बारे में कभी नहीं सोचती थी। पश्चगामी समय पर वह ध्यान देती थी। देहाती शाला के पास की दलदल में खड़ी रहती थीं। चिकनी मिट्टी लाकर घर बनाने में लगी रहती थी। नहर या हौज़ खोद कर बर्फ का पानी बना देती थी। अनूठा बीस वर्ग मीटर जगह में कटिए

पर परिवार के आठ जन रहते थे। उन दिनों में हमारी किस्मत पारिश्रमिक जीवन में साथ नहीं दिए। लम्बी रातों तक उन दिनों में अनिद्रा ज़ारी रहता था। उनकी आँखों में अश्रुधारा उमड़ कर आती थी।

माँ अकेले ही आगे बढ़ती थी। परिवार जन अकसर पीछे रहते थे। उनकी जिंदगी की बोझ के बारे में हम अनभिज्ञ थे। प्रत्यक्ष अनुभव कुछ भी हों, उनका अनुभव अनूठा रहता था। एक दर्शक के नाते उनका अनुभव मेरे ऊपर ज़रूर असर करता था। किसी की जीवनी में सर्वदा अच्छी नींद नहीं आती। समझने में मुझे काफी समय लग गया। किशोर की टूटी बाँहे सचमुच मेरी आँखे खुलवाई। उनके लिए मैं वाकई आभारी हूँ। उनकी जिंदगी पर मुझे बहुत अधिक बोलना बाकी है।

सुना कि कई वर्ष बाद किशोर की कार दुर्घटना में मृत्यु हुई। उस दिन स्तोम चोटी पर कार में लदी कोयले को वह ढो रहा था। लौटते समय चालक और वह गाड़ीवान की ढ़ाबें में खाना खाने गऐ। कंधों पर बच्चे ले जा रही महिला उनसे सहायता मांगी। दोनों को उन्होंने बग्गी में जगह दी। खुद कार की छत पर लदे कोयले पर बैठ गया। कार नुक्कड़ पहुँचते ही जड़ता के कारण वह फेंका गया। दिल का दौरे से वह मर गया। दुःखी माँ नुक्कड़ पर उनकी प्रतीक्षा कर रही थी। सोच रही थी कि सर्दी रात में सुरक्षित वह घर लौटेगा। बाद में घर की सिकाई करेगा। कल्पना कीजिऐ बेटे के बारे में बेचारी माँ सोची गई होगी। बकरी को पाने की दिशा में चोटी चढ़कर अपनी बाहें खो गया था। एक माँ और शिशु की संरक्षण में तीस साल बाद खुद को खो डाला। श्वेतकेशी व निस्सहाय माँ को संसार में अकेला छोड़कर वह चला गया।

मां–बेटे कई वर्ष तक एक–दूज़े के लिए जीते रहे। लगभग चालीस साल तक माँ के निकट वह क्वारा ही रहा। कई लोग इनकी असाधारण जीवनी को याद करते रहें। कहने का तात्पर्य वह जारज बेटा था। माँ ने दो बच्चे को जन्म देकर कई वर्ष तक विधवा रह गई थी। पूर्व पति परिवार सहित संकर–भाई के परिवार किशोर से नाता तोड़ी थी। शो कौन कह सकता है कि विधवा माँ बिन नींद आंसू भरी रात बिताई होगी।

अध्याय – 9

पिताजी के रिश्तेदार

ज़वानी में पिताजी चरगाह पर घूमते समय श्वेत घोड़े सवार होते थे। अत्यधिक समय तक वे काश्तीय घर पर अकेले रहते थे। हर सुबह घोड़े पर सवार सुहावना सूरज किरण का आनंद लेते थे। नक्षत्र प्रकाश पर ही घर लौटते थे। पक्की तौर पर संपूर्ण शक्ति से स्तोम हवा बहने लगता था। गहरी नींद पर वे खो जाते थे। कई दिन उनकी जिंदगी ऐसी गुज़री।

एक शाम घर बैठे हुए थे। आसमान की ओर अस्तमय सूरज को एक व्यक्ति देख रहा था। उनकी चेहरे पर अस्तमय सूरज की लाली दीप्त रहा। लंबी साया उनका पीछा कर रहा था। वह और कोई नया व्यक्ति नहीं था। मध्य ग्रीष्म सौंफ के नवनीत उनकी साये में हल्की लगे। उनकी जामूनी लाल घोड़ा पास ही चारा खाता रहा। पिताजी जैसे ही पहुँचते ही वह झुकाया सिर उठाया। श्वेत घोड़े पर सावधानी से देखकर दोबारा सिर झुका लिया। पिताजी का श्वेत घोड़ा धीमी गति से बढ़ा।

घर लौटते ही पिताजी ने उन्हें पहचान लिया। वह बीटा स्तोम वासी एक सगी संबंधी था। पिताजी के आते ही विशेष भेंट की दौरान् अपना परिचय दिया। कहा, उनकी माँ और पिताजी के पूर्वज एक ही गोत्र के थे। माँ जी बस्ति में भिन्न कुल नाम रखी थी। उनकी पहचान कठिन बना रहा। समान कुल नाम का वह एक ही व्यक्ति रहा। पिताजी भी इससे राज़ी हुए थे। अतः वे एक–दूज़े का रिश्ते गाढ़ने लगे थे।

श्वेत व जामुनी घोड़े घुड़साल मे बंधे गए। पिताजी व रिश्तेदार घर लौटें। चूल्हें जलाऐ और बर्तन में नूड़ल पकाकार खाऐं। एक हण्ड़ी चाय बनाया। घासलेट बत्ती जलाए। चाय और बत्ती को मेज़ पर रखें। रोशनी में उन्हें चाय की चुस्ती मिलने लगें।

पिताजी ने पूछा कि दिन ढलने बाद वह क्यों आया?

रिश्तेदार ने मुस्कराया। कहा कि वह उनसे विदा लेने आया है। तीन दिन में ही वह मरनेवाला है। तीसरे दिन दोपहर स्पष्टतः वह मरेगा। अंत्येष्टि में पिताजी संभागी बनना अनिवार्य है। नाना, मृत माँ और अन्य रिश्ते के बारे में बातचीत ज़ारी रही। संभव हों, सभी परिवार से विचार करने की उनकी मंशा थी। ऐसी मुलाकात के लिए कभी समय नहीं मिलता। व्यक्ति की गाढ़ने के बाद संसार में कुछ भी नहीं रहता।

मुस्कराहट से पिताजी ने जवाब दी, 'ज़रूर, मेरे रिश्तेदार यदि मरेगा, अंत्येष्टि में सचमुच शरीक होऊँगा'। उन्होंने कहा कि परिवार से सुदूर वह काम में व्यस्त है। हर दिन स्तोम से गुज़रते हैं। स्वयं को अकेला महसूस करते हैं न की रिश्तेदार। पूछा कि अकेले में रहते हुए कौन मर सकता है। अकेले में गुज़रना अथवा एकांत में मरना – किस हालत अत्यधिक दुःखदाई है? यह स्पष्ट है कि अकेलपन के दौरान् अंत्येष्टि में संभागी होना सर्वविधित होगा।

बाद में कुछ दुनियादारी बातें चली। श्चेत घोड़े के लिए पुनर्नाल की ज़रूरत है। बैंगनी लाल पर चढ़ाया नहीं जाऐं। अश्ववृंद में उसे जोड़ा जाऐं। पिताजी के रिश्तेदार के लिए अगली ग्रीष्म पर उसकी बलि हों। सर्दी के लिए शिलाघर बेकार है। रिश्तेदार के लिए उसकी मरम्मत हों।

रिश्तेदार अनेक विषय के बारे में जिक्र किया। पिताजी ने उसे निरर्थक समझा। उन्होंने सोचा कि लोगों के विचार में वह आविष्ट था। सेहत मंद व्यक्ति स्वयं गायब होता है। पता लगाना किसी की हद से बाहर रहता है। गुमशुदा कुछ समय बाद असलियत दिखाता है। तेंगड़ी से संवाद कर सकता है। रिश्तेदार की हालत से पिताजी हैरानगी महसूस करेंगें।

सोच लहरी में पिताजी गहरी नींद में खो गएें। पंखुड़ी सहित फूल व घास तिनके बीहड़ में बंद हुए। रात की अंधेरे में घासमंच तले कीड़े छिप गएे। देवदारू की वृक्ष–द्वय/त्रय की शाखाओं पर तारे गिरने लगे।

रिश्तेदार सुबह बैंगनी लाल घोड़े पर सवार निकला। पिताजी लिखाई काम के लिए रवाना हुए। रिश्तेदार की निकासी खिड़की से मिली। घुड़सवार का एक परिदृश्य रहा। पीछे के नज़रिया से साफ था। पीठ घोड़े पर है और उसकी पूंछ बाये–दायें हिल रहा है। टॉपू के काली घाट पर पहुँचते ही अदृश्य हुए। घासमंच के कीड़े खिड़की से बाहर गुंय–गुंय करने लगे।

ग्रीष्म में घासमंच जल्द बदलता है। तीन दिन बीत गए। पिताजी यकायक कृषि मंड़ल से जुड़ गए। पता नहीं ऐसे क्यों हुआ। दौरा फिर भी अनिवार्य था। अखबारों में चरवाहे पर वे कुछ पढ़े थे। जम्भाई लेने पर चरवाहें अनिच्छुक थे। श्वेत धोड़े पर सवार वह शाम उसी मार्ग पर गुज़रे। स्तोम परछाई तले पत्थर–भराव स्त्रोत जानना चाहा। सोचने लगे कि चरवाहे समूह में रिश्तेदार कहाँ होगा। इसमें कोई हैरानी होगी? दिमाग में बिजली की तरह कुछ भी आ सकता है। कोई गंभीर रूप से सोच सकता है? अनुरक्त या घृणित, अथवा उपहास या असाधारण व्यक्ति विचार लहरी में आ भी सकता है। परछाई में रिश्तेदार जरूर दिखता था। रिश्ता अकसर बन जाता है। अलगाव में एक–दूसरे को भूलना मामूली है। उम्र बढ़ते ही पिताजी की मिज़ाज में बदलाव छाया रहा।

पत्थर–भराव के निकट चोटी पर कब्रस्तान रहा। वह उत्तर–दक्षिण फैला था। ज़मीन नमी का शिकार था। चलने पर कालीन दिखने लगा। घोड़े की चाल में आवाज़ नही आई। कझाकियों की कब्र मकान जैसे बनते है। कतार में एक–दूज़े रहते है। हरेक कब्र के आगे–पीछे, व छत अधिक फैली रहती है। खुशबूदार अफसीन से बनाई जाती है। पिताजी के सफर मे उसकी महक दूसरों से उमदा लगता था। इन्सान व मवेशियों के लिए शायद यह रास्ता बंद था।

पत्थर भराव पर दौड़ते–दोड़ते घोड़ा रूक गया। अचानक पिताजी उसकी लगाम कब्र पर फेंका। ड़र से दिल का बोझ हल्का हुआ। सोचने लगे कि अभागा कौन होगा। हाल ही में कोई मरा भी नहीं है। वरन् संवेदना व्यक्त कर लौट सकते थे। काम में व्यस्त रहे। अनेक जमावड़ों में शरीक नहीं हो पाए। घोड़े के तुंद दबाते हुए एड़ लगाये। व्यवस्था की नज़र से पड़ोसियों से पूछे।

पिताजी की दिमाग सोच से बाहर था। ढ़ेर तले गाढ़ा व्यक्ति अपने ही रिश्तेदार था।

कुछ दूर ढलान तले खड्ड़ नज़र पड़ा। स्तोम के उभय पार्श्व बकरियाँ का समूह मंद गति में घर लौट रहे थे। जहां–तहां मेमनों की इशारे कर मिमियाने लगे।

काश्त पुल पर पिताजी गुज़रे। ज़वान धुड़सवार पर उनकी नज़र पड़ी। शुरू में वे अभिवादन किए। पूछे कि नया कब्र किसका होगा? सुना कि मृत की घर से ही वे लौट रहे हैं। उन्होंने दफन क्रिया पर सुबह पहुँचे और कब्र की खुदाई की। दूसरों की भांति पिताजी हैरान में पड़ गएें। पूछा होगा कि उसका इंतकाल कब हुआ होगा। कुछ दिन पूर्व भेंट की रिश्तेदार तो नहीं? जवाब में पाया कि प्रसंग कल दोपहर का था। मृत घर पर ही रहा और आज गाढ़ा गया। अचानक प्रसंग में जानने की कोई इच्छुक भी नहीं होता।

रिश्तेदार सिलायिन की घर की ओर पिताजी ने घोड़ा दौड़ाया। कझाकी का दस्तूर अत्यधिक भिन्न होता है। दफन क्रिया के अलावा किसी के घर अचानक वे नहीं टपकते।

संभवतः पिताजी दुःखी हुए होंगे। बिलकती हुई रिश्तेदार की जनानी सामने आई। कही कि, 'मृत मुझसे कहा करता था – मौत के लिए रोना समझदारी है। संसार में स्वयं सेहतमंद रहा। दुख भरी अभिव्यक्ति वांछनीय हैं। क्योंकि समय पर उनकी विदाई हुई है।'

उनकी बातों पर पिताजी ने अनदेखी की। सेहतमंद रिश्तेदार की अचानक विदाई पर वे दुःखी थे। धरती पर ऐसे क्यों और कैसे हुआ? किसी अप्रिय हादसे तो नहीं हुई? उसने तो खुदखुशी की नहीं होगी?

जवाब में उसने कह दी, ऐसा कुछ नहीं हुआ। रिश्तेदार जन्मतः बेफिक्र रहा। पिताजी क्या नहीं जानते थे? हादसे पूर्व सभी परिवार से वह मिला था। हरेक से बताया भी था कि उनकी मौत संभवतः शुभ संदेश है। शर्मिंदगी की यह बात है। बच्चे की तरह व्यक्ति कैसे मर सकता है? सचमुच मरा हों तो ठीक है। विलोमतः खुद उपहास का शिकार बना हुआ होगा। जवाब में पाए कि वह साधारण था न की दैववादी। बदले में मरने अनिच्छुक कहना दैववादी बनता है। जीनेवालों के लिए सृष्टिकर्ता अकसर समय बख्शाता है। ज्यादा दिन रहने पर मनुष्य ही इच्छुक होता है।

जनानी बताई, आपकी रिश्तेदार की निरर्थक बाते पर मैंने अनसुनी की। कल सुबह घर से बाहर गया था। बकरियों की जत्थे को कांचे में लौटाया। एक गाय की ओर नज़र डाला। कहने लगा कि मेरी मौत के एक सप्ताह बाद इसे काट दो। और कहा, एक साल बाद उनकी बैंगनी लाल घोड़े का हलाल हो। दोपहर पूर्व ऊंटनी बछड़े को जन्म देगी। सतर्क रहना भी ज़रूरी है। विद्वेष से उसकी बछढ़े को कोई छीन भी सकता है। कहते हुए घोड़े पर सवार हुआ। ऊंटनी को मैदानी कांचे में बांधा और घर लौटा। पानी लाने के लिए मैं जानेवाली थी। मुझे रोककर एक तकियें मांगा। कहने लगा कि कुछ देर तक वह सो जाऐगा। मैंने तकिये लाकर दी। दरावाज़े की ओर जाने लगी। खींच लाया और कहा कि तकिये बहुत ऊंचा है। अतः उसे नीचे आने की व्यवस्था करों। उधर जाकर उनकी मदद की। नज़दीक पहुँचते ही कुछ देर तक मुझे देखा। कहा, "अनेक वर्ष के लिए दिखाई प्यार और शुश्रूशा वंदनीय है। बच्चों पर अनुकंपा हो। संभवतः सभी उम्र में बड़े हुए हैं। अब मैं जा रहा हूँ। आँखे मूंद ली। उनकी देहावसान ऐसा हुआ। दोपहर ही उन्होंने आँख मूंद ली। सूरज क्षितिज़ पर जबरदस्त तेज़ था।

सुनते ही पिताजी मूकदर्शक बने रहें। उनके लिए वे पछताए। सोचने लगे कि रिश्तेदार की बातों को मैंने गम्भीरता से नहीं ली। मैं पहले ही हाज़िर हो सकता था। ऐसी प्रसंग के बारे मे सोच कर कौन विश्वास कर सकता है?

रिश्तेदार की कब्र पहुँचने तय हुआ। कोई भी सूर्यास्त पर कब्र नहीं पहुँचते। देर रात तक पिताजी उधर ही रहे। ताबूत के पास संबंधी की मौजूदगी रिश्तेदार के मन बहलाया होगा।

देर रात पिताजी उनकी घर में जागे रहें। देवदारू पर सुदूर हवा की झोंकें प्रहार करने लगे। झरने का पानी छिड़काव करने लगा। रोजमर्रा मामूल चला।

अगले दिन पिताजी तड़के उठे। चोट के निकट घोड़े पर सवार पहुंचे। पास पड़ी मिट्टी को कब्र पर फेंका। कहा, "रिश्तेदार तेरी भलाई हो?

अगला ग्रीष्म आया। पिताजी उनकी घर पर हाज़िरी दी। बैंगनी लाल घोड़ा हलाल होते हुए उन्होंने खुद देखा।

रिश्तेदार का अवसान अतीत रहा। पिताजी की मस्तिष्क में वह सर्वदा छाया रहा।

अध्याय – 10

दुल्हन

स्तोम की छत से बाराती नीछे उतरे। हां, वहीं मंडप जहाँ शादी आयोजित था। उलून् बुराक से अक्सीं खड्ड़। कहा जाता था कि स्तोमीय छत पर खुला मैदान है। लाल पत्ती स्तोम उत्तर–पश्चिमी दिशा में फैला हुआ है। लगभग दो सौ कि.मी दूरी पर किंघ उप नगर है। किंघ नदी वहाँ बहता है। नदी तक घुड़सवार कझाकी पहुंचते है।

अनंत क्षितिज़ की छत पर कझाकी गतिशील रहते हैं। लग रहा था कि वहां से अभी ही वे उतरे हुए थे। दिवास्वप्न में उनकी बौना शरीर ज़मीन पर मंडरा रहे बैंगनी बादल लगते थे। कभी–कभी वे तैरने भी लगते थे। समतल पर घूमने लगते थे। मगर स्तोम तले वे गायब रहते थे। क्षितिज़ पर ड़ंड़लिया फूल की तरह उछालने लगते थे। आसमान से कई गरूड़ उछलते हुए दोबारा उड़ने लगे। चरवाहे का कुत्ता गरूड़ समूह का पीछा करने लगा। पक्षी के श्वेत, काला और संतरा मिलीझुली रंग जल सांप पर प्रहार करता था।

खुश मिज़ाज़ से बाराती गिरी पीठ पहुँचे। कझाकियों का एक–मंज़िला घर की कतार मिला। देवदारू ड़ालियों के जलने से उत्पन्न मंद महक चारों ओर छाई रही। साथ में तली चिलगोदे तेल की बू आने लगा। गिरि पीठ उतरते ही ठंड़ी हवा से बाल उड़ने लगे। पता नहीं चला कि खुशी की बहार किधर से आ रहा है। कुत्तों की झुंड़ को भी पता नहीं

था कि गुस्सा उन पर कहाँ से आता है। बुजुर्ग कहते है– ''कुत्ते और बच्चें जबरदस्त हवा में पागल बन जाते है''। खुशी का मूल पर हम कह नहीं सकते। शादी करनेवाला ही अकसर खुशी का हकदार होता है। दूल्हा लगभग चालीस साल का है। ज़िंदगी भर क्वारा रहा। हम देहाती बच्चे व कुत्तों की झुंड़ के लिए माहौल सचमुच त्यौहार दिन बन गया था।

दुल्हन अति सुन्दर नहीं थी। गोल चेहरा, काली त्वचा, लालिमा से परे चीख–स्नायु, अत्यंत काली होंट, मांसली नाक, आँख गुटलियें लगते थे कांच की गोलियाँ। महावत सहित घोड़े से वहाँ पहुँची। ढ़की हुई सिर पर पर्दा घिरा हुआ था। कुछ महिलाए सुरक्षित घोड़े से उतरने मदद की थी। देहाती कुत्ते वहाँ तक भौंखते रहें। 'चार–आँख' वाला काला कुत्ते (कझाकी कुत्ते का नस्ल) की आँख गुस्से से यादृक्त हो चुका था। कुत्ते की निश्चेष्ट मुँह गुस्सा –तितिक्षा के बीच झूमने लगा था। मतलब यह था कि किसी ने उसे भगाया था। ''बस करो बौखलू कुत्ते! वफादार और मेहनती बना हुआ हो। हठ जाओ। देख नहीं रहा नई मेहमान आ चुकी है? देखबाल में चूकना नहीं। वरन् आवारा कुत्ता बन जाओगे''। कुत्ता घर के पीछे भाग कर चोटी पर बैठ गया। पास ही खंबे पर डराऊ कौअे की नमूना मिला (खाली जगह अथवा अधूरा भवन अथवा खेतों में रखवाली करने हेतु ऐसे नमूना रखी जाती है। भारत में भी यह प्रथा ज़ारी है)। सूखा घास भराव से नहीं बल्कि वह काश्तीय नमूना था। ऊन की पुरानी कमीज़ व श्वेत गमचा ओढ़ा था। कंधे से लोहे की खाली डिब्बे टंगे गए थे। जंग चढ़ी हरी डिब्बे खुफिया के काम आता था। विकृत व्यक्ति संस्मरण से वह मिलता था। हवा में वह खोखली आवाज निकालती थी। दूसरे दिन दुल्हन बदसूरत दिखी। मेहंदी हाथ की धुलाई में कुछ महिला ने मदद की। उनकी घोड़े के साथ सात–वर्षीय बालक नज़र पर आया।

दूल्हा मज़बूत निकला। बड़ी आँखें व गुच्छेदार बाल। उनकी रौनक गज़ब थी। काली कार्डुराय से सिली हुई कमरबंद कोट ओढ़ा था। छाती व पीठ पर गहने लदे हुए थे। दुल्हन से भी अधिक शर्मीला था। वृद्ध (द्धा)

के पीछे छिप जाता था। वे उनकी नानी माँ अथवा चाचा होंगे। पता नहीं चला कि नाना जिंदा है या नहीं। बेटी की शादी मे उनकी पिताजी मंड़प पर भी ऐसे नहीं भेजते। हो सकता है दूल्हा नानी माँ के पीछे स्वयं छिपा रहा होगा।

मेहमान शिक्षित थे। चरवाहे की खूबसूरती अभिजात वर्ग से जुड़ी थी। इकठ्ठे हुए बाराती प्यार से दुआ मांगे और खाना खाए। चाय परोसने की आवाज़ न आई। न किसी ने ज़ोर से बोला, न की चाय पीते रहने की शोरगुल। नांग (भारत के पंजाब में 'मालपूअें' होता है।) चबाते समय किसी की न आवाज़ आई। मज़ाक में सब खामोश रहे। बिन ठहाके हम मुस्करायें। माहौल वहाँ औपचारिक रहा।

बालक नानी माँ के पीछे छिप गया। धीमी गति से चाय प्याली उठाई। फूंक मार जबरदस्त लीलने लगा। उनकी मिज़ाज़ उमदा स्वाद से भरा मध्य सेवन (वाँइन) जैसा था। नानी माँ उनकी घुंगरू बाल संवारने मदद की। किसी ने आवाज़ लगाई, "बालक कितना भयंकर था? नानी माँ सहित 230 कि.मी. सफर तय किया था। उनकी घुड़सवारी से अपनी चाची विदा हो रही थी। हे भगवान्! गज़ब! 230 कि.मी. का सफर। वयस्क कझाकी भी तय नहीं कर पाते।"

किसी ने पूछा, "रास्ते में कहाँ ठहरोगे"? दुल्हन के साथ आया चाचा ने जवाब दी, "जी, येबू स्तोम के गिरी पीठ पर। दूसरे ने कहा, "बड़ी लम्बी सफर" देर रात कहीं भी रूक नहीं सकते। घोड़ा मात्र हर दिन सौ कि.मी. तक ही चल सकता है। बाराती से किसी ने पूछा कि घोड़े पर बालक वयस्क के साथ अथवा स्वयं सफर किया था? मेहमानों मे एक ने जवाब दी, "अपनी पिताजी की अश्वेत घोड़े पर स्वयं सफर तय किया था"। सवाल किया बाराती अंगूठा चूसकर सिर हिलाते हुए बालक से बात कर उनकी तारीफ करने लगा। कहने लगे, "बच्चे खुद की सेवा में लगे रहो। तुम एक छोटा हीरो हो"।

किसी ने सराहा, "गज़ब! कझाकी को दूसरी चरगाह पर ठिकाना बदलना पड़ता है। उन जैसे बालक वयस्क बन जाते है। मवेशियों के

जत्थों को हवाला किया जा सकता है। बिन गुम होते हुए सैंकड़ों मील चलने लगते हैं। बिन सरंज़ाम बच्चे घोड़ो पर सवार कर सकते है। उनकी कान भर सकते हैं कि वह भी हम–उम्र के होते हैं। संदेश वाहक (ईव्स) उनकी कान में छिपे रहते है"।

एक अन्य मेहमान कहने लगा, "जी हाँ, बच्चे को नीचा नहीं देखना चाहिए। छः महीने के बच्चा भी सचमुच सांप की गले दबोच मरवा सकता है"।

बाराती हैरान हो उठे। कहने लगे "इसका मतलब"?

एक ने मुस्कराते हुए कहा, "आप को नहीं पता चला? शिशु की मुट्ठी दो स्थिति – खुली या बंद अवस्था में रहती है। बंद मुठ्ठी सर्वे साधारण है। बुजर्ग के अनुसार ऐसी घटना हुई थी। "पलंग पर लेटा और जागता रहा छोटा बच्चे के पास एक सांप सरसराता गया। उसकी हथेली सांप के ऊपर लगी। बच्चे ने सोचा कि माँ स्तन पान करने आई है। सांप को उन्होंने कसकर पकड़ा। माँ से दूध नहीं मिलने पर नाराज़गी से रोने लगा। रोते–रोते उसका गुस्सा और भी बढ़ने लगा। अंत में दबोची गई हालात में सांप मर गया। मवेशी की निगरानी के बाद माँ लौटी। उसने देखा की अपनी बच्चे की हथेली में मरा हुआ सांप है"।

बाराती अत्यधिक हैरान हुऐ। सात साल के बालक पर उनकी नज़र गई। बकरी के पके हुए कान को चबाता रहा। नानी माँ के पीछे कुलीन की तरह जाकर बैठ गया। बड़ी थाली से मीट की एक टुकड़े उठाकर नानी माँ उसको दी। फिर वह छांव से खाने लगा। नानी माँ ने आवाज लगाई "बच्चे, तुम भूखा हों। जाओं दूसरों के साथ खेलो। अथवा चाची के साथ दो, शायद वह अकेले में परेशान हो रही होंगी"। बच्चे ने सिर हिलाई।

दुनियादारी पर वयस्क बात करने लगे। उचित मौसम में किंघ उप नगर की फसल बढ़ सकती है? ग्रीष्म का घास मंच मज़बूत हो सकता है ? क्या मवेशियाँ खुश हाल में होंगी?

खिड़की चौखट पर हम झुके रहें। सिर के ऊपर चिड़िया का घोसला था। बच्चों की चिहचिहाट के बीच चिड़ियाँ इधर–उधर उड़ती रही।

ध्यान रहें। नानी माँ बालक को आपनी चाची से मिलने कही। उनकी मिलीझुली भोज से ऐसा लगता था कि वह एक छोटा परिवार है। सचमुच वह शालीन विवाह का प्रतीक रहा। हो सकता है कि दुल्हन पड़ोसी के घर में बैठी हुई होंगी। कझाकियों में शादी की दुल्हन उनकी बारातियों के बीच खाना नहीं खा सकती (भारत में यह प्रथा विलोम है)। संभवतः किंघ से पधारी साथी उनकी सालियाँ हुई होंगी। उनकी शादियाँ भी अलग चली होंगी। वे दुल्हन के निकट संबंधी बने रहें। अनवरत उनके साथ लगे रहें। समारोह होते ही दुल्हन अपनी पति के परिवार गई। उस समय से वह किसी दूसरे की साली बन गई।

बतायें आये हुए बाराती किधर निकले? हमें यकीन नहीं होता। लगता है, ग्रीष्म के घासमंच अथवा सोयाबीन खेत पर हरेक कझाकी पहुँच गए होंगे। सोया बीन खेत उलून् बुराक से बाहर था – जो स्तोम समतल से नमी ज़मीन पर फैला हुआ था। वे सोय बीज को ऐसे निकालते रहे जैसे वहाँ कीड़े छिपके हुए हों। ग्रीष्म के घास मंच पर कीड़ों की तरह खुले फैल गए थे। अन्यत्र अधिकांश बाराती को नहीं देखा गया। शादी समारोह इस अवसर पर बिलकुल संकीर्ण रहा। रिश्तेदार हीं वहाँ मौजूद थे। हरेक परिवार को इसका अनुभव मिल सकता था। मेरे बचपन में यह सामान्य और स्पष्ट माहौल रहा। यकीन नहीं होता कि ऐसे क्यों है।

दूल्हे के बारे में हम याद नहीं करेंगे। स्तब्धता से वह काम करता रहा। बकरियों का हलाल करता था। चूल्हा जलाता था। पानी लाया करता था। बारातियों की घोड़ों को घास मंच तक ले चला। उनकी चेहरे का मैं याद भी नहीं रखा। लगता था कि सपने भी वह अनिश्वित हुलिया पाया हुआ था। मेरी याद में अनवरत काम में लगा चेहरा कोहरे में धुंधला सा हो जाता था।

दुल्हन पड़ोस की मिट्टी से बनी घर से बाहर आई। सालियों के अलावा शादीशुदी महिलाएं सहित कुछ क्वारियाँ भी साथ में थी। हरेक चेहरे पर शर्मिंदगी की परेशानी छाई रही। दुल्हन की मुंह बुरखे से ढ़की गई थी। याद आ रहा है। उनकी बाल पर पीछे से धूप गिर रही थी। सम्राट की गाँउन पर धूप की रोशनी तरंगे जैसे उड़ा रहा है। सुदूर नमी ज़मीन पर धूप बढ़ने लगा। हम उधर शौच किया करते थे। समय पर हम साथ दिऐ थे। देहाती कुत्ते भौंकने लगे। नालायक संत्री की तरह स्तोम पर कुत्ते काम में हाज़िर रहे। मालिक का काला कुत्ता 'ड़राऊ कौंअे' नमूने के चपेट में आ गया। गुटने पर बैठा रहा। अचल उसकी कान व चेहरा ढ़ीला पड़ गया होगा। जी हाँ, वह और कुछ नहीं हो सकता था। हे भगवान् तुझे सलाम! भौंकना नहीं। गुस्सैल भी मत होना। उधर जाना भी नहीं।

बड़े मकान के समक्ष बालक आया। बाराती वहाँ भोजन कर रहे थे। ''चाची'' को बुलाने कहा गया।

दुल्हन रूकी और मुड़ी। हमने देखा कि वह इतना सुंदर नहीं थी। अनकी आँखों पर प्यार उमड़ आई होगी। वह बिलकने लगी। बालश्क मेमने की तरह माँ के सामने पहुँचा। माँ वहाँ बैठ गई। मां–बेटे आलिंगन किए। क्वारियों सहित महिलायें की आँखें आंसुओं से भरी पड़ी थी। दुल्हन की बुरखा धीरे–धीरे सरक कर सिर की बाल कमर तक दो गुच्छे में पहुंची। हथेली से काती गई अधूरा अंस लंबाली के साथ लाल गुंडियाँ दिखी। सुचारू समेटी बाल–गुच्छे रंगीले रिबन से सख्त बंधे थे। दुल्हन रोते ही चांदी की दो सिक्के आवाज़ करने लगे। काला कुत्ता भौंका। देखा कि अभी 'डराऊ कौंअे' की चपेट पर है। एक और बार वह भौंका। खड़ा मगर न हिला न की बैठा। खड़े होकर चारो ओर देखने लगा।

दुल्हन बिलख रही थी और भतीज़े बालक को चूम रही थी।

दुल्हन की साली उनसे गले लगाई। नीछे गिरी लोही को उठाने में उसने मदद की। दुल्हन को दोबारा वह छेड़ी मगर उनकी प्रहार तीका

रहा। हो सकता है दुल्हन सुदूर नहीं जाने कह रही होंगी। उसने कहा "हरेक कन्या शादी कर लेती है। तेरे जैसे कोई रोती है क्या? कोई मरा भी नहीं, जानती हो"?

रोना बंद कर दुल्हन लोही ओढ़ ली।

बालक चकराता रहा। रोती हुई चाची को देखता रहा। उनको पता नहीं कि चाची से क्या बोला जाऐं। वह उसकी हर बोल पर सिर हिलाता रहा। नाना–नानी का ख्याल करों। मवेशी की देखबाल करों। सेहत पर अच्छा ख्याल करों। सुन कर एक वफादार बालक की तरह सिर हिलाता रहा। शायद भरी थाली में पड़े बकरियों के पकी हुई कान खूब खा गया होगा। कहा गया है कि बच्चों को बकरियों की पकी कान खिला दिया जाऐं तो तुरंत वयस्क के आदेश मानने लगेंगे। उनकी ख्वाहिशें भी ऐसे पूरी हो जाऐंगें। हम सभी आज्ञा पालन हारी बच्चे होंगे।

दुल्हन की साली बड़े बच्चे से कहा, 'बाराती को एक दम अकेले में मत रहने देना'। छोटा बालक पर हमने नज़र डाली। वह भी हमें देखा। बच्चे की कोट पर पीली अगेट, हरी कैल्साँइट नगें सहित कुछ गुंड़ियाँ सजे हुए थे। अत्यधिक लालिमा सहित सूरज की प्रदीप्त रंग से चेहरा उज़ला था। लगा कि चाची के साथ अभी वह 230 कि.मी. सफर तय करने घोड़े पर चढ़ा हुआ होगा। मार्ग पर सूरज की रोशनी से उनकी चाची सहित उन पर लाल धब्बे आऐ होंगे।

कुछ दिन बाद परिवार सहित बालक घर लौटा हुआ होगा। किंघ उप नगर –श्वेत खड़्ड़ पर बुलाए मेहमानों का आदर करना पड़ता था। दस से अधिक मेंड़ों को वहाँ बलि चढ़ाया गया। यह उनकी शाही खाने के समान बना हुआ था। बालक हमारे घर पर आया था। रोजमर्रा लगभग एक ही तरह चलने लगा। मीट के साथ चाय भी परोसी गई। मेंड़े की सिर नानी माँ की ओर था। उसने बाद में चाचा की ओर मुड़वाई। चाचा तदनंतर मेंड़े को सिर, बांया और दाहिने गाल का हलाल कर, बालक को कान का हिस्सा देते थे। हर लम्हों पर बालक का शौर्य

व साहस को सराहा जाता था। पिताजी के घोड़े पर सवार होकर अपनी चाची को ससुराल भेजनेवाला था। दुःखित चाची के साथ आया और दुःखी नानी माँ के साथ विदा हुआ। उनका कुल सफर 500 कि.मी. बना।

मुसलमानी स्त्रियों की तरह दुल्हन आसमानी नील रेदा (स्कार्फ) ओढ़ी हुई थी। अगेट नग सहित पिन मत्थे पर छिपके हुए थे। मुकुट से झूल रहे मोती जैसे लगता था। किसी को पता नहीं था मत्थे पर उसने कब छिपकाई थी। जो भी हो, किसी की नज़र में, सुंदर अगेट नग की लड़ी लाल, पीले व काले मटर के दाने जैसी लगती थी।

दूल्हें ने घोड़ों को लगाम से जोड़कर काठी में बांधा दिया। घोड़े घासी तट से बकरियों के बेड़ों को दौड़ाकर लाऐ हुऐ थे। उनसे ऊन निकाला गया था और घोड़े की काठी व लगाम से जोड़ा गया था। उनके बेल्ट को सख्ती से नहीं बांधा गया था। घोड़े को काम लेने का यह अंतिम हंत था। सवार की चढ़ाई के दौरान् उसे सख्त बांधा जाना पड़ता है। घोड़े अब रास्ते में सफर करने लायक नहीं थे। कुछ तो आराम कर रहे थे या उसके बाद खड़े हुए थे। पूंछ पर छिपकी मक्कियों को कुछ भगा रहे थे। उस दिन किंघ उप नगर के सभी घोड़े काठी व लगाम से सजे हुए थे सिवाय दूल्हन की मांसली रंग के घोड़े। सुई घास तिनक झाड़ियों के बीच सुदूर पड़ा था। उसकी सामने टांगे बंधे हुए थे। झुककर वह हिनहिना रहा था। झुकते समय उसकी लंबी काले बालों की गुच्छे झूमने लगता था। देखने में यह परिदृश्य अत्यधिक सुंदर थां

दूल्हे की घोड़े यकायक तैयार खड़ा रहा। लाल पत्ती स्तोम के निकट उलून बुराक् अथवा किसी और जगह सास के साथ जा रहा होगा। सफर की लंबाई लगभग 100 कि.मी. से अधिक था। यह उनका कर्तव्य था। किसी की बेटी को वहाँ रखा नहीं जाता। उसे अकेले में जाने दिया जाता है। कुछ दूर तक उन्हें साथ देना पड़ता है।

बाराती जल्दबाजी में निकले हुए होंगे। श्वेत खड्ड में पधारे मेहमानों का स्वागत किया गया था।

अचरज की बात वह है कि कुत्ते खामोंश रहें। शायद वह तीतर को पकड़ने भाग गए होंगे। मालिक का काला कुत्ता घर के सामने ही पड़ा रहा। कुछ देर बाद वह आया। कानें झूले हुए थे ओर चेहरा नीरस लग रहा था।

घर के भीतर न गए न की खिड़की चौंखट पर झुके। कुत्ते की तरह इधर–उधर घूमते हुए बाहर ही पड़े रहें। बच्चे क्या कुत्ते की हुलिया पाऐ हुए हैं?

देखा की बाराती घर से बाहर एक के बाद एक आ रहे है। दूल्हा घोड़ो के पास से निकला। क्रमशः उनकी बेल्ट कसकर बांधा। घोड़ा जैसे ही बांधा जाता था वह तुंदीला दर्द महसूस करता था अथवा बाल की गुच्छे से दूल्हे का प्रहार करता था। खंड़ काटी का पिछला हिस्से में ससुराल की चीज़ों का भंड़ार था। गहनें, चित्रकारी, कोट और मार्ग शिबिर में काम में उपयोगी वस्तुएं अथवा खाने–पीने के सामान होते थे।

दुल्हन की विदाई के समय उसकी माँ और सालियाँ अश्रु दरिया में डूबे हुए थे। गाते गुनगुनाते हुए विदा के लिए तैयार हो रहे थे। माँ की गर्दन तले दुल्हन अपनी चेहरे को छिपाई थी। सालियाँ और ननद की बर्ताव भी ऐसी ही रहा। पाग से बांधे चेहरे झुकी रही। उन्हीं को पता था कि क्या गा रहे है। उसकी जानकारी हमें न मिली।

पड़ोसी के एक वृद्धा ने कहा, ''हमें मिला। हम कुछ भी नहीं कर सकते। माँ और बेटी की अलगाव में इतना निर्दय कौन हो सकता है। शादी समारोह में स्त्री–पुरुष का यह दस्तूर होता है।

जी हां, हमने उसे पाया था। हंगेबू स्तोम से बाराती विदा हुऐ। अश्वेत गोबी मरूस्थल संबंध विच्छेदक बना हुआ था। मेला हुए पिताजी की कपड़े को बेटी नहीं धो सकती। बेटी अकसर बीमार माँ के कंधे का थपथपाना या घुटने का मसाज नहीं कर सकती। बिन बेटी माँ–बाप गोबी मरूस्थल पार नहीं कर सकते।

जी हाँ हमारे पास जानकारी है। रिश्तेदार संकोच मत करो। बेटी के बारे में निश्चिंत रहे। हमारी बेटी की तरह हम उन पर दयावान है। अल्लाह मियाँ जीवन भर उनकी अच्छी किस्मत सहित सेहत बख्शे। आराम समय आपसे मिलने आऐगी। लम्बी व सीमारहित गोबी मरूस्थल में आपका वह सर्वदा आदर, सत्कार और श्रृद्वा सुमन ज़ारी रखेगी। अपनी सेहत व सुरक्षा के लिए हम जिम्मेवार है। लोग व मवेशी बीमारी व प्लेग महामारी से बचने की दिशा में दुआ मांगेंगे।

लत्तीफा ऐसा रहा, 'बहता हुआ अपना समय पर ही रूक सकता है'। दुल्हन की रूलाहट रूकी। किसी ने बालक के पास उसे पहुँचाया। मुस्कराहट से उनका स्वागत किया। सोचा कि दोबारा रोने लगेगी। मगर वह मुस्कराने लगी। खुद नकरा करने की माहौल में वह रही। मानो वह कह रही है, 'देखो, आपकी विदाई के दौरान् मैं नालायक हूँ। अधिक रोते समय आप कैसे जाओगी'? दोहराते हुए उसने भाई के सामने उकड़ू बैठ गई और उनके बच्चे को घूर कर देखने लगी। बच्चे पर मां–बाप की सेवा सौंपने की भूमिका रही। आँखें मूंद ली और उन्हें देखने लगी।

''अज़मत ऐसे बनो मानों साहस और दिलेर अरेपाम शेर, दबंग और दृढ़ बाघ, मज़बूत व ताकत गरूड़, चालाक व चतुर नेवला समन्वित हों। भविष्य के लिए परिवार का सेतु बनकर नाना–नानी की सेवा में लग जाओ। ज़रूर चाची आपसे दूर है। शीघ्र ही वह आपसे मिलनेवाली है''।

रेडियो स्टूड़ियों में बंद रहकर बोलने पर वह राज़ी हुई लग रही थी। वह अजीब रहा जैसे आपके सामने ही वह मौजूद हैं।

दुल्हन बालक का मत्था चूमा। केश गुच्छे की चांदी सिक्के को तुरंत बालक की कमरबंद कोट पर छिपाई। बालक अश्वेत घोड़े पर चढ़ने की दिशा में दूल्हे ने मदद की।

जुलूस जारी रहा।

बाराती अनाप–शनाप बोल रहे थे। उलूल बुरक की छत तक वह जुलूस निकली। मालूम नहीं पड़ा कि मालिक के कुत्ता कब मालिक के पीछे पड़ा। समूह के पास अथवा वहीं अपना डेरा डाला।

मेरी धारणा में संगोष्टी, अथवा लोग अस्तव्यस्त रहते है। दिखावे लगते हैं कि अपनी काम से पुरसत नहीं है। पूर्ण विराम, विस्मय सूचक, प्रश्न चिह्न, इत्यादि कुछ संकेत जुड़ने लगते है। सिर पर सजे अगेट साज–सज्जा सहित दुःखी दुल्हन गायब थी। बाद की घटना के बारे में पता नहीं चला। घर तक मिला साथी, घर पर चाय उबालना, पड़ोस महिला के साथ बातचीत, झाडू से सफाई अथवा झरने से लाया पानी इत्यादि कारक इसमें समन्वित रहें। फिर भी उनसे चढ़ी गई घोड़े के बारे में जानकारी न थी। मांसली रंग के घोड़ा सुई घास मंच पर बांधा गया था। उलून बुरक की दिशा मे घूमा उसका पूंछ दुल्हन की बाल से मिलता झुलता था।

जी हां कुछ विषय निरर्थक रहें। घोड़े, दुल्हन केश पर अगेट नग से साज़–सज्जा, काला कुत्ता शादी समारोह में सक्रिय कारक थे। विगत सदी की उत्तरार्ध में चली यह शादी आल्टे कझाक कराय्त प्रजाती का अयंत पुराना नमूना रहा। मेरी किस्मत अच्छी थी कि मै इसका प्रत्यक्ष दर्शी रहा। ऐसा लग रहा था मानों तारा मंडल के बीच अदृश्य गृह का अवसान हो रहा है।

अध्याय – 11

पत्थर पर खड़ा घोड़ा

माँ ने कहा, 'जुलाई महीना है, घास काटने का समय है'।

पिताजी ने भी वही दोहराया। अतः हम चले घास काटने।

पिताजी और मै एक दिन बाद रवाना हुए। खेत से एक घोड़े ओर चार–पहिऐ खुली बग्गी मंगाई गई। जैसे ही घोड़ा बग्गी से बांधा गया, रेतीला बाल से परे वह सिर उठाया, जहाँ उनकी आँखों की गुठलियाँ दिखी, सख्ती से मुँह खींचने लगा, त्वचा जैसे नथना ढ़ीली पड़ थिरकने लगा। भयभीत हुआ लड़का या घायल सैनिक जैसा यह दृश्य निकला। घायल सैनिक छाती पर गोली खाकर स्तोम चोटी से नीछे गिरना चाहता था। डर व घबराहट से परेशान घोड़ा सचमुच संसार में अपनी पहचान खोई दबंग सैनिक की तरह रहा। घबराहट से वह पीछे हठने लगा। पिताजी कहने लगे, 'होवा, होवा, वापस आ, वापस आ'!. घास पर चल रहे पुरानी टेले की तरह उनकी आवाज़ निकली। मेरा दिल हल्का हुआ। घोड़ा भी राहत महसूस करने लगा। बग्गी के दो छड़ी के बीच बांधने के वजह सिर हिलाकर वह नथुने से श्वास छोड़ने लगा ताकि जमी हुई मिट्टी व गोमक्षिका तेज़ी से बाहर निकलें। घोड़े को सम्हालने में पिताजी लगे रहें। रस्सी बांधकर खूंटी के साथ सख्ती से मिलायें। वह न व्यवसाई रहे बल्कि शुद्ब अनाड़ी। रंगमंच में उपन्यास करने, या किसी मेज़ पर बैठकर काम सम्हालने या नालायक बच्चें पर सख्त नज़र रखने के लिए ही लायक रहें।

हम पीले घोड़े पर बैठकर चलने लगे। क्षितिज़ पर प्रज्वलित शुक्र गृह का दर्शन हुआ। उसकी चमक इतना तेज़ रही कि ब्रह्मांड़ का वह प्रमुख तारा है। सूर्योदय से पूर्व सौर मंड़ल को वह न्यौता देता है। क्षितिज़ पर जैसे सूरज उभरता है, वह उनकी रोशनी में समाप्त होता है, मानों सागर में मोती नग डूब रहा हो।

जमीन के पास की घास मंच से पुल तले हम गुज़रे। नदी के कुल्या से छोटी पर्वत श्रेणी पहुँचे। समान्य गोबी मरू स्थल में घास काटने उतरे। कटाई जगह तीस कि. मी. दूर था। वह घास मंच की दक्षिण पूर्व दिशा में था। माँ ने सुरक्षा की दृष्टि में पिताजी से नोख जोख की। उन्हें ध्यान दिलाई गई कि खुद पर वे सम्हालें। कहा कि इन्सान चिड़ियाँ व कीड़े के बराबर होता है। उनके लिए तीस कि.मी. निर्धारित सड़क तीस हज़ार कि,मी, तक मंडरानेवाले बादल और कीड़े चन्द्रमा के समान है।

बग्गी के पहिए आवाज़ कर रहे थे। हम बज़री सड़क पर थे। हंसिया सात नंबर से मिलने लायक लम्बी मूंठ था। उसकी धार को कपड़े से छिपाया जाता था। बग्गी के बाजू पट्टी में रस्सी से उसे बांधी जाती थी। दो फुट लम्बी डंड़े मेरी पैर तले घूम कर बाजू पट्टी तक पहुँचता था। डंडा अजीब, चमकीला, मुलायम व नम था। लगता था कि किसी कारीगर नाजुक से पालिश किया हो। हंसिये या कुल्हाड़ी का भी मूंठ हो सकता था। गाड़ीवान बहुत काम कर सकता है। चाबुक की तरह घोड़े को वह सम्हाल सकता है। बग्गी जैसे ही चलने लगता थी, घोड़ा समझता था कि वह विचित्र घूम रहा है।

पिताजी गाते नहीं थे। पीछे से उन्हें मैं देख सकता था। हवा या बादल की झोंका भी हिलता नहीं था। नज़रिया से शुक्र गृह छिपा हुआ थां।

हम दोनों के नियंत्रण में 'क्षितिज़ की विस्तृत फैलाव व ज़मीन' रही।

पिताजी ने कहा, 'बलेबुगान और पीली मेंड़ा स्तोम का इलाके में हम है।

मैंने पूछा, 'धरती पर हम किधर आवत है?

स्तोम पर नज़र रख कर पिताजी ने कहा, 'स्तोम को उलासिताई और छोटी को उलासिताई कहते है। काफी दूर पर स्तोम में यह स्थित है। कहने लगे, 'स्तोम की अंतराल काफी दूरी पर है। वह दिखते थे जैसे ध्वंस दीवार का स्तब्ध व एकांत में परित्यक्त किया गया है।

दोबारा उनसे पूछा? 'धरती के किस हिस्से में हम जा रहे है'?

पिताजी नटकटी से देखा, मानों वह कुछ खेल रहा है। खेल उनसे छिपा हुआ था। शायद पिताजी सोचे होंगे कि वक्त आने पर बच्चों को समझा जा सकता है। वैसे खुद संयम से वे रहना चाहिए। पीले सुदूर स्थित मेंडे पर्वत स्तोम पर हमारी नज़र गई।

पिताजी ने कहा, 'यह जगह का नाम अल हेट है'।

लगता था कि पिताजी बच्चों से कुछ छिपाना चाहते है। स्तोम त्रिकोणीय चट्टान् लग रहा था। सामान्य गोबी मरू स्थल धूप में नील रंग रोशनी से बेंगनी हवा उत्प्रवाहित हुई थी। वह समय की पुकार था। जिंदगी की मुसीबतें समय व अवकाश के मापदंड पर नापे जाते है। देखने के बाद बारह वर्ष का अनुभव मेरा साथ दिया। मैं स्वयं सहिष्णुता से रहने हेतु प्रतिबद्व था।

बग्गी आगे बड़ी। बलूआ घोड़ा प्रेरित हुआ। अधिक मुश्किल से वह आगे बड़ा। कभी–कभी शरीर के गन्ध को अथवा छिपकू गोमक्षिकाओं को पूंछ से वह झाड़ने लगता था। पीछे से उसकी गर्दन पर लगे लगाम को हम देख पाते थे। केन्वास से बना लगाम धोड़े की मीट से बनी व्यंजन से मिलता जुलता था। कुछ छेद्य सहित गेंहू की तिनके उभरे हुए थे। लगाम से पर्वतीय स्तोम उनकी गाल के सामने दिखते थे। उम्मीद थी कि भवने, सड़कें और चौक सुचारू रूप से उभर कर आये लगते थे।

मेंने कभी भी शहर को न देखा। जन्म से पूर्व परिवार वहाँ रहा करता था। पीले मेंडे स्तोम पर वे विस्थापित हुए थे। शहरों से संबंधित पिताजी के ब्यौरे हकीकत से बाहर था। चट्टानों के बीच कझाकी बीहड़ में हरे

प्याज़ उगाए थे। चरवाहों के लिए यह आराम करने का उमदा जगह था। वसंतोत्तर, ग्रीष्म या सर्दी में बर्फ की चट्टानों के कारण चरवाहें छिप जाते थें। अल्टे किंघ में चरवाहें हवा व बर्फ से खुद को बचा लेते थे। अकसर पिताजी उन्हें राशन उपलब्ध कराते थे। बोगदा गिरी पीठ पर कझाकी किंग उप नगर पहुँचने के लिए 700 कि.मि तय करने छः महीने लगते थे। भारी मरूस्थल में खुद को बचाने में वह माहिर थे। पीले मेंड़ै स्तोम, इन चरवाहें का स्थाई रिहायशी बना हुआ था।

आपदा में कझाकियों को कैसे मदद किया जाय। पिताजी सर्वदा चिंतित थे। उदाहरण के लिए किंघ उप नगर में घास मंच का कोई संबंध नहीं था। आपदा में कझाकी एक दूजे के लिए मदद किया करते थें। स्थानीय सेना और नागरिक विभाजन नहीं होते थे। सोचा कि मेरा यह एक व्याख्यान था। पिताजी की व्याख्या से दिल दुःखी रहा। भावुक भी रहा मानों निर्दयता से प्रभावित हुआ हूँ। पिताजी शायद बढ़ा–चढ़ाकर बोले होंगे। मेंरी ऊपर नज़र डाले। उनकी हंसी–दिल्लगी जारी रही।

उसने कहा, 'क्या हुआ? दूसरों की मदद में कमी हुई है?

मैंने मुस्कराकर सिर हिलाई।

कुछ देर तक सोचे और सिर हिलाए। 'बच्चे देख रहे हों, कितनी अजीब हुआ हो'?

मैंने कहा, 'पिताजी, अभी आपने कहा, यहां कोई झरना नहीं है। बिन पानी लोग यहां क्यों छिपते है? शायद यह उनके लिए असली मौत है'।

मुस्कराये और चाबुक दिखाते हुए कहा, 'इधर देख, वह असंभव है।

प्रत्यक्षतः दोबारा मैं समझ नहीं पाया।

उसने कहा, 'बुद्धू, बर्फ, बर्फ गिरेगा। उस के साथ, बिन पानी इन्सान और पशु नहीं रह सकते।

उन्होंने कहा, 'अन्यथा, उस पृष्ठ प्रदेश मे चरवाहे कैसे रहेंगे'।

'पृष्ठ प्रदेश' के बारे में कुछ भी समझ में नहीं आया, मगर मैंने कल्पना की थी कि नज़दीक में रही वह एक भारी बड़ी जगह होगी, शायद पीले–मेंड़े पर्वतस्तोम पर। उसके दूसरी ओर, आम गोबी मरूस्थल का प्रमुख हिस्सा है। अकसर, मैंने बर्फ गिरने पर उधर ध्यान दिया। वह बोगेदा पर्वत स्तोम था। मेरी कान में उस वर्ष, चीन के छोटी बिसात गेंद गिरा। पिताजी ने मुझे किताँय ले गये। हमने बोगेदा चोटी देखी। आंतो की कीड़ों से बचने चूसने लायक टिकिया तरह वह दिखा।

बग्गी आगे बढ़ी। आवाज़ करने लगी। एक काला पत्थर भराव पर पहुँचे। ढीली व कोमल बज़री रास्ते पहुँचे। बिसात खेल के व्यवस्थित झंझरी प्रतिमान का सादृश रहा। बग्गी के समीप, कई बार स्तोम या ऊंट के लिए बनी ड़ेरे पर एक कौओं ने पीछा की। जैसे उड़ने लगा, उसकी चूंच बायें–दायें लचीले मुड़ने लगी। एक दूज़ा और एक तीसरा कौआं वहाँ पहुंचा। सभी आसमान में उड़ने लगे। उनकी पंखें थपथपाते रहे। बदन किसी से फेंकी गई बाणाग्र या पत्थर से चुबें रहे। देखकर मैं चकित रह गया। एक दूजे से हवा में भिड़ते रहे। पंखें के जोड़े ऐसे कैसे उड़ सकते हैं? चिउरा या मच्छर किस तरह उड़ सकता है ? मगर नौजवानों के जत्थे की तरह वे खुश मिज़ाज़ में थे। शायद कहीं छिपे हुए होंगे। हमारे पहुँचने के बाद हरकत करने उड़कर आऐ होंगे। कौंए हंसते रहे, मज़ाक उड़ाते रहे। उछलने लगे। शेखीबाज़ करते रहे।

सूरज़ आसमान में प्रज्वलित रहा।

सड़क पर ढेर पड़ी पत्थर से बुर्ज, छोटे काले पर्वत बने हुए थे। लग रहा था वे निस्सहाय किसी की प्रतीक्षा कर रहे है। बाहेबंध अकेले लोग का रहना असंभव था। उन्हें प्रतीक्षा करना ही पड़ेगा। वरन्, जीवत की खास अवसर खो जाऐगा। उस मार्ग पर वह खड़ा रहा। उनकी आँखें पथदर्शक जैसे रहा। हवा में हंसी की लहर जारी रही। वह उधर खड़ा रहा और दाहिने बढ़ा। बाद में हमारी आगे और पीछे होकर स्तोम के बीच खो गया। एक दूसरा आया और वह भी गायब हुआ।

पिताजी ने याद किया, 'शायद चरवाहे ने बनाया होगा'।

सोचा कि क्या चरवाहे उतनी हद तक खेल सकता है? वह भी पिताजी के अनुसार 'पृष्ठ प्रदेश' में, 'पृष्ठ प्रदेश! पृष्ठ प्रदेश!'

पिताजी ने कहा, 'बेकार और उबाऊ के बारे में आप को सोचना नहीं। अपनी सांस तरंग में सुन रहे जलमुरगे की तरह खुद को रोक लिया।

पिताजी ने कहा, 'चरवाहे की सड़क संकेत है। स्तोम उनके समान रहते है। सड़के भी समान होते है। पौधे जेसे विरल दरख्तें, ऊंट के शिविर, लाल फूल सहित बिंबित एफेड्रा जड़ी बूटी एक समान दिखने लगें। अंतिम निर्णय बेसमझ होते ही घर लौट नहीं पाते। अतः सड़क संकेत की ज़रूरत पड़ती है। सचित्र कहानी किताब से स्पष्टीकरण के बारे में मुझे यकीन हुआ जैसे दरिया के बिंब पर प्रकाश दीप। वहाँ से निकली श्वेत–अश्वत काश्ठ प्रति की तरह होता है। अश्वेत सागर पर उसके घने व कोहरे छा जाएंगे ताकि तरंगे खुले फैल जाएंगे।

पिताजी ने कहा, यह पत्थर शायद सैंकड़ों अथवा हज़ार वर्ष पुराने लगते है।

ऐसा लगा कि मैं बगैर सांस खड़ा हुआ हूँ एक हज़ार वर्ष से अधिक। वह भी लोगों से कझाकियों से बनाया गया है। खेल पर रही मेरा अनुभव उस समय उलट गया। क्या एक चरवाहे हज़ार साल तक खेल खेल सकता है जब मेरा अनुभव कुछ ही वर्ष का था। जैसे मैंने याद किया, मेरा ही दिक्काल शायद उन बुर्जो से आरंभ हुआ होगा। समझता हूँ कि मेरे से पूर्व संसार अत्यधिक वर्ष के प्रसंग देखा हुआ होगा।

पट्टी पर लेट कर तिरछी नज़र से सूरज़ को देखा। बग्गी आगे बढ़ी। पहियों से उठी रगड़ाव आवाज़ मधुर और सुरीली रही। तीन चिड़ियों की बुलावे को सुन सकते है। महान गोबी मरूस्थल पर वह खेल खेल रहे है। क्षितिज़ पर धूप के साथ रोशनी सुंदर व रंगीला सतह से भरा हुआ था।

रोशनी इतनी चौंधिया रही थी कि चमक रही पारद से मिलता जुलता रहा और अकस्मिक सूरज से उमड़ सकता है। पिताजी से कहना चाहता था, 'घोड़े अटल बढ़ती रहें। धूप पर ख्याल रखें। वरन् वह धूप को पीछा छोड़ देगा'।

सुना कि पिताजी के पदचिह्न बग्गी से उछलकर बज़री पर सुदृढ़ गिरा हुआ होगा।

पिताजी ने दोबारा कहा, 'उतरो, हम यहाँ आए हुए है'।

पिताजी की कहते हुए काली–हरियाली रूपरेखा के विरूद्व अन्धेरे में उसे देखने लगा। वह ऐसा रहा कि ऊन की रंगाई पर माँ ने पानी में रंग घुलाया होगा। कुछ ड़र तो लगा, क्योंकि वह संसार, आसमान, सुदूर पर्वतस्तोम तक फैल गया होगा। तीन चिड़ियों की गायब होने से प्रशांत संसार और भी सन्नाटे में पहुँच गया। पिताजी काली–हरियाली रोशनी में बग्गी खींचकर ढ़लान भरी मैदान में चलने लगे। झपट रही बग्गी को घोड़ा संतुलन करने लगा जब उसकी दुमची फुल गया। पिताजी उसकी मूठ पकड़े रहे। चरगाह पसरन पहुँचते ही धूल उड़ी। हरियाली घास की हल्की महक आने लगा।

पिताजी ने कहा, 'उतरो। हम यहाँ है'।

पट्टी से मैं ऊपर उठ गया होगा क्योंकि पिताजी ने कहा था, 'बेटी की पीली चिट्ठी ग्रीष्म मेमना बन गया है। पराबैंगनी किरण धूप में शामिल है बुद्दू। इसके अलावा पठार पर उनकी तीक्ष्णता अति मज़बूत है। बुद्धू, आँखें मूंद लों और कुछ समय बैठ जाओं'।

मैंने वैसे ही किया।

सुना कि पिताजी ने घोड़े का खुला किया। पट्टी से जैसे वह बाहर हुआ उसकी स्थिति पानी के अंदर पहुँची मछली की तरह हुआ। गोमक्षिकाओं को भगाने उसे फुरतीला बनना पड़ता है। चारा बख्शने उसे ज्यादा समय नहीं लगेगा ताकि घास तिनके के जड़ तक वह मुँह डाल

पाए। उस अनुभव अजीब सा लगता है। ऊंट अथवा जिराफे के तरह घोड़ा कभी भी पेड़ पत्ते अथवा डालियाँ पहुँचने कोशिश नहीं करता है।

कुछ समय बाद मैंने आँखें खोल दी। अंधेरा कम होने लगा। बग्गी मेरे बगल में रहा जहाँ उसके बीच का हिस्सा सरकाया गया था। पट्टी सुखा हुआ था और पहिए घिसा–पिठ गया था। सस्ती चीज़ की तरह उसे भूला गया था। सूरज़ अब भी क्षितिज़ पर था। संभवतः पट्टी पर गोमक्षिकाएँ शरारत कर रहे होंगे। आँखे साफ करने अपनी पैरो को छुए होंगे। शायद, धूप भी तेज़ हो गया होगा।

संसार मूल स्वरूप में लौटना चाहता है। जहाँ–जहाँ मैंने सुना कि चरगाह तले छिपे कीड़ों की शोरगुल सचमुच बिन खरीददारी बाज़ार बना सकता है। घास ज़ड़ अथवा सुई सदृश घास तिनके के निकट पकड़ने और नोचने की चेष्ठा के बावजूद लाल चींटे, सोन पंखी सहित कई छोटे–छोटे नील रंगी तितलियाँ अथवा हरियाली रंग की चमकू कीड़ें दिखने लगें। सचमुच वे शोर नहीं कर रहे थे सिवाय शांत व आज्ञा पालक बच्चों की तरह अवगुण पाये थे। समीर जब फूंकते ही हमारी मुंह पर अजीब महक प्रहार करने लगा। परिवार के पास उग रहे घास की महक से परिचित था । माँ उससे दवा बनाती थी। मैं ने उसे दस मीटर से कम दूरी पर देखा। उसके नज़दीक गया। क्षेत्र मे स्थित ऊँचे झरनों की फुहार आती रही। वह तीन या चार माप के परिमाण से अधिक रहा। पानी हरियाली खाई पर बह रहा था। स्त्री की सुंदर केश की तरह हवा उसे हिलाता रहा। बैंगनी फूल सहित उगे बीहड पेपरमिंट का स्वाई वहाँ छाया रहा।

सामने की परिदृश्य का अवलोकन किया। एक समुचित स्थान था। हरियाली पट्टी गाढ़ा लाल व काला रंग की छोटे पर्वतीय स्तोम में लपटे रहें। उत्तर पूर्व दिशा में बीटा स्तोम के अत्यधिक ऊंची चोटी *अतंग ओबाव* से लेकर दक्षिण पश्चिम में बिसात की तरह की महान गोबी मरू स्थल से जुड़ी रही। पूरब की दिशा में 200 मीटर लंबाई पत्थरों से निर्मित गोल दीवार। इसके अलावा रही सुई घासी दरिया सहित सफेद

खरी मिठ्ठी। दिमाग में खेलने की तमन्ना आया। बच्चों को घर की खेल समुचित है। छोटा वर्ग संभवतः ऐसा ही रहता होगा।

संसार मूल स्वरूप में लौटना चाहता है। यहाँ खेल नहीं होता है। धास कटाव का यह रोजमर्रा रहा। चरवाहे की तरह, जुलाई तक बीहड़ में घास की कटाव होनी चाहिए। इससे सर्दी में मवेशियां तैयार होगे। हमारे पास दुधारू बकरी थी। सर्दी में पिताजी के परिश्रम का फायदा उठाती थी। आज भी वह लाभान्वित हो रही है।

दोपहर, पिताजी आराम करने लगे। पत्थर वृत्त तले चूल्हे जलाएँ। चोटी से पानी लाएँ और बर्तन में चाय बनाई। कुछ दूध मिलाये। मेरे साथ खाना भी खाऐं। तथाकथित कझाकी खाना आधारिक बनता है। पिताजी ने पूछा, 'क्या अकेलापन महसूस कर रहा है ? ऐसी परिभाषा जैसे, 'मेरे बिन चाहे तुम आ रहे हो' और 'घास कटाव एक घूसे के बराबर है'। यह भी कहा कि चाय बनाने रखे ढेर पत्थर पहले चरवाहें इस्तेमाल किये होंगे। जल कर वह काले हुए होंगे। संभवतः किसी से हज़ार वर्ष पूर्व उन्हें उपयोग किया होगा। पिताजी ने कहा कि घास काट समय नानाजी की आज्ञा होती थी। एक बार तकेसी नदी गिरने के बाद मुझे बचाने का अवसर आया। मेरी संस्मरण में कभी मैं तकेसी नदी में तैरने नहीं गया था। मगर पिताजी ने कहा कि उस समय मैं तीन वर्ष का था। पिताजी और माँ ने मुझे अपनी इली गाँव ले गये। 'पृष्ठ प्रदेश' अथवा सचित्र पुस्तक में अंकित द्वीप में इली गांव नहीं था।

पिताजी क्षितिज पर देखते रहें। रूई–ऊन की छितड़ों की तरह बादल फैले रहे। बलुआ घोड़ा खिलौने के तरह घास मंच पर सोता रहा। गोमक्षिका भगाने पूंछ फुरतीला रहा। घिसी–पिठी युद्व रथ की तरह चरगाह पर बग्गी पड़ी थी। उन्होंने यकायक याद किया, 'तुम ने उसे देखा' जैसे उन्होंने एक चट्टान की ओर उंगली किया।

मैं ने पूछा,''क्या, क्या देखना है''?

आँखों में निरूत्साह की झलक थी। संसार की रहस्य जानने बच्चे की तरह मैं बर्ताव कर रहा हूँ।

मेरी ओर उंगली कर पिताजी डांटने लगे, 'अपने आप देख लो'।

चट्टान् की ओर मुड़कर देखा। वह एक खड़ी चठ्टान् था । उसकी पीछे हिस्सा पीठ पर झुके इन्सान से मिलता था। चट्टान् हिंगुल और सूखा पड़ा था। उसकी रंग को साफ देख सकते थे। पिताजी दोबारा मुझसे पूछा कि मैनें उसे देखी। मैंने इंकार लिया। मुझे बेवकूफ बताया और छोटी चट्टान् पर खुद गए। चार – पांच मीटर चौड़ा चट्टान् पर चढ़ा। कहा, 'क्या आप उन घोड़ों को देख रहे हो'?

रोशनी की धारा दिक्काल बहने लगा। मैंने गहरी सासं ली। लगा कि दूजा अंतरिक्ष से मैं अभिवादन स्वीकार कर रहा हूँ। सिंधूर चट्टान् पर टूटे हुए मूठ व दांत सहित घोड़ो की जत्था खड़े हुए थे। उनकी भिन्न आकार थे। वे एक–दूसरे को देख पा रहे थै। बड़ा घोड़ा हमारे पास था। छोटा घोड़ा चट्टान् की गहराई पर था।

मंद गति में पूछा, 'किसने वहाँ उन्हें पहुँचाया'?

पिताजी सिर हिलाए।

दोबारा पूछा,'किसने उन्हें वहाँ पहुँचाया'?

पिताजी ने जवाब में नकारा।

मैं ने दोहराया, 'कौन थे वह''?

पिताजी ने कहा, ''कठोर चट्टान् पर कैसे ले जा सकते है? क्या उन्होंने पत्थर या गूंथी का प्रयोग किया था ? अथवा कुछ और? कैसे उन्हें वहाँ पहुँचाएं''?

परिदृश्य देखने के बाद पिताजी मुझे भूल दिए। खुद एक घोड़े को खींचने पत्थर उठाकर कोशिश किया। वे हिला नहीं पाऐ, मगर दूसरी चट्टान् पर आगे बढ़े। हाथ में रहा पत्थर टूट पड़ा जैसे कणाष्म पर गोली दागी हो। एक निशाने पर नहीं, बलिक वह यकायक गिरा। पिताजी ने सिर हिलाया, नकरे से मुस्करायें, हाथ में छिपके धूल को झाड़ने लगे।

चट्टान से नीछे उतरे ताकि दूसरे घोड़ो की निगरानी की जा सके। अपनी पैर तले मंड़रा रहे कीड़ो की तरह घोड़े निश्चल खड़े हुए थे।

पूछा, 'घोड़ों को किसने खींचा'? 'यहाँ वे लोग क्यों लाए'? पिताजी हाड़े की घोंसले का उत्तेजित किए। सुना था कि प्राचीन काल में घोड़ा सैनिक की पहचान का प्रतीक होता था। सैनिक को मरते ही घोड़े को साथ में ही गाढ़ दिया जाता था। उनके पास दो घोड़े होते थे। एक समर के लिए हो तो दूज़ा मुख्तार होता था। मृत घोड़े की संस्मरण में दूज़ा प्रयोग होता था।

पूछा, 'सेनिक लड़ाई कब करता है'?

बेचैनी से उसने कुछ नहीं कहा। हंसिऐं के साथ वे रवाना हुऐ। सवाल मेरे पास ही छोड़ दिऐ। मैं खुद को हताश समझा। ठंड़ हवा में माँ की प्रतीक्षा कर रहा बालक जैसा रहा।

सूर्यास्त हुआ। बेंगनी बादल चढ़ने लगे।

पीले घोड़े को बग्गी के साथ जोड़ा गया। घास के ढेर पर छोटा घोंसला बनाया गया। वहाँ लेटकर उन्हें देखने लगा। पिताजी के सिर, पसीने से भीगा बदन और धूप से विवर्णित हेट मेरी नज़र पर आया। साज़ की चमड़ी रस्सी से बलुआ घोड़े की बग्गी खिंचवाया गया। बग्गी लग रही थी जैसे लपेटा गया बच्चा। लंबी गर्दन, ठोस स्कंधास्थि और महाकाय टांगे। समीर में घनी बाल गुच्छा फड़फड़ाने लगा। बाल चंद्र अथवा खड़ी कैंची बन गए उनकी कानें। घोड़े की बरौनी व अलक पर से मत्थे पर संधिकाल में पीले मेंड़े पर्वत स्तोम धूप घिरा हुआ था। क्या घोड़े का यह आकर्षणीय ढ़ंग रहा?

मैं जान नहीं सका। दिल में अचानक दुःख भरा था। क्या यह पिताजी से छूटा सवाल था? खुद की अनभिज्ञता भी हो सकता है। मुझे यकीन नहीं हो रहा। संसार की रहन सहन के बारे में बच्चे की समझदारी से वह बाहर था। मेरी मनोभावना बिलकुल सरल था। लाल रंगीला खड़ी चट्टान सहित घोड़े को मैंने देखी।

मेरी याददाश्त में यह कायम रहा। जल्द रात आने लगा। पिताजी से कटे चरवाह और झरने के निकट चट्टान् पर घोड़े खड़े हुए थे। रात की समीर उन पर प्रहार करते रहें। न किसी से देखे गए न की सोचे गये। संसार में कोई भी उन्हें सराहेंगे। निरंतर एकाकीपन का वे शिकार हो गऐ।

बहुत समय भीत गया। अल हेट या घास–कटाव पर चर्चा होता था। चट्टान् पर खड़े घोड़े अकसर मुझे याद आते थे। क्षितिज़ पर पूंछ से परे तारे एक ग्रीष्म में टपका। धीरे–धीरे पूरब से पश्चिम दिशा में सरकते हुए आखिर गायब हुआ। उन घोड़ों के बारे में मैंने सोचा। मेरे सिर से ब्रह्माण्ड़ तले असीम स्थान चलने लगें। तारा एकल चलकर अपनी स्थान बनाने जैसे लगता था।

अध्याय – 12

मजबूत हवा

हंगेबू पर्वत स्तोम से मज़बूत हवा चली। पहले रंगीली मरूस्थल पार्श्व बृहत् घटा ज्वार का समुद्र मंच बना रहा। मंच तले अतंग ओबाओ से उलून् बुराक समतल फैला। बोग्दा शिखर दक्षिण से 150 कि.मी रहा। अल्ते स्तोम उत्तर से 150 कि.मी रहा। जंगार द्रोणी पश्चिम पर स्थित रहा। छोटी पर्वत जमी सागर तरंग की तरह फैलते रहे। पता नहीं कि कैसे उन तरंगे 150 अथवा 200 कि.मी. अथवा 1,000 कि.मी. तक पहुँच पाते है? 1,000 कि.मी. फासले तक हम चंद्र मंड़ल पहुँच सकते है।

मैं गहरी और शून्य सागर मंच से हतोत्साहित रहा। सूखा मंच से उभरी बैंगनी हवा भयंकर होती है। एक महाकाय की स्तनाग्र के सामने मैं खड़ा रहा। खेत में उगी हुई तोरिया तेल की पौधों को क्षितिज़ की आधी हिस्से तक बढ़ाया जा सकता है। भारी पेड़ हो तो उनकी टहनियों को बढ़ाया जा सकता है। सुई–आकार पत्ते सैंकड़ों साल पूर्व मुरझाए सागर तले प्रवाल–भित्ति की तरह होते हैं। फुरतीला व सूखा धूप बिन अस्तित्व सागर जल मे प्रसारित होने लगते है। वह एक सपना जैसा रहा। कभी मैं ने सागर नहीं देखी। खेत में छोटे–छोटे तौरिया पौधे उलून् बुरक के सूखे रेत व पत्थर समतल पर पाये गए। बीहड़ में स्वर्ण गेंद की तरह रहे प्याज़ फसल फैलने लगा। एक चरवाहे के अनुसार उन्हें पहले बकरियों को खिलाया जाता था। कजाकिस्तान में स्वर्ण गेंद

प्याज़ किस्म को बकरियों का प्याज़ भी कहा जाता है। हाल ही मे हमारी टीचर मिस वांग चरगाह भोजन हॉल के लिए स्वर्णपिण्ड़ प्याज़ निकालने तौरिए खेत ले गई। लौटते ही उसके बारे में निबन्ध लिखने कही जब मैने उसे बकरी का प्याज़ लिख दी। हंस कर उसने कही, 'मेमने कैसे लापरवाह रहते हैं? क्या प्याज़ और असली प्याज़ समान है? आप को पता है कि आपने क्या बदल डाला? यदि मैं कहूँगी कि आप इतिहास बदल डाले हैं तब हम दोनों बलि का बकरा बनने तैयार नहीं है। चीन में प्याज़ को विदेश से सन्निविष्ट किया गया जिसके वजह से उसे विदेशी प्याज़ कहा जाता है। कई और चीज़े विदेश से मंगायी जाती है जिनमें उरूई, दियासलाई व रिक्षा। वैसे ही चीनी बोली में उन्हें विदेशी अरूई, विदेशी दियासलाई व विदेशी रिक्षा कही गई है। मुस्कराकर टीचर यह भी कहा कि शान्घाँय में रेस्तरा जाने के बाद से 'विदेशी खाना खाने' की जगह बताया गया। चीन में प्रवेश से पूर्व महासागर पार करने की वजह उन चीज़ को 'विदेशी' पद से जोड़ा जाता था। मगर मैंने प्याज़ को बकरी प्याज़ लिख दी थी जो पद अनुचित प्रयोग था। इसके अलावा स्वर्ण प्याज़ न की प्याज़ पर वह निबन्ध लिखने कहा गया था। अतः मेरी लिखाई में अधिक भूल हुई। लेकिन यह अल्प व छोटे तौरिए पौधे मेरी नज़र में बकरी प्याज़ दिखने लगे। बकरियों से इन्हें खाया जाता था। चरवाहे ने कहा कि जब बकरे नस्ल प्याज़ ग्रीष्म में खाये जाते थे, खास कर बच्चा को जन्म देनेवाली बकरी, दो महीने के मेमने मांसली बन जाते थे।

अगस्त का महीना था। बैंगनी रंग बकरी प्याज़ के फूल एक महीने के लिए बीजोत्पादन हो रहा था। पत्थरी व रेतीला ज़मीन पर बीज छितराये जाते थे। अस्तव्यस्त होते ही वे हवा में उड़ जाते थे।

खेत के बीच में खड़ा था।

एक दम खेत के बीच। कुछ पौंधे मुझ से आगे और कुछ मेरे से पीछे। टीचर ने कहा कि पूर्वाह्न तक फूलों को तोड़ डालना था। यकीन नहीं हो रहा कि कितने फूल मैं तोड़ सकता हूँ। वर्ग मीटर परिकलन

जानता था न की तौरिए पौधे का फूल। गुच्छा–दर–गुच्छा हाथ से तोड़ कर चरगाह सौंपना था। टीचर उनके बारे में साफ कह रखी। उसने कहा कि हंसिए के बिना हाथों से ही निकालें। उलून् बुरक पानी का अभाव गाँव था जहाँ तौरिए बीज़ छोटे–छोटे गोमेद नग से सादृश थे। मजबूत पकड़ से वह रेतीला मिट्टी पर गिर सकता था।

मझौले स्थान पर था। सर्वदा ख्वाहिशे पूरी नहीं होती। मगर कम काम का स्वीकरने से भी मैं अनिच्छुक था। हैज़ी हमारे बीच बलवान बच्चा अग्र स्थान पाया था। शौज़ी बिलकुल कमज़ोर बच्चा आखिरी स्थान में था। उनकी लंबी हाथ कमज़ोरी से आगे बढ़े और अष्टभुज की तरह पीछे खींचने लगा था। पता था कि वह हमसे आगे नहीं बढ़ेगा जो मेरे लिए निरर्थक होगा। ग्रीष्म धूप में कोई भी नही चाहा कि साथी पीछे कुचल जाए। अच्छा रहा कि खेत में काम कर रहीं सभी बच्चे मुझे भूल चुके थे अथवा अष्टभुज की तरह मुझसे व्यवहार कर सकते थे। छोटा अष्टभुज।

टीचर को देखने के बाद मैंने जाना कि महासागर की जीव ऐसे लग रहे थे जैसे तौरिए छिलके। अन्य छिलके सहित अष्टभुज से सचित्र बना हुआ था। सभी प्राणि अतिरिक्त पाऐ गये थे।

टीचर की पुकार सुना। संभवतः अभी वह चीख रही थी ताकि हम बच्चे तेज़ी से दौड़े। वरन् काम में अत्यधिक विलंब हो सकता है।

सोचा जैसा ही हुआ। मछुआरे की तरह पुआल हेट व सफेद दस्तान पहन कर दो पर्वत श्रेणी की दूरी में वह खड़ी हुई थी। दिमाग में बसी अष्टभुज के बारे में विचलित हुआ। इसका पर्याय कुछ भी नहीं। एक ज़माने में अनभिज्ञ बच्चे को सागर के बारे में ख्याली कल्पना करने पर मज़बूर कर दिया जाता था। जी हां, अष्टभुज, मृत छिलका अथवा बाबा आदम का दैत्याकार कंकाल भी हो सकता था। दिक्काल के ज़रिए उत्कीण किया जा सकता था।

टीचर ने इशारा की। गुलाबी ड़ेक्रान कमीज़ सहित श्वेत सूती दस्ताने पहने हुई थी। सुना गया कि उनकी पिताजी अगर्भ श्रीमंत व

पूंजीपति थे। देखा कि वह मुझे इशारा कर हांगेबू स्तोम की ओर संकेत कर रही है। पूरब से पश्चिम की ओर श्वेत बादल के अवशेष बढ़ रहे हैं।

उकडू बैठा। पीछे देखा। तौरिए पोधे और उनकी डालियाँ सहित सुई आकार पत्ते क्षितिज़ पर पहुँचे हुए थे। एक डाली को पकड़ अंगुष्टे व तर्जनी से नोचा। उसकी मुरझाई गई सुई दो टुकड़े में विभजित हुआ। वह गहरी काश्त नांव जैसा रहा जहाँ काली और तेलयुक्त तौरिए बीज सरसरा रहे थे। कुछ हरा रंग न की काला। सोचा कि काला बीज हमारे बीच काम चलाऊ हैज़ी और हरा बीज शौज़ी होगा जबकि दोनों बच्चों के बीच का रंग मुझसे मिलता था।

सर्वदा मैं बीच में रहता हूँ। दिल की तमन्ना कभी अधूरी रह जाती है। इससे कम फैसले को मैं अस्वीकार कर देता हूँ। यही मेरा भाग्य है।

तौरिए बीज को कैसा छीला जाऐगा?

सिवाय तौरिए बीज उसके भीतर कुछ भी नहीं होगा। बीज़ों को एक बार ज़मीन पर छितराया। रेत से मिल गऐ। ज़मीन के समतल पर दो नाव तैरते रहे। यकायक वह सूखने लगा और निस्तेज़ हुआ।

तौरिए पौधे को तोड़ा। सुना कि छोटा बीज उनकी काश्त नाव में खड़ा है। सुखद आवाज़ दे रहा है। कर्णपरह पर समान रूप से वह असर डाला। अत्यधिक हलकी रूप से पेश आने का मज़बूर किया। कृपया अस्तव्यस्त न करें। खासकर हम जैसे निम्न दर्जे की बच्चे के लिए वह एक कठिन काम था। तौरिए के बीज़ से तैलांश धूप में वाष्पित हो रहा था। सोनपंखी उड़कर तौरिए पौधें की शिखर पर बैठा। रंगीला बख्तर खोला। काली पंखो से बगल की ओर वह उड़ने लगा। उस समय क्षितिज पर हिलने लगा मानों वह नीछे उतर खिसक रहा है। यदि बारिश हुई हो तो हम भी घर लौट सकते थे।

आगे बढ़ा।

कड़ाके दोपहर रंग में गाढ़ा भारी बेंगनी भट–कटैये गुच्छे का नज़र आया। लू के बीच बेंगनी फुल व कड़ा कांटे बढ़ाया हुआ है। कितना

घिनावना फूल होगा? उंगलियों पर चोट पहुँचाने के वजह उसे उखाड़ नहीं सकते। कंटीले डंटल तले एक छोटा काला कीड़ा छिपा हुआ था ताकि वह कड़ाके धूप में साया का लाभ प्राप्त कर सकें। धूप की रोशनी में अपनी पतली पैर हिलाते हुए दोबारा साये में छिप जाता था। उनकी चेष्टा एक मिनट पर पूरी हुइ। हर मिनट पर उसे चलना पड़ता था। यद्यपि अप्रिय बेंगनी भट–कटैये हमेशा के लिए वहाँ साया छोड़ने लगते थे।

आगे बढ़ा।

जहाँ–तहाँ खेत में हरी मक्की उड़ते थे। कई बार तौरिए पौधे, कई बार ज़मीन, कई बार मेरे हाथ और मुँह पर वे झपट लेते थे।

आगे बढ़ा।

ऐसे करने से मैं निर्भीक रहा। सोचा कि सोनपंखी अथवा बैंगनी भट–कटैये अथवा मक्की बनना उचित होगा। अष्टभुज मेरे से दो मीटर से भी कम दूरी पर है। जड़, रेत व जमीन को इकठ्ठे खींचनेवाली मंद आवाज़ मैं सुन सकता हूँ।

टीचर की चीख दोहराई गई। खड़ा रहा। खेत में तोरिए बौधे बौने लगें। धरती की पीली दीवार आंधी से अधिक क्षितिज को अवरूद्ध कर चुका था।

खेत की आंचल में टीचर बौना खड़ी थी। उनकी गुलाबी कमीज़ और सफेद दस्ताने पर हवा बह रहा था। क्षितिज़ पर इशारा कर रही थी । हम सब की नज़र भी उधर था। उनकी आवाज़ हवा में बह गया। लग रहा था कि रहस्यात्मक सपने में बात कर रहीं परी वह है। क्षितिज़ पर नीले रेत का विस्तृत खंड़ था। छोटा और अल्प तौरिए पौधों परहवा प्रहर करने लगा। गाज़र खेत पर रह–रहें बेंगनी भट–कटैये, खड़ा हुआ घास, भरचा, पंख व नुखीला किस्म के घास, हरी पुष्प बल्लड़ भी हवा की चपेट में आ गए। पवन चक्की घास भी मरूस्थल की ओरसे चकरा, उछला और गिर कर उत्तर पूर्व दिशा में आगे बढ़ा। कई लोग खेत में भागने लगें

जिनकी एक हाथ में हेट कसकर पकड़ा हुआ था और दूसरा उनकी कपड़ों की आंचल या गरदनी को पकड़ा हुआ था।

किसी ने मेरे सामने से भागा। 'जल्दी भागो। उस दिशा से चलों' कहते हुए मेरे ऊपर वह गिरा। देखा 'अष्टभुज' उसी दिशा में लांघ रहा है जैसे वहाँ वह सर्वेसर्वा बना हुआ है।

(लोग मेरे से होकर एक–के–बाद–एक गए)

अपनी पैर तले तोरिए खेत के बारे में वे सब भुलक्कड़ दिख रहे थ। टीचर ने कहा, 'पौधों को नाश मत करो'। मगर खेत सबको नुकसान पहुँचाया। कुछ पौधे पिसे गऐ। उनके बीज ज़मीन व रेत पर छितरे गऐ। काश्तीय नाव से स्पष्ट हुआ था कि उत्कृष्ट श्वेत कोना सुदूर उत्तर पूर्व दिशा में ही उड़ रहे है। सूना कि छिलके में अनेक बीज सरसरा रहे है। संभवतः वे भी उत्तर पूर्व दिशा में उड़ना चाहते थे।

कोई मेरी ओर से गया। वह हमारी टीचर निकली। उनकी एक हाथ मत्थे पर दबी हुई हेट पकड़ी थी। उनके केश मुंह पर ढ़के हुए थे। दूसरी हाथ नाक पर पकड़ी थी ताकि ज़हरीला वायु नियंत्रित किया जा सकें। नाम से उन्हें पुकारने के बावजूद वह अनसुनी रही। पूछना चाहा कि ऐसे क्यूं हो रहा है। सब किस्म के घास, कीड़े, मवेशी सहित वह खुद उत्तर पूर्वी दिशा में क्यों बढ़ना चाहते है?

धरती पर क्या हुआ है? मुझ पर मुढ़ कर भी वह नहीं देखी। मगर सीधी चल दी। देखा कि उसकी अति संवेदनशील पैर पौधों को कैसे कुचल डाला। कुछ बीज उसके धुंधले पाजामे और सफेद मोझे पर चिपक गऐ। चिल्लाना चाहा, मिस वांग, आप तोरिए के बीज ले जा रहे है? उसने अनसुनी कर दी। 'अष्टभुज़' के पीछे उसकी हुलिया देखा। वह तेज़ी से भाग रहा था। पवनचक्की घास गुच्छा उसका पीछा करने लगा।

मुड़ा ताकि पीली दीवार देख सकूँ।

सागरीय मंच के आधे से ज्यादा हिस्सा पीली रेत में डूब गया। जमी हुई सागर तरंग नज़र से चुक गया। होंगबू स्ताम जलमग्न हुआ। पीली

रंग का धूल हमारें सामने फैल गया। ज़मीन पर पटक रही आवाज़ दोहराने लगी आघात स्मरणीय रहा। धूल सागर मंच तले बिजली कौंधने लगा। बारिश की भारी बूंदे जमीन को भिगोया। दोबारा वह कौधने लगा।

किसी ने ज़ोर से चीखा, 'उधर क्यों खड़ा है? मरना चाहते हो'?

वह आवाज़ पिताजी की थी। मुड़ कर देखा। वे घोड़े पर सवार थे। 'अष्टभुज़' तोरिए पौधे को उखाड़ फेंक रहा था। घोड़ा मेरा पास दुलका। झुककर खेत से पिताजी आकर मुझे जीन पर रख लिया। हम दोनों उत्तर पूर्वी दिशा में बढ़े। स्तोम पार करने से पूर्व पवनचक्की घास गुच्छा हमारा पीछा किया। ढ़ेर एकत्रित तोरिए पौधे और बेंगनी भट–कटैये की कंटीले फूल के घोड़े ने पीस डाला। दुर्भाग्य से घोड़े पर सवार पिताजी और मैं यकायक विशाल रेतीला तूफान से कुचल गए।

लगा कि संसार भर अस्तव्यस्त अभिभूत हुआ है। पल भर संसार की सभी वस्तु बंजर भूमि में समेटे गए थे।

अधिक समय बीता। समझ में नहीं आया। उस दिन पीली आंधी क्यों आकर टपका। सृष्टि के सब जीव उत्तर पूर्वी दिशा में ही बढ़ने क्यों चुने?

समय बीतने लगा। कझाकियों से सुनता भी रहा कि हर वर्ष उलून बुरक से मरूस्थल पर बोगदा शिखर तक बीहड़ के कुछ तोरिए पौधे फलते–फूलते हैं। सड़क के इर्द–गिर्द, पंखे भरचा व चांदी स्पाँइक किस्मी घास सफेद क्षारीय समुद्र तट अथवा अन्यत्र अचानक सड़क पर कई बार सूरज़मुखी पौधे उगने लगते है। सदी–दर–सदी में उपनिवेश पर बेंगनी भट–कटैये की तरह एक–दो–तीन के अपने ही स्थान बनते जाएंगे।

अध्याय – 13

चांपनेवाला जूता जोड़ा–एक

घर के सामने बैठ चरखे पर माँ तागा बुन रहीं थी।

बगल पर दीदी ऊन चीरने में मदद कर रही थी। मैं उससे जुर्राबे बुनना सीख रहा था। एक अभागा पूरब पर्वत श्रेणी समतल पर दिखने लगा।

सर्दी का वह दिन बेहतरीन हुआ होगा। ऊँचा क्षितिज़ नील रंग से भरा था। धूप प्रज्वलित था। धरती की सब धूल ज़मीन पर एकत्रित हुआ होगा। माहौल बिन हवा बादल रहा। चन्द्रमा घनी नील क्षितिज पर छाया रहा। लग रहा कि बसंत पानी सतह पर बर्फ हलकी तैर रहा हो। कुछ समय बाद धूप में वह पिघल भी गया होगा सिवाय सूरज दर्शन। एक आंशिक सूर्य ग्रहण कायदा आ रहा है।

उस व्यक्ति को मैं ही पहले बार देखा। पर्वत श्रेणी मे उसे देखने के बाद सोचा कि दूसरा जैसे वह भी आएगा। लेकिन उनकी तरह वह नहीं था। पर्वत श्रेणी पर कुछ देर तक खड़े होकर चट्टान पर बैठ गया। मेरी निगाह अकस्मिक रहा। अनदेखी कर मैं अपने काम में लगा रहा। जीवन की पूर्वार्ध में पर्वत श्रेणी पर खोए हुए लोग को देखा। उनकी तुलना में ऊन की बुनाई नई चीज़ रही। बिन मदद माँ ने अपनी जुर्राबे बुनने सिखाई। वह बुनाऊ सुई के बजाय खेत से सुई घास की चार तिनकों को चुनने कही।

एक फंदे के बाद दो और फंदे बुना। माँ ने तागे का एक के बाद दूसरा टुकड़ा बुनाई। फाड़ा हुआ सभी ऊन माँ को मैंने दिया। पूरा दिन सूरज अपनी अक्ष पर परिक्रमा करता रहा। परिणामतः चन्द्रमा की रोशनी मंदकर होता रहा।

सिर उठाकर चट्टान पर बैठा उठा अभागा को देखा। मेरी स्मरण में वह अभागा गौण रहा मोटा ध्यानाकर्षण नहीं किया।

एक और फंदे को बुना। देखा यदि अभागा खड़ा होकर आगे बढ़ रहा है। संदर्भ में उस पर नज़र डाला। सोचा कि वह चलेगा। ऐसा नहीं हुआ। कुछ कदम चलने के बाद वह रूक गया। झुका और काम किया मानों अपनी पैर पर ही कुल्हाड़ मार रहा हो। चलने से रूखा और चट्टान पर बैठ गया।

मेरा अनुभव यह रहा है कि चलने से इन्कार करते हुए वहाँ बैठा हुआ है। यह एक अजीब किस्सा था। उसे मैं दिमाग से निकाल दिया। बुनाई की खात्मा के बाद सुई की नोंक निकालकर दूसरे फंदे की शरूवात की।

एक गरूड़ सिर पर मंडराया। सुसंगत टिक–टिक कर रही घड़ी की तरह विशाल क्षितिज़ पर वह धीमी गति में मंड़राता रहा। काला स्तोम से नमी ज़मीन पर अकेले ही वापस होकर मंड़राता रहा। लग रहा था कि वह विशाल जगह घिरा हुआ है।

सबसे ऊँचा सूरज विशाल धरा का एहसानमंद है। अंतहीन ब्रह्मांड़ का अंतहीन विशाल धरती पर चन्द्रमा को वह ढ़क कर स्वयं क्रांति से प्रज्वलित है।

लगा कि धूप की किरणें मेरी मस्तिष्क में प्रवेश किए हुए हैं। उनकी भेदन की चरचराती हुई मैने ध्वनि भी सुनी थी। साये पर एक छोटा तिपाई मैंने सरकाई (स्टूल)। खड़े होकर देखा कि चट्टान से उठा अभागा चल कर दोबारा वहीं लौटा। सचमुच यह मेरा ध्यानाकर्षित किया।

जैसे ही ढलान की बज़री पर चलकर वह रूक गया, दीदी और माँ भी उन्हें शक के दायरे में देखने लगे। क्षारीय मिट्टी से आवृत घर के पास ही ज़मीन ग्रीष्म थिगली से भरी थी। दिल से घबराहट वर्णनातीत रहा। माँ और दीदी को देखा। महसूस किया कि दोनो विचलित रहें। माँ दीदी से कहने लगी थी, 'अभागा शायद बीमार होगा। हमें क्या करना है, छोड़ो'। दीदी ने अपनी तिपाई आगे बढ़ाई ताकि घर के सामने पहुँच रहा अभागा प्रतिरक्षित तिपाही पर आराम से बैठ जाए। हमारे सभी काम स्तब्ध रहें। माँ के चरख पर नज़र डाला। अधूरा ऊन हिस्सा उधर पड़ा हुआ था। माँ की दीदी को दिए आदेश कभी नहीं भूलूंगा। उसने कहा था, 'वह अभागा'। दीदी और मैं उस समय अनजान थे कि वह अभाग क्यों हुआ।

अभागा हमारी दरवाज़े पर आया। सुखद मुस्कराहट से तिपाई को देखा। अत्यधिक मुश्किल से चलकर तिपाई के ऊपर बैठने के बाद हमें अभिवादन किया।

'दुनियादारी' बात के पश्चात् पता चला कि वह किसी जगह का चरवाहा था। विवाहित बेटी से मिलने बीटा स्तोम पर आया और उसी समय उसे लौटना था। बेटी की घर से आज सुबह निकल पड़ा। रास्ते में किसी कार की प्रतीक्षा किया ताकि घर जाने की सहायता वह मांगे। वह नहीं हो पाया। माँ ने उससे पूछा उसकी बेटी कौन और किधर रहती है। बिन बेटी के नाम बताते हुए उन्होंने कहा कि यहाँ से 30 कि.मी. दूर बीटा स्तोम की ऊँचाई में रहती है। संभवतः माँ ने अंदाजा लगाई और पूछी उसके परिवार जन उन्हें विदा करने क्यों नहीं आऐ। उसने कहा कि बेटी गर्भवती थी और दामाद बिन टांग अपंग है। माँ स्वयं गड़बड़ाई, पूछी, 'घर में और कोई आदमी अथवा घोड़ा नहीं है?' अभागा गम्भीर रूप से नकारा। वर्णन किया कि यदि वे हों तो भी उससे उन्हें कोई लाभ नहीं मिलेगा। 'यदि मैं घोड़े को ले भी जाऊँ तो उसे कौन वापिस लाएगा? सौभाग्यवशः मेरी टांगे स्वस्थ हैं। पैदल से मैं वह फासले तय कर सकता हूँ। माँ ने पूछी 'क्या आप अस्वस्थ नहीं होंगे?' सफेद मोती दांत से

मुस्कराया अभागा 'नहीं, इतना गम्भीर नहीं होगा। संभवतः मैं थका महसूस कर रहा हूँ'।

दोनों की बातचीत में माँ की चरख स्तब्ध रहा। अधूरा ऊन पर एक काली चींटी चढ़ी। रेशे में फंसने के बाद बाहर निकल न पाई। वह भाग निकली। दीदी और माँ चाय उभालने घर लौटी। जब दरवाज़े के सामने चरवाहे और मैं बैठे रहे। माँ ने सभी लाल या काली चींटे पर अनदेखी की।

देखा की हमारे दरवाज़े के सामने काश्त खंबे की साये में कपड़े सुखवाए जाते है जो उसकी साया अभागा की एक पैर पहुँच रहा था। उनके पैर तले एक काला कीड़ा जा चुका होगा। शायद माँ से फेंकी गई चींटी होगी। उनके पैर में एक नए शालीन व सुन्दर जूते जोड़े देखा। उसके ऊपर काफी धूल छिपका हुआ था। जूते जोड़े सचमुच चमक काली चमड़ी से बना हुआ था। उनकी बनावट व कारीगरी उमदा लग रहा जिसे अमीर ही पहन सकते थे। सूरज साया उनके उग्र भाग पर गिरकर सफेद रोशनी के किरण परावर्तित होता था।

अभागा मुझे देखा। अपने पैर पीछा लिया। उनकी जूते घूप की किरणों से दूर हुआ। जेब से एक टुकड़ा पनीर लिया और मेरी हाथ पर रखा। पूछा कि क्या मैं स्कूल नही गया? कितने भाई–बहने होंगे? इधर ठंड़ बढ़ी है? सोचता रहा कि अभागा क्यों नए जूते जोड़े को पहनकर संपूर्णतः पैदल चला आया है।

चाय बनते ही अभागा अच्छी चुस्की ली। दुनियादारी बाते नहीं की। गम्भीर रूप से चारगाह में प्रतीक्षा करने की दस्तूर सर्वेसाधारण है। चाय पीते ही मेहमान चला जाएेगा। वह आपत्तिजनक नहीं रहा।

मेहमान से विदा करते समय उनका अभिवादन किया। हमने कामना ज़ाहिर की कि जो हमारी घर में आकर चाय पीएगा वह क्लेश व दुर्भाग्य से सचमुच दूर रहेगा। अभागा कुछ ही दूर जाकर लौटा और हिचकिचाहट से कहा, 'आप से मदद मांग रहा हूँ। मालूम नहीं कि आप से कहूँ या न'।

माँ ने कहा, 'कहो, यदि हम मदद कर सकते हैं तो जरूर सोचेंगे। अभागा तिपाई पर बैठा और शर्म के मारे जूते जोड़ा दिखाते हुए कहा, 'यदि आप के पति के पास पुराना जोड़े जूते हो तो मुझे दे सकते है'? देखिए! इससे (जूते जोडा) बर्दाश्त नहीं कर पा रहा हूँ'। बाद में उसने सुंदर जोड़े जूते देकर उसे विदा की। हमने देखा कि उन की पैर की चमड़ी फटकर खून से भीगा हुआ है।

वह सुबह ही पहना था। बाद में उसके भीतर पैर सुखद नहीं रह पाया। ऐसी कीमती तोहफे उन्हें स्वीकारना नहीं था। क्योंकि वह अमीर नहीं था। दामाद के आग्रह से उसे लेना पड़ा था। स्पष्ट रूप से दामाद की बातों पर विश्वास करना पड़ा। दामाद ने कहा था कि अपनी बेटी की शादी करवाने के लिए चरवाहा ही जूते जोड़े को बनवाया था। उनकी अपंग जीवन में उन्हें वह ही पहला जोड़े जूते रहा। मगर शादी के पश्चात् उनको पहना ही नहीं था। सोचा था कि इनता सुंदर जोड़े विकलांग के लिए लायक नही है। उसे पहनना बेकार होगा। अतः अत्यंत आदरणीय ससुर जी को वापिस करने पर राज़ी हुआ। अभागा ने महत्व दिया था कि दामाद की अधिक प्रयास से उन्हें वापिस लेना पड़ा। वरन् उसे सुबह ही अस्वीकार कर सकता था। वह जोड़े खुद की पैरों के लिए अत्यधिक छोटे थे। बच्चों की पुत्र भक्ति से पहना, खुशामदी का नाटक किया और आंसुओं के साथ विदा हुआ। वह सोचा भी नहीं था कि पर्वतीय सड़क पर चांप रहे जूते जोडों का आठ घंटे से अधिक समय तक तीस कि.मी. तय करना उसे पीड़ा भोगना पड़ा।

दबे गले से उनकी व्यथा सुनी। सिर उठाया। गरूड़ कहीं नज़र न आया जबकि क्षितिज़ पर सूरज प्रज्वलित था।

उनकी किस्सा सुनकर माँ ने एक पुराने चमड़े जूते सहित एक सूती खिरमिच जूते जोड़े अभागा के सामने विनम्रता से रखी। कुछ समय तक वह शर्मिन्दगी के मारे सोचता रहा और तय किया कि किरमिच जूते जोड़े पहनाया जाएं।

अभागा के मुँह पर दिखी भावुक मुस्कराहट को मैं कभी भूल नहीं सका जब वह खुद को 'अभागा' बोलकर पिताजी के किरमिच जूते जोड़े पहना। माँ भी उसे अभागा ही समझी।

उन्होंने कहा, 'ओह! कृपा भी कभी बोझ बन सकता है। अल्लाह, अब आपके सामने एक गरीब अमीर पहनने लायक जूता जोड़ा पहना है। अच्छा! संसार विशाल होने के बावजूद चांपनेवाला जूता जोड़ा पहना हुआ व्यक्ति कुछ भी नहीं कर सकता। बिन हवा सर्दी में अभागा सोचा भी नहीं होगा कि चांपनेवाला जूता जोड़ा अपनी बेटी की पूरी जीवनी में सबक सिखाएगा।

कई वर्ष तक पहना हुआ हर जोड़ा जूता रखना चाहता था ताकि वह मेरी पैर को दुखी न करें। अभागा को चांपी जोड़ा जूते को स्वेच्छा विरूद्ध पहनना पड़ा। हरेक व्यक्ति आशावान् होना चाहिए ताकि रंगीली जीवन का विशाल संसार में सुध ले सकें।

संसार वाकई विशाल है।

सुंदर आंशिक सूर्य गृहण देखने के बाद अकसर मैंने याद किया जब अभागा का विदा हुए ज्यादा दिन नहीं थे। वह सुन्दर शरत् महीने का दिन था। एक धूमूवत् काली कांच की टुकड़े (समतल) लेकर पर्बत के ऊपर खड़े रहे ताकि सुंदर सूरज की चक्रिका को अवरूद्ध कर रही चन्द्रमा को देखा जा सके।

अध्याय – 14

चांपनेवाला जूता जोड़ा – दो

पिताजी अप्रैल महीने के पूर्वार्ध में घर से निकले। एक महीने तक वे नहीं लौटे। कहा कि बिन कार चढ़ाई पर उन्हें कोई नहीं ला सकें। कड़ाके सर्दी के वजह वे गिरी पीठ में फंस गए।

जो भी हो, पिताजी सर्दी के अंत तक घर लौट आऐ। दियासलाई बत्ती के समाने शाम को उन्हें घेर लिए। पीली ट्रावल बैग में उनसे लाए तोहफे का प्रतीक्षा करते रहे। निकट संबंधी की वापसी से हमे अत्यधिक सुखद अनुभव हुआ। मां, दीदी, छोटी बहन व भाई की बारी के बाद वर्गमुंही लाल चमड़ी जूता जोड़ा मुझे मिला। तोहफा लेते समय जूते जोड़े को बैग के सबसे नीछे रखे हुए थे। घिसी पिठी किरमिच जोड़े के साथ नई चमड़ी जोड़े का तुलना किया। पिताजी मेरे नज़दीक आकर सिर पर हथेली से दबाने लगे। पता था कि मैं बसंत महीने में किरमिच जोड़ा ही पहन रहा हूँ। पिताजी ने चाहा कि नऐ जोड़ा ही पहनकर मैं सबको दिखाऊं। दबी गले सहित मैं बिलकने लगा। गत ग्रीष्म में उन्होंने एक नए जोड़े खरीद लाने का वायदा किया मगर बर्फबारी से पूरा पर्वत श्रेणी की नाकेबन्दी हुई। चरगाह की गाड़ी भी टूट पड़ी थी। माल लाने में उसे दिक्कते पैदा हुई। चरगाह की कपट खाली रहें बावजूद नील व सफेद सूती कपड़े की स्टॉक्। मज़बूरन सर्दी में दो साल से फटा हुआ किरमिच जूते जोड़े ही पहनकर रहना पड़ा। सॉइज़ में छोटे लगे और

आकार में भी वह मुड़े रहें। जूते चांपने लगे और बाकी बच्चों के साथ खेलते समय सुखद अनुभव देता रहा।

सुखद अनुभव के साथ एक नया जूता जोड़ा पहन लिया। जैसे ही उत्साह से मेरे पैर जूते के अंदर डालते ही सॉइज़ में छोटे हो गऐ। पैर की उंगलियाँ सख्त चांपने लगे। पिचिंड़िका के पतली त्वचा किण्टित लोई की तरह बाहर आने लगा। निरूत्साह से महसूस किया कि यदि यह जोड़े पहनूँगा तो वाकई मैं मर जाऊँगा। परिवार जन से अपनी दुःख का संकेत नहीं बताया। पिताजी व माँ ने जरूर बेखूबी के बारे में समझा लिया होगा। उन्होंने पंजे और एड़ी को खूब अंदर कर देखे कि क्या वह चांप रहा है। पता चला कि यदि मैं 'हां' कह दूँ तो नए जोड़े का रिश्ता तुरंत समाप्त हो जाऐगा। छोटी बहन पास ही खड़ी थी। तिरछी नज़र से उसे देखा। उसकी जोड़ा जूता भी सही नहीं थे। यद्यपि वह पतला जोड़ा मौसम अनुसार पहली थी, उसका बकसुआ (बकल्स) गिरा हुआ दिखा कि इससे पूर्व किसीने उसे पहन लिया होगा। मेरे किरमिची जोड़े से भी वे बदस्तर थे। दियासलाई बत्ती की मंद रोशनी देखा कि उनकी पैर पुआल तखिऐ पर खड़ा था। परिवार में इस्तेमाल की गई जाडू से यह स्पष्ट था। तिरछी नज़र से देखने पर भी छोटी बहन मेरी आँखों के भीतर छिपी घृणा को समझ नहीं पाई।

सिर सीधा किया। परिवार जन देख नहीं पाऐं। हरेक अपनी काम में लगे रहें। पुआल की तिनका उठा लिया और फेंकने का अभिनय किया ताकि लाल जोड़े जूते पर उनकी नज़र चुके।

उस संदर्भ मे कहा था कि जूता जोड़ा मुझे प्राप्त है। इसके लिए सर्दी के बहुत दिन से प्रतीक्षा कर रहा था। रात सोने से पूर्व पैर सहित जुराबे साबुन डालकर झाग से बखूबी धोया। लाल जूता जोड़ा को कटिये के नीछे रखा। दीदी व छोटे भाई के जूते पहले ही रखे हुए थे। नई सैनिक के रूप में लाल जूते जोड़े कटिए के नीछे अति दूर पड़े रहे। मेरी उनको पहनने की हर प्रयास नाकाम रहा। नींद में खो जाने तक मेरी उत्सुकता वर्णनातीत रहा जैसे रात में पधारे आगुंतक के जोड़ी।

नए जोड़े जूते के अगले दिन का सपना टूटा। अभी सवेरा दूर रहा। रंगाई से दूर दीवार पर घूरा। चीज़ जहाँ तहाँ बिखरे दिखें। खिड़की से बाहर क्षितिज़ प्रज्वलित होने में कुछ समय लगता था। नज़रे लुका–छिपी सर्दी के बादलों की कतार विशाल पंखे का स्वरूप धारण कर लिया। पंखे की लालिमा से रंगाई हुई थी। लगा कि वसंत का सुन्दर दिन जरूर खुलेगा। याद किया कि शारीरिक व्यायाम पीरियड़ में काला स्तोम चढ़ावे के बारे में जानकारी मिलेगी। एक स्प्रिंग के जरिऐ नए जोड़े जूते पहने जाने की ख्वाब देखा जो असंभव था। सब का जागने तक निस्सहाय व एकाकी बिस्तर पर लेटा रहा। असंतुष्ट सुनकर जागरूकता से नया जोड़ जूता पहन ली। चट्टान पर बेठकर देखा कि एड़ी से जुर्राबे में खून बह रहा है। हरेक कदम चोटी चाकू से काटे बकरी की हड्ड़ी लग रहा था। घर के पास मेज़ पर कुशल चरवाहा गर्दन हड्डी मज्जे के उलीछ रहा था। विशेषकर कझाकी चुरी यह काम कर सकता है। मौके पर मीट निकालता था। चरवाहे के मुंह से आनंद लहरें उड़ने लगते थे। मुंह पर एकत्रित चिकनाई को धार से लेप कर वह अगली हड्ड़ी के नमूने के काम में लेता था। पिताजी ने कहा, आराम लोग उसे खाते है। पूर्व समय परिवार से फेंकी हड्ड़ी पर ध्यान दिया जाता था कि वह परिवार अधिक मंदी से झूझ रहा है। किसी के पास खाना खाने का समय नहीं था। लेकिन खानपान व कपड़े पहनने में अनिच्छुक थे। स्वादिष्ट भोजन उनके लिए दुर्भर था। हड़बड़ी मची तो लोग सोचते थे कि हड्डियों चूसने अन्यत्र जा सकते है। हड्ड़ियाँ अत्यधिक अपेक्षित माना जाता था।

आँखें मूंद ली। लगा कि चरवाहे पैर तले एड़ी को कझाकी छैला चाकू से नहीं जंग लगी पुराना अस्त्र से काट रहा है। उससे ईंट का छप्पा भी तोड़ नहीं सकता । चक्कू कितने भी मज़बूत हों दूसरों की नज़र में मेरा नया जूता जोड़ा आता था। कुछ भी करने का अधिकार नहीं रहा सिवाय संतृप्ति। चेहरे पर मुस्कराहट ओड़ ली।

गिरी पीठ तक बच्चों का एक समूह का साथ दिया। वे शिखर पर चढ़ाई कर रहे थे। टीचर से आदेश के बाद कोई बच्चा मेरे ऊपर सोच

भी नहीं सकता था। सुंदर जूते जोड़ें की चांपने के वजह मुझे गिरिपीठ पर ही रहना पड़ा। शारीरिक व्यायाम पीरियड़ के टीचर ने पूछा कि अस्वस्थ होकर कक्षा में क्यों आया। प्रत्यक्षतः उसने मेरी हालत नहीं आजमाया था। उपेक्षित बच्चे ही मुझे देखकर उपहास करने लगे, 'नए जूते के साथ चोटी तक चढ़ना चाहिए'। इधर ही रहकर जूते पर ख्याल रखों। घूर कर मैंने देखा और अपदूत कहा 'सवेश्वर तेरी बुरी नज़र मुझसे हठा। वे लाल जोड़े जूते ही देख सके सिवाय कुछ और नहीं'। सभी चलने के बाद गोल मटोल मुस्कान से भरी शारीरिक व्यायाम टीचर सामने आया। वह अप्रसन्न था। उनकी अवज्ञा से मैं शर्मिन्दा रहा। कहा, 'बच्चे चढ़ाई पर जाते समय, खुद को ख्याल रखो'। शायद उसकी दिमाग में आया होगा कि नऐ जूते जोड़े के लिए बलिदान दिया व्यक्ति आगे नहीं बढ़ पाएगा सिवाय उन जोशीले बच्चे।

अतः गिरी पीठ पर रहा। मैं और उनका लाल जूता जोड़ा। हम पूर्ण भावना में आ सकते थे मगर यह नहीं हो पाया। जूता जोड़ा उठाकर खाईदार टांड़ पर रखा। खून से भीगी जुर्राबे निकाली, ऐड़ी व पिचिंड़िका काले रंग हुए थे। खून की धब्बे से त्वचा मर चुका था। पैरो को कष्ट पहुँचाया गया था। खुद पर कभी मैं एहसानमंद नहीं था। मैंने अपने से कहा, 'देखो, अपनी पर कितना तरस खाऐ हो'?

पास में देखने लगा। कोई नहीं था। बच्चे चट्टान और स्तोम पर बिखरे गोलाष्म पर रेत में पानी गिरने की तरह खिसके हुए थे। घास हवा की झोंको से मुरझा गए थे। उसके नए तिनके उभरने लगे थे। मुरझा हुआ घास के तिनके हवा में तैरकर नई पत्ते छोड़ने लगे। श्वेत तुशार सहित शरत् घास की थिगली वैसे ही रही। मेरी मिज़ाज़ का उम्र सैकड़ों वर्ग पहुँचा। विकराल व भयानक स्थिति पहुंचा मानों सारा संसार मुझसे परित्यक्त है। अभिजात समूह मुझे एकांत में त्याग दिया है। ट्रेन रवाना हुई। स्टेशन पर ही रहने लगा। वहाँ से लौटने का दिल नहीं आया। मेरे बारे में न कोई जानता न स्वीकारता की मैं अधिक जीवित हूँ।

अभिव्यक्ति रहित लाल जूता जोड़ा का मुँह खुला। उनकी आँखें अदृश्य पाए गए। किसी महानुभव के सलाह से मृत हो चुके थे। कई वर्ष बाद मैंने सोचा कि आपत्तिजनक मुंह के मुकाबले में आँखों से देखना सर्वोपरी है। मैंने मज़ाकिए से सोचा भी था कि वह कितना अच्छा होता था कि जूते जोड़े की भी अपने आँखें होते। पिताजी उस दिन जूते जोडे बैग से निकाले थे। महानुभाव की सलाह पर उसे अस्वीकार कर देना था। उलझन से संतृप्त होने का नाटक किया जा सकता था। उस के आँखें कहीं भी हो सकती है। धारक उसे न देख सकता बावजूद बिन पहचान जानने की चेष्टा करते। किसी की नज़र में आप कह सकते है। कि उनसे अनुरक्त या घृणित, स्वीकृत या तिरस्कृत, समर्थित या अति सावधान हैं।

सब की अनुपस्थिति में चट्टान पर अकेला बैठा। चोटी पर झंडा दिखने तक वहीं रहा। बच्चे एक–के–बाद–एक लौटकर समूह में हांफते थे। मेरे बारे में किसी को न पता चला कि मैं जूते जोड़े, जुर्राबे निकाल कर टांड पर रखा था। पता था कि रोया, ड़रा हुआ खुद को महसूस किया। निस्सहाय रहा और पछताया भी। एक काली कीड़ा को रौंदकर मार डाला। अल्पायु ढ़ेर घास, पत्थर और नया जूते जोड़े पर चढ़कर मेरी दोस्ती कबूल नहीं की। नासमझ कीड़ा शायद लाल जूता जोड़ा कझाक स्तोम पर देखा भी नहीं होगा। वह उत्सुक था। लक्ष्यहीन एक जूता दूजे के बीच रेंगता रहा। मेरी नाराज़गी पर आरंभ में वहाँ पहुंचते ही फंदे से बचने उसकी श्रंगिका परेशान रहते थे। उसकी उपहास दुर्गाह्य सलाह से भी अधिक मुझे दुःखी कर दिया। सरहद से बाहर घूमते रहने से मेरी नाराज़गी सीमा पार हुई। एक नुकीली पत्थर से उसकी श्रंगिका काट दी। पैर रहित बदन को रौंदे कर मार डाला। क्योंकि वह मुझसे नकरा कर रहा था। सोचा कि वह एक जड़मति जीव होने के नाते उसका मैं अंत कर दिया। लेकिन खुद मैं जड़मती रहा क्योंकि कोई मक्की भी जूते के अंदर संरक्षण के लिए जा नहीं सकता। कीड़े अत्यधिक फुरतीले होते है। मरने के बाद उनसे खून नहीं आता सिवाय मवाद मानो समूचा बदन मस्तिष्क बना हुआ हो।

शाम तक मेरा घमंड़ हवा में बह गया। दरवाज़े पर पहुँचते ही आखिरी तिनका पहुँचा। काश्तम्बार के निकट खूंटी की तरह खड़ा रहा। सभी मौसम का वह शिकार होकर टूटा–फूटा पड़ा था। मल के ढ़ेर से विचलित कौंए जगह छोड़ा। वसंत के शाम लाल जूता जोड़ा हल्की से निकाला। सोचा कि उसे सदियों तक पहनकर पैदल चला हूँ और अब आराम की जरूरत है।

पिताजी, माँ और दीदी को वहाँ आते हुए देखा। उन सब पर मेरी अनुकंपा रही। उनको कोसना जबरदस्त अन्याय होगा। जूता जोड़ा पहनने का क्या यह तरीका है?

यह स्पष्ट था जब लाल जोड़ा पहनने का अनुभव उल्टा रहा वह मेरे से जुड़े नहीं थे। पैरो तले जूता उतारने का वह लम्हा में मिला जो आराम व कृपा को जिन्दगी में कभी मैं भूल नहीं सकता।

अध्याय – 15

चांपनेवाला जूता जोड़ा – तीन

गिरी पीठ पर नमक लाने मैं एक शाम पहुँचा। विकलांग बढ़ई ली रास्ते मे मिला। उनका दो टांग नहीं थे।

सर्दी तेज़ रहीं। सूरज क्षितिज पर रहा । फिर भी हल्की धूल और धुंधला सा तुशार सूरज की नज़र रोकने लगा। लग रहा था कि ऊंट का बाल गुच्छा का अप्रासंगिक क्षितिज तक फेंका जा रहा है। मुढ़ कर हवा की गति से ठंड महसूस करने लगा। सांस को रोका ताकि ठंड हवा में श्वासं न ली जाए। वह अत्यंत कठिन रहा। दोबारा सांस लेनाशुरू कर दिया। कुछ राहत महसूस किया।

टांड़ पहुँचते समय धुंधलासा पदचिह्न का सरसराला सुन लिया। नाल बदलने के लिए परेशान था जब बढ़ई ली आने का महसूस किया। टांड़ तले खड़े उनकी प्रतीक्षा की। मुझे आश्वस्त करना था कि वह मेरी ओर नहीं आ रहा है अथवा वहीं हो तो उसकी इंतज़ार करूं। कारण उनकी दोनों टांग खराब थे। कुछ देर के लिए काश्तीय टांड तले मैं खड़ा रहा। घरों की कतार की दाहिने ओर पहुँचा। उदग्र भाग के काला प्याज़ तखिया कोट वह पहना था। वह खेत की मेंड जैसे लग रहा था। नील रंग के पाजामें और कपीली सर्वीज टोपी पहना था। गर्दन पीछा किया हुआ मैंने उसे देखी। उन पर हवा बहने से मैंने रोकी। उनकी बगल में एक सोय बोतल था। महसूस हुआ कि उसे कभी मैं रोक नहीं

सकता था। दिल पर हिमपात होने लगा। फिर भी मैं गिरी पीठ की एक छोटी दुकान जा रहा था। टांड के नीचे मैं एक हताश वृद्ध घोड़े की तरह खड़ा रहा ताकि दिल भर हिमपात जारी रहें। कुछ देर तक भी उसका रूखने का असार नहीं था। अतः बढ़ई ली के पीछे हताश खड़े होकर छोटी दुकान पहुँचा।

दुकान के पीछे चट्टान से भरी स्तोम मे बकरी समूह उछल कूद रहे थे । यह महसूस हो रहा था कि समूह में कुछ हड़बड़ी में हैं। पता लगा कि चरगाह में घास का निशान नहीं था। ग्रीष्म की आखिरी दिनों में घास नहीं उग सकता था। शायद बकरी ही सब खा गए होंगे। कई बार, याद करते समय बकरियाँ जानते होंगे कि इन्सान की समझदारी उनकी मुकाबले में नगण्य है। पहाड़ या चट्टान चढ़ने की कुशलताओं में बकरियाँ अग्रसर हैं। इन्सान उन्हें निकृष्ट अथवा नासमझ मान लेता है। शायद बकरियों के समूह ली को पहचानते भी होंगे। टिड्ड़ियाँ जैसे उपेक्षा कर जंगलू की तरीके से वह स्वयं निपटता था।

बढ़ई हमेशा हतोत्साहित रहता था। उनकी पैर तले नमी सड़क भी असमान रहता था। उनकी टांग की इतिहास स्तोम के हरेक कझाकी जानते थे। कई सर्दी पूर्व वह सुन्न हो गए थे। चरवाहों के लिए बनें नए वन संरक्षण धरों में दरवाज़े व खिड़कियाँ बनाते समय वह कमसीन था। घर लौटने समय बर्फपात का शिकार हुआ। देहातों से सुदूर पहुँचा। कई दिन बाद उन्हें पहचाना गया। उनकी हाथ के दस उंगलियाँ सहित दोनों टांगे शिथिल हुऐ। डॉक्टर शस्त्र क्रिया से उन्हें काट दिए थे।

अकसर हम उसे अंगुष्टे व हथेली की मांस से सिगरेट पीते हुए देख सकते थे। कार्यशाला में हाथ के जरिऐ समभाजक से लकड़ी तख्तें जोड़ता ही नहीं बल्कि तिपाही पर कील टोकने छोटी हथोड़ी प्रयोग भी करता था। अच्छे दिनों में वह एक कुशल बढ़ई था। नई घरों में अब उन खिड़कियाँ नहीं बिठा सकता। अपने घर में वृद्ध माँ के सिवाय और कोई नहीं थे। अतः वह खाना, कपड़ा, चिकित्सा व बीटा स्तोम इलाके का दफन खर्चे का हकदारी परिवार बना था। उनकी घर के सामने पड़ोसी

से इकठ्ठे गंदगी अथवा चिकन से चुगी कोयले लक्कड़ का ढ़ेर सफाई मे हाथ बंटाना पड़ता था। स्वयं मा के साथ हम सबकी उदारता की तारीफ करने लगते था। एक ही झटके में अपनी टांग उठाने के लिए स्वयं रचित 'कृतक टांग' अधिक छांव से वह दिखाता था। वह काश्तीय टांग व पैर का जोड़ा था। पीली रंग से शरीर सादृश रंगाई किया गया था। उज्वल व चमकू होने के बावजूद असली त्वचा की पारभासी लालिमा उनमें नहीं था। पिंडली व पैर के बीच टिन प्लेट जोड़ा गया था। टकनी आराम से अधिक रफ्तार से चलने लगते थे। उनकी पाज़ामें के भीतर टांग की स्वयं कारीगरी के बारे में अनेक हैरान् हुए थे। उनकी उपनाम की लड़की इस इम्तिहान् में उत्तीर्ण हुई। सुन्न अवस्था में मशीनी छेधक की ऊपरी व निचले सख्ती से पकड़ी गई।

ली के दोनों टांग देखने के बाद ख्याल आया। मेरी टांग काश्तीय बनकर टकनी के साथ टिन प्लेट से जोड़े जाऐंगे। आराम महसूस करने उन्हें मैं निकाल फेंका। पैर तले बिन साफ सड़क पर चलने में यह उत्सुकता बढ़ा सकता था। स्तोम पर बकरियाँ भी उछल कूद रहे थे। चट्टान से गिरा छप्पा गिरी पीठ में बंधे हुए स्पीकर के साथ टकराई। उसकी आवाज़ से बढ़ई ने महसूस किया कि उन पर सख्त नियंत्रण किये जाए।

उनकी टांग देखने मैनें पीछा किया। सोचा कि टिन प्लेट से टकनी जुड़ा पैर देखू। लोहा और काश्तीय संयोग पृथक कैसे क्रियारत है? यकीन हुआ अपंग कैसे सुचारू चलकर जमीन पर उमदा पदचिह्न छोड़ सकता है। उनकी पैर की आवाज़ से मुझे लगा कि मुंह भर रेत लील लिया है। सांस रोक ली और आँखें मूंदी। इस भावना को हटाना चाहा लेकिन नहीं हो पाया। भयानक आवाज़ विकल्प रहित ऐसे लगा कि हम ग्रीष्म से सर्दी पहुँच रहे है। हवा में उछला मगर सर्दी का प्रकोप इतना तेज़ रहा। अपनी हाथ खींच लिया। मेरी खिरमची जूतों पर नज़र डाला। बढ़ई के पैर को भी देखा। बेचारा गरमी में सैनिक पहन रहे पीले जूते जोड़े पहन रखा है। सच्चाई में यह विडंबना ही है। तापमान की बदलाव से उसके टांग पर असर नहीं होता। हर कज़ाकी इसके बारे में जानता

है। बढ़ई सर्दी मे पहने जूते को दिन–ब–दिन ठंड बढ़ जाने पर भी पहना रहता था। मेरा अनुभव इस कारण मिलाझुला रहा। लोगों के मन में उनकी धारणा अलग रही। उसकी आदते भी धीरे–धीरे बदलने लगे।

दुकान पहुँचते ही देखा। दो लोग के बीच वाक्‌युद्व जारी था। बढ़ई और मैं तमाशा देखते रहे। मोटी काउन्टर महिला और ग्राहक हज़ाम अभिनेता रहे। दोनों चालीस साल के हम–उम्र के थे। झगड़ा करना मामूल था। हज़ाम ने ली से बोला कि सर्दी में उसकी ज़नानी उन्हें एक जोड़ा चमड़ा जूता खरीदा। वे छोटे साँइज़ के निकले। काउंटर महिला वापिस नहीं लेना चाहती। काउंटर महिला उसे झूठा बोली। जनानी जीवन भर रही। कैसे वह अपनी पति के लिए गलत साइज जोड़े खरीदेगी? महिला उसे विनिमय करने को कही लेकिन वह मना करने लगा। बदले में पुराना जोड़े खरीदे। उससे यह कर सकता है? आप ही बताइऐ। कौन सही होगा? हज़ाम खुद की तारीफ करने लगा। काउंटर महिला उसका विरोध किया। हज़ाम ने जवाब दी। ऐसे ही उनके बीच नोकझोक ज़ारी रही।

दुकान के सामने बास्केट बॉल मैदान में लोग आते जाते रहे। धुंधला सुबह कोई भी नज़र नहीं आए। ली और मेरी दुकान जाने के सिवाय और कोई ग्राहक नही थे। वहाँ दोनों के बीच झगड़ा जारी था। मैं तो छोटा बच्चा था। बढ़ई ली संदर्भ में फैसला ले सकता था। लेकिन वह पीछे हटा। बादल इकठ्ठे होने लगे। हवा बहने लगी। धूल से आवृत बास्केट बॉल मैदान से धुआं उड़ने लगा। दुकान में चूल्हा कोयले से चलता था। वह अचानक शोला बढ़काया। काफी देर हम रहें लेकिन चूल्हे से अचानक आग नहीं निकला। हवा की बहाव से ऐसा खतरा टल गया। बढ़ई कॉउंटर पर झुका हुआ था। उसकी बोतल वहीं था जिसपर हवा सहित मेरी बिंब पड़े थे। बोतल पर मैं बदसूरत निकला। बढ़ई हज़ाम से कहा, 'झगड़ा बंद करो। जूते जोड़े मुझे बेचो'।

सन्नाटा छाया रहा। चूल्हे की आग हवा से दूर हुआ। धुंऐ की दूजा फूंक हवा में उड़ी। वह दुकान की छत पर पहुँचा। हज़ाम अपनी नाक

रगड़ा। कुछ समय बाद ली से उनकी जोड़े का सॉइज़ पूछा। मुस्कराहट सहित ली ने जवाब दी– 41, 42, 43। हज़ाम ने कहा उनकी साँइज़ अति कम है। बिन देखें हज़ाम से वह सीधा पूछा कि खरीदे जोड़े की साँइज़ क्या होगा। हज़ाम का जवाब 40 रहा। ली कोयले की बोरी पर अपनी पीली रंग सैनिक जूते के सहारे बैठा। कहा, 'बोलो मत, वापिस नहीं कर पाते हो। इसी लिए मुझे दे दों। इससे काँउंटर की मोटी महिला और खुद निश्चित रहें'। इसके बाद हज़ाम तक अपनी हाथ बढ़ाया। हज़ाम अपना काला रंग जूता जोड़ा ली के हाथ हस्तांतरण की। मेरी दांत हड़बड़ाने लगे। दिल में दोबारा भारी हिमपात होने लगा। मेरी सांस रूकी। आँखे खोली। ली चमड़ा जूता जोड़ा काश्तीय पैर लगे थे। अपनी जांघ पर खड़ा था। ऐसे लगा कि जूता जोड़ा उनके लिए कम सॉइज़ बनें। पहली बार वह पहन नहीं पाया। अपनी पुराने सफेद जुर्राबे भी निकाला। खींचने के बाद एक ही पैर नया काला जूता जोड़े के भीतर गया। ऐसी ही दूसरा पैर दूसरा जूता के भीतर प्रवेश कराया। कॉउंटर के भीतर के मोटी महिला को देखा। मेरे जैसे वह भी हैरान हुई थी। उनकी छोटी केश गुच्छे से वह एक मांसल साही जैसी लगी। संकोची कहने लगी, 'बढ़ई ली, इस अचेत मनुष्य से बात करना कोई लाभ नहीं होगा'। ली ने कुछ भी नहीं कहा। उनके कृतक टांगों को जोड़ लिया और कुछ पैसे लिया। हजाम से जूता जोड़ा की कीमत पर कुछ कहा। सोय साँस खरीदा और जूता जोड़ के साथ झटके से बाहर निकला। हवा से उड़े हवा की दूसरा फूंक तूफान जैसा माहौल बना दिया। परिणामतः हवा में कुछ कागज़ के टुकड़े उड़ने लगे।

मालूम नहीं कब हज़ाम दुकान से निकला, मगर मैंने नमक खरीदा। कोयले के एक टुकड़े को हज़ाम की दुकान के सामने कुचलकर वहाँ से चल दिया। उनकी दुकान के पास ऐसा माहौल बना जैसे वहाँ कुछ भी नहीं हुआ हो। कोई कल्पना भी नहीं कर सकता था कि उस छोटे बच्चे परिदृश्य संबंध में कोयले का कुचलने की निबंध लिखेगा।

वापिस जाने के लिए मुढ़कर देखा। नज़दीक में ही ली सही जगह में ध्यानपूर्वक चलता रहा। चमड़ा जूता जोड़ा से बनी पदचिह्न जमीन

पर थे। कोई छोटा जूता जोड़ा पहना व्यक्ति वहाँ चला ही नहीं था। पाजामे के भीतर पैर और छोटा चमड़ा जूता जोड़ा के बीच जुर्राबे गायब रहा। बिन दर्द अथवा ताप परिवर्तन में उनकी पैर अचेत रहे। संवेदनशील व संकोची लोगों को हड़बड़ाने में वह मज़बूर कर सकता था।

हिमपात होने लगा जैसे सफेद बूरा असमान में छिड़काया गया हो। काला मेंडा मेरे सामने से कुत्ते जैसे गुज़रा। जाते समय गंध छोड़कर गया। वह किसी से सेम दाने फेंका जैसे था। कुत्ते जैसे मेंडा कभी नहीं भागते। स्तोम पर नज़र डाला। उधर कोई मेंडा नज़र नहीं आया। उस दिन कुछ और हो सकता था। मेंड़े कुत्ते जैसे वहाँ उछल कूदने लगे थे। वह चंचल कैसे हुए होंगे। एक मेंड़े के पीछे मैंने देखा। उसकी हठात मौत के बारे में सोचता रहा। सोचता रहा कि कैसे उसकी सिर काट, खाल उतार, बाल व नाल जलाकर पकाया जायेगा। इन्सान खुद की सेवा में माहिर होते हैं। मेंडा सिर कटते ही उसकी सींघ को कुल्हाड़ी से काट दी जाती है। उसका नाल पकाते समय बाहरी सतह से गोलची को चक्कू के ज़रिए निकाल दी जाऐगी। चीन महिला के छोटे पांव में पहने जानेवाले जूतों को किसीने नहीं देखा होगा। यह बाहरी सतह की समान ही होता है। यह छोटे पांव पशुओं के छोटे पांव पर अच्छी तरह जुड़ जाते हैं। आसानी से उचल कूदने अथवा दौड़ने अथवा चारा ढूंढ़ने वे निकल सकते है।

पता नहीं बढ़ई ली से पहनी काला जूता जोड़ा किस हद तक जूते जोड़े चांप इतिहास में अपनी खिताब दर्ज किया होगा।

अध्याय – 16

अनादि मेमना

मेरा जन्मस्थल बीटा पर्वत स्तोम के बारे में लोग अनजान थे। स्थानांतरित मवेशी व मेंड़े भी इसे पहचान नहीं पाते थे। बीटा स्तोम के जरिऐ अलते स्तोम की पश्चिम दिशा से लाखों मवेशी हर सर्दी के आरंभ में स्थानांतरित होते थे। ग्रीष्म में विशाल गर्मी के चारगाह पर विलोम दिशा में आखिर पहुँच जाते थे।

पशुओं का प्रवसन हर साल दो बार चलता था। बीटा स्तोम के सीमारहित प्रदेश धूल का एक गेंद में परिवर्तित हो जाता था। हर साल का अनुभव अननुमेंय रहता था। प्रवसन के गवाह गौरिए कभी कभी मृत पाया जाता था। समय अंतहीन और जिंदगी अननुमेय रहता था। गौरिए की मौत बीहड़ की पशुओं की मौत का संकेत बनता था। लंबी सफर का जीवन मार्ग का अंत भी ऐसा ही होता है। चल नहीं सके तो लेट कर रूकना जरूरी है।

मेष साल्बस ऐसे ही जिंदगी के सफर में पीछे रह गया था।

सर्दी की आरंभ में मेष समूह बीटा स्तोम पर दोबारा पहुँचा। मालिक निश्चेत साल्बस के कारण मेरे घर पर छोड़ा।

चरवाहे ने कहा, 'साल्बस जन्मतः कमज़ोर व अवांछित था। वसंत और ग्रीष्म चरगाह में बिन पानी व घनी घास में वह जी नहीं सकता था।

वाकई वह कमज़ोर था। ग्रीष्मीय चरगाह में जन्म लेने के बावजूद वह लंबी सफर बर्दाश्त नहीं करता। रेतीला मैदान उसके लिए मौत का कुंआ था। रास्ते में मर गए तो कोई परवाह न करते। खूब खिलाया जाएें तो अगले वसंत तक मांसल बन सकता था। अन्न का उत्पाद न होने पर भी आपकी जिंदगी अच्छी रहेगी। मगर मीट सेवन के बारे में निश्चिंत रहना पड़ेगा'।

चरवाह की अपंग बाया हाथ साल्बस की पीठ को छू रहा था। वह ऐसा लगा चरवाहा अपनी बीमार व अस्वस्थ मेमने का सांत्वना दे रहा है। मेमना स्तब्ध खड़ा रहा। उसकी आँखे भागशः मूंदी थी। वह लग रहा था कि कमज़ोरी व अस्वस्थता एक अभिशाप है।

अग्रमेष व साल्बस कि मिमियाने से चरवाह घोड़े को फुफकारना पड़ा। घोड़ा कान काटने के बाद साल्बस जुगाली लेने लगा।

चरवाह इसके बाद साल्बस को पिताजी का हवाला किया। पिताजी ने उसकी कमज़ोरी की जांच परख की। बाद में उन्हेांने मुझे देखबाल करने छोड़ा। पिताजी शरारती दिखने लगे। चरवाह की ओर देख कर मुस्कराहट से बोले,' क्या संयोग है, आपके कमज़ोर मेष पीली बाल कन्या की अनुरूप है। 'अविकसित मेष के सादृश सरल व संकोची है'।

चरवाह ने दोहराया, 'आपकी बिटिया के हवाले कर दो। पीले बाल मेमना पीली केश क्वारी के साथ हों। कोई गलती नहीं होगी'।

दुनियादारी के बीच, साल्बस मुझे ऐसा लगा कि बीटा स्तोम से निराश होकर मेरे पास आया है। हैरानगी से वह मुझे भी देखने लगा। ऐसा रहस्योद्घाटन हुआ जैसे मैं साल्बस को सदियो से जानता हूँ। सदियों पूर्व में एक छोकरी थी। इकठ्ठे स्तोम के कई पर्वतों की चढ़ाई की, झरने की पानी पीया और सांस लिया। बीटा स्तोम पर नियत मिलने प्रतिबद्व रहें। दिखाना चाहते थे कि प्यार नहीं बल्कि जिंदगी व दिक्काल वक्त का तकाज़ा है।

उत्तेजित होकर मेष तक हाथ बढ़ाया। मेरी हथेली पर अपनी नाक चाटने लगा। महसूस हुआ कि उसकी जिंदगी मुझ में समेट गया। जवाब में उसका मैं अभिवादन किया।

पिताजी व चरवाह हम दोनों को उपेक्षा किऐ। ढ़ेर लकड़ पर बैठे हुए गपशप कर रहे थे। ग्रीष्मीय हिमपात अवशेष ज़ारी रहां। सूरज से लालिमा सहित पिताजी के साये कुंदे के समपात पर गिरा। वह सूख गए थे और उनके मंड़ल समतल पर पड़ा। कुंदे शुष्क रहकर समतल छल्ले विभजित हुए थे। छल्ले क्षीण होने लगे थे। चरवाहे के साथ पिताजी कुछ कह रहे थे। दबी हुई हंसी आनंद देने लगा। ग्रीष्मीय रोशनी की ध्वनी साल्बस सहित मेरी कानों में गूंजती रही। मेष खांसने का नाटक किया। आपसी बातचीत सेहत के लिए अच्छा है। समय की कमी में टहाका मारकर हंसना कठिन रहा।

साल्बस को मेष बाड़े ले गया।

पिताजी और मैं एक छोटी घर के तरह उसे बनाये थे। उस समय एक गंजा मेष था। हमने उसका हलाल कर हड्ड़ियाँ कूड़ेदान में फेंक दी। खाल से चटाई बनी। माँ ने उसे कटिये पर डाल दी। मेष बाड़े की खिड़कियाँ नहीं थी। उसके दरवाज़े पर एक लोहे का कूंटा था। दरवाज़ा खोलते ही साल्बस स्वयं घुसा। पिछला मेष से छोड़ा गया गन्ध को सूंघने लगा। उसकी चार नाल ज़मीन पर बैठे ताकि वह आराम कर सकें।

शाम को मै चारा देने गया। दरवाज़ा खुलते ही उसकी महक आने लगा। क्षितिज़ पर अनेक तारें और पश्चिमी दिशा में बालचन्द्र विराज़मान था। धुंधलके में साल्बस व मैं अजीब आवाज़ सुने। अर्धचन्द्र का वायदा था कि सर्दी लम्बी व कड़ाके रहेगा।

बीटा स्तोम से जंगार घाटी के बीच सर्दी वाकई कड़ाके रही। साल्बस को चारा देने बाड़ा पहुँचते ही मेरा हाथ सुन्न हुआ। पिताजी ने साल्बस की भाग्य को सराहा। बुरे दिनों मे बड़े जानवर भी जी नहीं

सकता। कमज़ोर मेमने का हो जाए कल्याण। रेतीले मैदान पहुँचे कितने प्राणि जीवित हैं? टिप्पणी से मेरा विद्‌वेष बढ़ा। हेय जिंदगी बिताने साल्बस नहीं आया है। हमारे परिवार में कुछ रहस्योद्‌घाटन करने आया है। वरन् पहले ही वह मर सकता था। सदियों पूर्व बताया गया कि मंद बुद्धि का मैं उपज़ हूँ। अज्ञान से जन्म लेकर अनभिज्ञता में मरा हूँ। बीटा स्तोम से कोसो दूर हूँ। हरेक मेष माहौल पर निगरानी रखने पर भी यह हमारा संधि स्थल बना हुआ है। कड़ाके की सर्दी में कुछ दिन तक बाड़े में खामोशी छाई रही। साल्बस की आँखों में सच्चाई पेश आ रही थी। निष्ठुरता के बावजूद सिद्धांत व विनियम फीका, ठंडा, उबाऊ, व अल्प रहेंगे। कुछ समय तक खुले में रहो और ठंड का लुत्फ पाये। जीवन में संतृप्ति जरूर मिलेगी।

संगीन मामले के वजह, साल्बस की तरह सर्दी के अंत तक घर के भीतर ही रहूँगा।

लगभग आधे साल से अधिक अवधि में साल्बस वयस्क बन गया। अल्ते ग्रीष्म चरगाह से मेष समूह लौटे। चरवाहे साल्बस व मुझे नहीं पहचाना। पिताजी से कहा, 'लगता है आपकी छोकरी कमज़ोर मेमने की तरह सरल व संकोच थी। चरवाहे बनने के बाद क्या वह मेमना बन गई? चरवाहे चराये प्राणि के अनुसार मेष, गाय या घोड़े बन गए तो हम क्या कर सकते है'?

चरवाहे की टिप्पणी से विचलित हुआ। उन दिनों एक मेष बना हुआ था। सड़क या धूप में सिर झुक कर दूसरों को अनदेखी कर चलता था। कन्या अथवा मेष की भांति आज्ञा पालक व अच्छी बरताव का नमूना था। पडोसन खुश है। मेरी बरताव से उनकी बेटियों बदल सकते हैं। मेरी हुलिऐ से वे वंचित हुए थे। इन्सान मेष कैसे बन सकता है? साल्बस की दिल जीतने मेरी अथक प्रयास रहा। वह क्या कहना चाहता है पर यकीन कर सकता हूँ।

आखिर वह दिन आ ही गया।

सही मान लिया जायें तो वह एक बुधवार था। उत्तर अयनांत वर्ष 1972 के जून महीने 21 तारीख पर हुआ। शिक्षक समारोह में संभागी थे। कक्षों से बच्चे बाहर थे। दलदल में साल्बस को ले गया।

बुधवार मेरा पसंदीदा दिन है। मेरा मिज़ाज अच्छा रहता है। खिड़की से धूप की किरणे झांक रही थी। तार खंबे से पूरब की लाल बादलों की ओर गौरिए पंखे फड़फड़ा रहे थे। चाय पीकर मेष बाड़े की तरफ बढ़ा। चरवाहे ग्रीष्म चरगाह की ओर निकले। अपनी घरों के दरवाज़े व खिड़की खुले रहे। दलदल में सफेद तितलियाँ व लाल चींटे पाये गऐ। उनकी पखे फड़फड़ा रहे थे। बांध में छोकरे नंगे नहा रहे थे। खेत मे चचुन्दर अपतृण की ओर भाग रहा था। केबिन के पास छत व दीवारों पर घास फैला हुआ था। नान्द में एक बलुआ कुत्ता मालिक से परित्यक्त था। जीर्ण प्रपात तले वृद्ध गाय साये में निश्चिंत जुगाल लगाती रही।

साल्बस खुली खेत पर रूक गया। यह जगह क्षारीय मिट्टी का खेत था। यहाँ अनातरम (सूई घास, समतली किस्म व तिनके से भरी) के सिवाय घास नहीं पैदा हो सकती। साधारणतः लोग व मवेशी यहां आ नहीं पाते। जीर्ण प्रपात तले वृद्ध गाय भी दोहन करने नहीं देती। घाटी के ऊपर दलदल से पानी का बहाव नही होता था। यह ढ़ीली पड़ी जमीन पर बहने लगता था। सफेद क्षारीय हिस्सा हवा के जरिए घाटी तले मरूस्थल पहुँचता था।

सचेत साल्बस चारा स्वाद लेने लगा। शायद वह अनातरम का स्वाद लिया होगा। पत्थर पर बैठा मैं ऊब गया। क्षितिज़ पर देखता रहा। मुंह में एक टुक्ड़े अनातरम डाल कर चबाने लगा। सोचा कि साल्बस मेष है जबकि मैं एक इन्सान। साधारण मनुष्य कैसे मेष के दिमाग पढ़ सकता है? यह अत्यंत कठिन है।

सूखा दलदल में काफी देर तक बैठा रहा। संक्रमण सूरज क्षितिज़ पर आते ही साल्बस मेरे निकट आया। अपनी सिर हिलाते हुए मुझे देखने लगा। क्षितिज़ पर इकठ्ठे बादल इशारा कर रहे थे। खेत पर हवा बहकर अक्नातरम को एक ओर उड़ने दिया।

साल्बस की दिमाग में कुछ होगा। वह सीधे खड़ा हुआ। खेत के आसपास उसकी उदास आँखे कुछ ढूंढ़ने लगा। उसकी मंशा यह रहा,

"चलो। खुद को कुंछ देर छिपाये। कभी भी तड़क–भड़क बाढ़ आ सकती है"।

उसकी चेष्ठा इतने सुन्दर लगा जैसे हालात से वह संपूर्ण सतर्क है।

बादलें जबरदस्त इकठ्ठे हुऐ। आसमान पूर्णतः काला रहा। हम दोनों छछीला गुफा तक दौड़ने की कोशिश की। बिज़ली जैसे ही कोंघने लगी। धरती पर आग झुलसी। क्षारीय मिट्ठी विशाल सफेदी का फैलाव बना। काले बादल तले गरज़ में तेज़ी आई। जीर्ण प्रपात तले छिपे वृद्व गाय के ऊपर श्वेत रोशनी की मीनार कुचला। गाय थराथराते हुए जमीन पर बेड़ौल गिरी। मुसलाधार वर्षा हुई। बारिश प्रप्रथम तोहफा था। प्राकृतिक प्रथम आपदा रहा। स्तोम का प्रथम बौछार रही। बिज़ली से गाय मारी गई। बौछार में तेज़ी आई। ज़मीन पर मछली जँसी महक आने लगी। मेरी नज़र में अहंकार सहित अशांति गज़ब था। हरेक वांछित चीज़ को आसानी से चकरा सकता था। दरख्त, तार खम्बे, स्तोमीय खेमे की झरोका, अल्युमीनियम गढ़ा, हमारी केबिन सहित वृद्व कुत्ता सब दलदल मे ऊपर–नीछे तैरते रहें। अस्तित्व के लिए तड़प रहे मुरझाये पत्ते या चिकनी मिट्टी के शिल्प वस्तु से दृश्य मिलता था। गाय बिजली से मर चुकी थी। मगर बौछार के बीच एक चट्टान् अवरोध ड़ाला था।

बौछार आधे घंटे के बाद यकायक बन्द हुआ। बादलें पूरब दिशा में तैरने लगे। पश्चिम में अस्तमय सूरज विराज़मान था। क्षारीय मिट्टी पहुँचते ही बौछार बन्द हुआ। विशाल मरूस्थल में वह खो गया। बाढ़ प्रकट रूप से भयंकर था। क्षारीय मिट्टी मरूस्थल व स्तोम के बीच गाद, साज़, बच्चों के छितड़े, व चीन के लाल आलूचा नमूने का सेमि कंड़क्टर रेडियो (ट्रान्सिस्टर) सब मिट्टी में मिल गऐ। वृद्व कुत्ता बिन किसी निशान कहीं गायब हो गया।

बौछार समय साल्बस गुफा के पास खड़ा था। अधीनस्थ अधिकारियों के नियंत्रक प्रधान सेनापति जैसा था।

पूरी सर्दी तक बौछार के बारे में बतलाने क्या वह इच्छूक था? उसकी रहस्योद्घाटन की उम्मीद से कुछ भी नहीं मिला।

बारिश के बाद आसमान साफ हुआ। गुफा से हम घर लौटने लगे।

आसमान नील रंग पर बहाल हुआ। निष्पंदित हवा स्वच्छ व ताज़ा रहा। क्षारीय मिट्टी पर बरसी स्तोम हवा मेरी बाल खड़ा कर दिऐ। कहीं से कीड़े आ टपके। सांस लेने लगा मगर वृद्व गाय दुनिया छोड़ चुकी थी। चट्टान् के बगल में वह मिट्टी का गेन्द बन गया। गाय की हुलिया न रहा। बीहड़ चचुंदर की हुलिया पहचान न हो सका। चट्टान तले अपनी सिर उछालता रहा। वह जिंदा रहा। गाय की अचानक मौत के बाद चरगाह में लोगों से बताने सोचा। उम्मीदे नहीं बची। दलदल में चलते समय जीर्ण मीनार के तले चट्टान ढ़ीली होकर गिरा। साल्बस की गुटने के पीछे गिरा। एक कदम भी आगे उसे खतरनाक साबित हो सकता था। कई दिन बाद पिताजी गिर रहे चट्टान् से ही साल्बस को मारना चाहते थै। उसका पिछला टांग टूटने के बाद वह चल नहीं पा रहा था। हालात से लम्बी पूंछ मेष घृणित प्राणि स्तर पहुँचा दिया। यह स्थिति हमारे घर से आने पूर्व भी था। जिन्दा रखने के लिए हम उसको चारा दे रहे थे।

बौछार के बाद एक सप्ताह गुज़रा। पिताजी एक चक्कू को हम दोनों के सामने सानने लगे। वह कझाकी चक्कू रहा। वह अत्यधिक सख्त था। सान मात्र धुंधला बूरा निकला। धार के साफ करने के बाद उसे दोबारा सानने लगे।

मैं उत्तेजित था मगर साल्बस विरक्त था। उसकी हलाली के बारे मे बार–बार सोचने लगा। कझाकी हर मेष हलाली के दौरान् कहते है, "तुम जन्मतः दोषी नहीं हो। मै आजन्म भूखा नहीं हूँ। क्षमा करो"। उपरोक्त तर्क पर हर चीज़ बढ़ती है––हम भूखा नहीं रहेंगे!

साल्बस तर्क को समझ चुका था। मै नहीं। खेत में मेष उत्पादित उपज़ नहीं बनते। व्यक्तिगत फरविरिश करेंगे तो वे बढ़ सकते है। एक

मेष की हलाली पर दूजे आने लगेंगे। दिक्काल नियम के अनुसार यह चक्र सर्वदा ज़ारी रहता है। दूसरे से की गई हलाल जीवन का प्रतिदान है। बाढ़ की तरह उसकी कोई प्रतिभाषा नहीं होती है। बाढ़ बाढ़ ही बनकर रहेगा। साल्ब्स अतः तटस्थ रहा। चक्कू गर्दन पर प्रहार करने पर भी न वह बुदबुदाया।

मेरी और साल्बस की रिश्ते के बारे में पिताजी जान चुके थे। उसकी हलाली करते समय मुझे दूर रखे हुए थे। अगले दिन मैं दुःखी रहा। साल्बस मीट का ढ़ेर बन चुका था। पिताजी ने कहा, ''मेष के लिए आंसू बहाना बदनसीबी है। सोचो कि दीर्घावधि जीवन में अनेक मेष तेरे लिए कुर्बान हो जाऐंगे। कितने बार आँसू बहाते रहोगे? मेष जन्मतः निर्दोष हैं। लोग आजन्म भूखे नहीं है। उपलब्ध चीज़ें संसार में इस नियम से बंधे हुए है''।

अध्याय – 17

बौद्धिक बकरा

बकरे का दूध गाढ़ा व पौष्टिक वस्तु है। उसका मीट मेष से उमदा नहीं रहता। उसका मांस भक्षण से अस्वस्थ होकर ठंड़े पानी पीने लगेंगे। चरवाहों के लिए यह वर्जित बना है। बकरे का मीट पर ठोस चर्बी की सतह ज़मी रहती है। मोम की तरह रह कर खाने पर हज़म नहीं होता है। चर्बी स्वादन से अनुपात वांछित ठंड़े पानी की खपत गजब होता है। पेठ में वह मोम जमा करने का बराबर है। आप का अनुभव क्या होगा? मीट बाज़ार में अनुभवी पैकारी तारीफ नहीं सुनता। गलती से बकरे का मीट घर ले जाता है। ग्रीष्म चरगाह ही बकरे का उमदा मीट आप को दे सकता हैं। अगस्त महीने में हरी भरी घास परिपक्व होते हैं। बकरे का ओज़ चर्बी से बढ़ जाता है। पकाने के बाद वह स्वादिष्ट बन जाता है। मीट भी ज़ायकेदार होता है। सूप भी मजबूत सुगन्ध पाया जाता है। उभय व्यंजन भोजन चिकित्सा के कारक बनते हैं। उमदा बकरे का मीट एक ही महीने के भीतर मिलता है। दूज़ा समय में बकरों का जत्था अथवा एकल बकरे का संपोषण कठिन रहता है।

बकरे की जीवन भर चीख–पुकार ज़ारी रहता है। किसके लिए और क्यों चिल्ला रहा समझना मुश्किल है। प्रक्रिया थकाऊ है।

शैशव में बकरा मेष की स्फूर्ति से अत्यधिक क्रियाशील रहता है। बकरे श्वेत आत्मायें हो तो अश्वेत काले आत्माएँ होती है। उछलाहट, कूदने से शोरगुल बढ़ता है। उनकी मिमियाहट बच्चा दूध मांगने की

तरह सुस्पष्ट होता है। चरवाहे ऐन मौके पर स्तब्ध रहता है। बकरी व चरवाहे के बीच अलिखित समझौता रहता है। वह बकरियों के बच्चों का देखबाल करता है। बकरी मैदान में घास खाकर अपनी पेट भर लेती है। चारा चराने के बाद अत्यधिक दूध निकलता है। चरवाहा और बकरी उसे साझा इस्तेमाल कर लेते है। बकरी आधी हिस्से मेमनों को देती है। चरवाह भी उनको अपनी आधी हिस्सा मेमनों को पिला देता है। कई बार बकरी नियम का उल्लंघन कर देती है। एकांत में आकर दूध का पूरी हिस्सा मेमनों को पिला देती है। चरवाहा दुःखी रहता है। धिक्कारते हुए सभी दूध दोहन कर लेता है। मेमनो को कुछ भी नहीं छोड़ता है। मेमनों को मुंह भर दूध भी नहीं छोड़ता है। बकरी और उनकी मेमने न शर्मिन्दा महसूस करते न की लज्जा निर्लज्जा से चरवाहे के साथ सन्निहित बनाये रख उनके साथ दौड़ने निकलते है। पत्थर की मार के सिवाय वे किसी से नहीं ड़रते। चरवाहे ही उसे हलाल कर सकता है। जवाब में उसके एक या दो विकृत पसली पा सकता है। कब और किस पत्थर से प्रहार करने के बारे में सोचने लगता है। क्योंकि विकृत एकल पसली भी अधिक दिन तक बकरी को जिन्दा नहीं रहने देता।

शरदी महीने तक बौना भी महाराक्षस बनता है। सात्विक शक्ति के अभाव में राक्षसी शक्ति उन में हावी होती है। सींघ आने लगते है। चार पतली टांग के बीच लम्बी दाढ़ी आती है। समूह में बकरा अग्रसर बनता है। प्रक्रिया में बकरे तेज़ होते है। शक्ति प्रदर्शन क बाद अनेक बकरियाँ पीछा करती है। समूह में चलते वे सोच–भंड़ार बन जाते है। चरवाहे आराम करते अथवा समूह के साथ रहते समय उन्हें ढूंढ़ने की नौबत आ जाती है। बीहड़ या घने कोहरे से आवृत जंगल में अधिक समय तक आवाज़ लगाना पड़ता है। नहीं मिले तो वह सीधा घर लौट जाता है। परिवार जन को कोसने या शिकायत करना नहीं भूलता है। और क्या हो सकता है? कई दिन की घबराहट के बाद पता चलता है कि गुमशुदा भेड़े भेड़िये के शिकार हुए रहते है जबकि स्थपति व अनुयायी शेष समूह में पाये जाते है बावजूद उन्हें कुछ भी नहीं हुआ हों। चरवाहे स्थपति पर गरज़ता है, ''सुधर जाओ। तेरा समय आ चुका हैं''।

स्तोम रहित देहात बकरे, चरवाह या बिन अता–पता अजनबी बन जाते है। फार्म हाँउस में रहस्यमय ढ़ंग से फिरते रहते है। बाड़े की भीतर या बाहर से उन्हें प्रेरणा मिलती थी। उनकी बुलावे का आखिरी अक्षर सवाल की तरह बढ़ने लगता है। सचेत व्यक्ति ज़रूरत पर अचरज पड़ते है। लापरवाह के बारे में क्या कहा जाए? वह कुछ भी नहीं करते सिवाय बिन अभिशाप भेड़ो को भगाने। प्राणियों पर अभिशाप देकर मनुष्य अपनी घृणा व्यक्त करता है।

फार्म पर बकरे अहाते में सड़ा हुआ पत्ता खाते रहते है। लोगों को देखकर खुद को आराम महसूस करते हुए "बा,बा" करने लगते हैं। खिड़की चौखट पर पड़े सूखा ढ़ेर मूली अथवा रसोई के पकी मीठी रोटी (मालपुआ) की प्रतीक्षा करने लगते है। लोगों की गैर–हाज़िरी में वे सब खा जाते है। सूखी मूली खाना बड़ी सौदा नहीं सिवाय मीठी रोटी। कल्पना कीजिए वह परिवार भोजन में क्या खाएगा? बचा–कुचा हिस्से टपकन से भरी रहती है। न उसे फेंका जाता है न खाया। वह वर्णनातीत है।

परिवार के छत पर बकरे चढ़ जाते हैं। जन्मतः वे चट्टान पर चढ़ने की क्षमता पाए रहते है। छत पर चढ़ना उनके लिऐ खाई पर कूदने का समान होता है। बिन श्रम सफलतापूर्वक वे कूद सकते है। छत पर क्यों चढ़ते है? उनकी सोच में वह गांज़ हो सकता है। मुखिया पूर्ववत मुसीबतें झेलने से पूर्व पथराव करता है ताकि बकरे भागे। मालिक की अनुपस्थिति में बिजली की तरह दोबारा लौट कर सारे गांज़ का स्वाहा कर देता है। कुछ गड़बड़ी के बारे में मालिक को एहसास हो जाता है। दरवाज़ें खोल देखता है। बकरे उस समय छलांग मार निकलने लगते है। कई बार किस्सा दोहराया जाता है। आखिरकार बकरे छत पर एकत्रित ढ़ेर गांजे को समाप्त कर देते है। एकत्रित गांज़े मुखिया का गरमी माहौल की कड़ी मेहनत और खून–पसीना है।

संसार में सब बकरियों को हलाल किया जाता है। चाहे उनकी मीट स्वादिष्ट हो या नहीं, अथवा लोग उसे पसंद करते या नहीं। हलाली

आखिरी हंत है। कसाई के पास पहुंचते ही बकरा जोर से चिल्लाने लगता है। कभी–कभी बखूबी उन्हें असभ्य तरीके से हलाल किया जाता है।

अध्याय – 18

बिन मरा बिल्ली

बचपन का "हैज़ी" नाम बालक शायद बदतरीन हुआ होगा। वह संसार का सुखद बदमाश भी रहा। संस्मरण में उनके प्रसंग अत्यधिक कुख्यात रहें। चरगाह के कुंए पर एक बार मरा चूहा फेंका था। परिचारिका आलिया के पिछवाड़े में विकृत कुत्ते का पूंछ लटका दिया था। टूटे दांत के जरिऐ वह दियासलाई दाहक की शोले का कश लेने लगा। अपनी घर के सामने तहखाने पर सब्जी गिर गया थी। उनकी पसलियाँ टूट गए थे। बच्चे की कान काटने के लिऐ उनकी पिताजी पेड़ से झुलाए थे। मृत कुत्ते की तरह थप्पड़ खाने के बाद पसलियाँ दोबारा टूट पड़े। फिर भी वह अत्यधिक रूप से बदमिज़ाजी निकला।

शारीरिक व्यायाम पीरियड में शिक्षक व साथियों के सामने मुझ पर टमाटर फेंका था। उसे कभी मैं नहीं भूल सकता। अविवेकी आचरण सहित मैं ही उनका वांछित लक्ष्य से अपनी टिप्पणी वापिस लेना पड़ा। स्वगौरव बचाने की दृष्टि में मैंने दावा किया कि मेरे मुंह पर वह टमाटर गिरा ही नहीं था।

किस्से अनगिनत रहें। कुछ हद पार करने के बाद उनके ऊपर घृणा सहित विद्वेष का मैं शिकार हुआ। अत्यधिक कोसने लगा। हवा में बाते करते समय वह सुन्न हो जाऐं। महाव्याधि का शिकार हो जाए। जल्द गुमशुदा हो जाऐं। मेरे जैसे कमज़ोर बच्चे को जिंदा रखें। कितने भी उनके बारे में सोचा गया, उनसे वह लाभान्वित रहा। वह अच्छी सेहत

मे ठाठ से रहने लगा। परिणामतः मैं विषण्ण बना रहा। जिंदगी पर मेरी किस्मत से रोना पड़ा।

दस से अधिक बच्चे सुदूर निर्माण एकक में रहे। चारगाह के प्राथमिक शाला में एक ही प्रसाधन था। परिचारिका की निगरानी पर बिन लिंग या उम्र उसके भीतर घुसे रहते थे। परिचारिका हमेशा शांत व कठोर होती थी। हम सब की धुलाई, बिस्तर बिछाने, खाना पकाने व सर्दी में सेखाई, पानी गर्म करने व नहलाने के लिए वह जिम्मेवार थी। हैज़ी बदमाश उन सभी बच्चों में अग्रसर रहा।

कमरे के दरवाज़े से बाहर जाते समय परिचारिका दियासलाई कंदील को बुझा देती थी। बाद में बैटरी की टार्च के जरिऐ वरिष्ट उम्र के बच्चे से दरवाज़े की कुंड़ा लगा देती थी। अंधेरा छाया रहा। कम ऊँचाई घर के कटिये तले पड़े दुबला–पतला कूड़े दान सहित स्तोम की ढ़लान में अन्धेरा जल्द छा जाता था। अकेले में मैं अत्यधिक हताश बन जाता था। हैज़ी से लाई ड़र से यह अत्यधिक रहा।

गहरी रात में बार–बार कुत्ता भौंकने लगता था। कुत्ते माहौल को सुढ़ौल बना देते है। उनकी भौकलाहट अप्रिय रहता है। काटनेवाला कुत्ते की मेरे साथ मौन सहमति होने पर मैं कल्पना नहीं कर सकता।

बगल में सोनेवाली बच्ची ली यान् हू ने नानी माँ से सुनी बात याद कराई। रात भर आलसी रो रहे कुत्ते से यह संकेत मिलता है कि कोई मरनेवाला है। नानी माँ हेनान प्रांत से बीटा स्तोम पधारी थी। कझाकी के पास पुख्ता सबूत नहीं है। उनकी नानी माँ की टिप्पणी पर मैं सहमत था। 'रोनेवाला' कुत्ता मिट्टी के घरों की कतार के पीछे अस्तपताल के निकट काला स्तोम पर था । वह सर्वदा किसी न किसी की मरने के बारे में पूर्व सूचना देता था।

हैज़ी सहित साथी बच्चे नींद में थे। हैज़ी स्वयं ऐसे रहता था जहाँ कोई उनके पास आने अथवा साथ में रहना कठिन था। मैं हमेशा जागा रहता था। उजड़ी हुई संसार में रहता था, जो हकीकत पर नहीं होता था।

संदर्भ में अंतरिक्ष पहुँचकर तारा मंड़ल के साथ रहना पसंद करता था। उम्मीद थी कि क्षितिज़ पर रहकर अपनी घर से अति दूर रहूँगा। मानता हूँ कि स्वर्ग ही सुरक्षित स्थान है। सब जानते थे कि जब एक चिड़ियाँ और खरगोश मुसीबत का शिकार होते है उनकी जीवन में पलायन का संपूर्णतः भिन्न परिणाम होते है। कई वर्ष बाद वक्त की सोच अनुसार एक रात को डरावना मानता था। तारामंड़ल का तारा बनना का अर्थ धरती की जीवन से विमुक्त होना। मौत के बारे में स्वयं अभिशाप दिया था। 'सुंदर मार्गीय मौत' के बारे में स्पष्ट था कि वह अविक्षुब्ध समय का न्यौता है।

बीटा स्तोम पर प्रकृति की ध्वनि प्रमुख रही। इस के अलावा सभी शांत व निश्चेष्ट था। चरगाह में पहुँचनेवाले कुछ चेहरे नियत थे। कुत्ते का फौज़, मवेशी समूह, चिकन समूह, ऊँट और डाइनिंग हॉल में सेवारत हॉन नागरिक से जिंदा रहे बकरे और सुअर, इनके अलावा थे। बाकी सब वह अपरिचित था। विलक्षण अगाध, अगम्य व अविश्वसनीय रहा। अतः व्यक्ति अथवा प्राणि हमे ड़रा सकते थे।

शयनशाला द्वार पर एक बिल्ली दूसरी रात पर आया। संभवतः वह अपरिचित हो सकता था। ड़र के मारे मैं जागा हुआ था। सस्मरण में याद आता था, 'सावधान, यह बिल्ली को पूर्ववत नहीं देखा होगा'। आँखे खुली। ड़र रहा कि म्याऊ कर रहा बिल्ली कटिए के नीछे से आया होगा। भाग्यवशः वह बाहर से आया था। सुना कि वह चला होगा। म्याऊ, म्याऊ, म्याऊ, करते हुए पूर्व पंजे से दरवाज़े खोलकर निकला। कुंड़ा अपने आप कड़कड़ाया जैसे किसी ने चाबी डालकर बंद किया होगा।

हैज़ी के बारे में मुझे संदेह हुआ। नाम से उनको ज़ोर से बुलाया। कमरे में सभी बच्चे रोने लगे।

काम को निर्भीक हैज़ी को सौंप दिया गया।

अपनी हथेली पर बिल्ली रखकर बच्चों को दलदल में ले गया। उत्तेजित होकर कहा कि अपरिचित बिल्ली को वह मारना ज़रूरी है।

लगा कि उदात्त भावना से कमज़ोर बच्चों को न्याय दिलाना चाहता है। हकीकत में उसका उद्देश्य न दुर्भावपूर्ण न की सदाचारी। लगा कि उनका यह एक शरारती चाल था। मात्र चाल! रात भर सोचा। लोगों की बचाव इसी में होगा। संसार में न्याय केन्द्रित है। उसे उज़ागर करने लगा कि कमरें में कोई भी नहीं है।

चन्द्रमा की रोशनी मंद रही। घनी तुषार व कोहरे में तारे सुप्त हुए। कुछ महाकाय जमीन पर लेटे या रगड़ रहे थे। उनका शरीर निराशाजनक पृष्टिका में विलीन थे। दिन में जी–जान से अत्यधिक खाने को तरस रहे थे। रात की भोजन समस्या हल होने का असार था। साथ रहने से कुछ पता चलता था। मगर कोई प्राणी निश्चिंत नहीं रह सकता।

लोम जॉकेट पहना था। जूतो के फीत्ते बांधे नहीं थे। हरेक कदम पर जूतों से पैर बाहर आने लगता था। बिल्ली आज्ञापालक था। माँ के साथ रहे शिशु की तरह वह रहा। मगर दुष्ट हैज़ी के हाथ में वह बंधा रहा।

चारगाह पर हमने अक्रम प्रवेश किया। ग्रीष्म हवा से वह सूख गया था। एक छोटा तालाब पर आए। तालाब का व्यास एक मीटर था। हैज़ी बिल्ली को उसके पानी में फेंक दिया।

छोटा तालाब बर्फ से आवृत था। एक कार भिड़ने के बाद वह टूटा कांच की तरह कड़का। बिल्ली के बदन डूबा। बर्फ सतह के नीछे पानी गोल तरंगें उड़ाया। वह श्वेत तरंग का परिरेखा बना। ग्रीष्म में उसे धूसर सूखा मिट्टी के ईंट से बनाया गया था। पानी को बचाने उसकी खुदाई की गई।

वह इतना बड़ा नहीं था मगर गहरा था। डूबा हुआ बिल्ली के बारे में सोचा। हो सकता है कि वह जल्द मरेगा। किसी की जीवन को समाप्त करना आसान है। बिल्ली इस दिशा मे एक मच्छर अथवा सोनपंखी हो सकता है। संसार से वह गायब होना है तो कीड़े के नाते किसी को दोषी नहीं ठहराता। पानी से ऊपर आकर झंझोड़ने लगा। चन्द्रमा की रोशनी में आँखे खोला। नाक से पानी निकाला। बिन हड़बड़ी

तट पर तैर कर आया। हमें लगा कि उससे हम खेल या मज़ाक उड़ा रहे है। खेल ज़ारी रहा। बिल्ली को दोबारा पानी में ढकेल दिया गया। सारे बच्चे ऐसे किऐं हरेक प्रयास में हमारी मिज़ाज़ बढ़ने लगा।

एक उपन्यास का कझाक से अनुवाद किया। विधवा का गुप्त प्रेम व्यवहार कथा वस्तु था। देहाती पकड़कर बर्फ रन्ध्र में फेंकते है। विधवा जल–दफन हो जाती है।

कामुक विधवा हूर्लि हाँय होती है। बर्फ रंध्र से उन्हें दो भीमकाय निकालते है। दोबारा उसे गाढ़ दिया जाता है। पानी की गहराई आधी मीटर से कम होता है। चोटी पर लगे चांदी के सिक्के और अमूल्य मोती बार–बार तैरते रहते है। ठंडा पानी सब दिशा में छिड़कता रहता है। पानी से उन्हे निकाला जाता है। बर्फ की सतह पर आखिर कमज़ोर बैठ जाता है। उनकी सिर झुका रहता है। श्वेत पोशाक पानी से भीगा रहता है। मछली जैसी बदन पर वह छिपका रहता है। इससे उनकी सुंदरता निखार कर आती है। दंड़ित करनेवाले तहदिल उनकी 'गलती' पर क्षमा कर देते है। एक वृद्धा अपनी लोही निकाल देती है। बाद में मरनेवाली विधवा की शरीर पर उसे बांध देती है। वृद्धा कहने लगती है कि उनकी ज़वानी भी ऐसी ही गुज़री। देहाती विधवा सहित माशूका को कई दिन बाद दंडित कर देते है। प्रेमियों की यादगार में एक भारी दावत दिया जाता है।

उपद्रवी बिल्ली को क्षमा करने की जरूरत नहीं है।

हूर्लि हाँय की शादी की तरह बिल्ली का अंत दुखद व ऐतिह्य नहीं था।

बिल्ली बार–बार म्यांऊ–म्यांऊ करने लगी। वह परिदृश्य दूध मांग रहा बच्चा अथवा मेमना की तरह था। तालाब से ऊपर आकर कमज़ोर बच्चे की तरह लड़कड़ाता रहा। अभागा शक्ल की पेशी अन्ध विश्वास शक्ति का प्रदर्शन के बराबर था। बच्चे ड़रे हुए थे। एक बच्चा रोने लगा। गैती से मरनेवाला बिल्ली बांध कर हैज़ी ने तालाव में सिर नीछा

कर दिया। कोई आवाज़ नहीं आया। अंत पहुँचे मगर भयभीत थे। कभी भी बिल्ली बाहर आ सकता है। इच्छा शक्ति से वह परख सकता है। क्या तालाब का पानी उससे भी बलवान है?

बिल्ली की तड़प मेरी दिमाग में दोहराता गया। उसकी आँखें मुझ पर टिकी रहे। उसमें निराश्रय का कोई संकेत नहीं मिलता था। मैं उस समय नौ बरस का था। अब मैं 39 का हो चुका। उंगली पर गिनते बिल्ली यदि जीवित हो तो वह भी 29 बरस की हुई होगी। हर बार जैसे में सोचने लगा कि उसका उम्र मुझसे ज्यादा हुआ होगा। मुझसे उम्र में वह काफी बड़ा हुआ होगा। लेकिन उस रात में ही मैंने पहचानी थी। पानी में डालते ही बिल्ली वाकई अच्छी वस्तु रहा। क्योंकि अनेक व्यक्तियों की जीवनी में बिल्ली चिरायु है। घास के सिवाय उससे चूहें खाना एक असह्य प्रक्रिया रहा।

बहुत दिन भीते। खुद को मैं दबाया महसूस करता हूँ।

मौसम ठंड होने से पूर्व सर्दी लगने की खतरे से अधिक कपड़े पहनता हूँ। अस्वस्थ तो हो जाता हूँ। तनख्वाह मिलने के बाद उसे रहस्यमय ज़ेब में रखता हूँ। सोचता हूँ कि किसी चोर उसे चुरा न जाएं। फिर भी वह चुरा जाता है।

बड़े मकान में रहने की ख्वाहिश था। सोचता था कि उसके सामने एक बगीचा और पीछे सब्जी उगाने की जगह हों। यह भी सोचता कि मेरी अपना ही मवेशी सहित चरगाह हों। दिन–ब–दिन मैं बहत्तर कदम ही गिन सकता हूँ। झगड़ रहे नौज़वान दम्पति के बीच अकसर उलझ जाता हूँ। उमदा फसल के लिए किसान सोचने जैसे पत्रिका में काम करने लगा। बिन खरीदे गए प्रतियाँ वापिस आते ही सोचता हूँ धन्धा क्यों मंदा हुआ। मैं बिन मालिक बिल्ली की तरह हूँ। यों ही बिल्ली फिरता रहा और जमा हुआ तालाब में डूबा रहा। बिन शिकायत तट पर आसानी से पहुँचने पर अडिग था।

छोटी मिट्टी के घर में रहने के दिन से मेरा अवसाद जारी था।

जिन्दगी में आगे बढ़ने अनेक तट प्राप्त होते है। उस पर हम एहसास नहीं करते। खुश था कि मेरी जिन्दगी में अनेक तट प्राप्त थे। पूरी शक्ति से माँ के आशीर्वाद से मैं आगे बढ़ने का असार रहा।

रात में कुत्ता भौंकता समय मेरा तट विशाल दिखने लगा। क्षितिज़ पर उदास तारा मंड़ल रहा। हैज़ी उस समय मेरे मुँह पर टमाटर फेंका था। दिल में अभिशाप रूप में तट अवरोध हुआ था। हूर्लि हाँय पानी में डूबने के बाद मेरा तट संबंधी रूप में काम आया। एक देहाती उसे दंडित किया और दूसरे ने उसी समय सहारा भी दिया।

हैज़ी की पसली अपनी पिताजी की मार से टूट पड़ा। कल्पना करें उसका तट कहाँ था। क्या लोग उसे पसंद करते थे? खेल खेला मगर दुःख के बिन एहसास। क्या उनके लिए तट की ज़रूरत है? क्या मंद चांदनी में जी रहे प्राणियों को रोशनी की ज़रूरत पड़ती है?

अध्याय – 19

अन्धा चूज़ा

अन्धा चूज़ा

स्तोम की ऊँचाई पर जीवन कठिन होता है। खासकर स्वदेशी मुरगें परेशानी का शिकार होते है। अंड़े से चूज़ा निकलते ही मंडरा रहे गरूड़ की नज़र पड़ता है। मुर्गा को सावधानी बरतनी पड़ती है। अकसर मुर्गी चूज़ों के साथ तेज़ी से घौंसला पहुँच जाती है। घोंसला कहाँ हो सकता है? ढलान पर जहाँ ढ़ेर मिट्टी के टीले के तले। चढ़ाई के दौरान अत्यधिक दिख्कते होती हैं। उसे बाज़ की उलटी नज़र से बचना पड़ता है। शोचनीय यह रही कि छोटी टांग सहित बोझिल ड़ैना से उन्हें दौड़ना पड़ता है। अपनी डैना व तुंदा के बीच चूज़ों को वह छिपा सकती है। मुरगी सोचने लगती है, 'छिपाने समय तक चूज़े सुरक्षित रहेंगे'। वस्तु स्थिति बिलकुल भिन्न होती है। दलदलियें में मुर्गी चूज़े को छिपाने के बावजूद बाज़ से उठा लिया गया। सचमुच यह एक विड़ंबना ही है। क्षितिज़ पर जाते समय उनके डैन गिरने लगते है। पत्थर के नीछे छिपे भृंग की तरह चूज़े धूप के शिकार होकर गड़बड़ी में अस्तव्यस्त होते है।

कितनी दुःखद है? उनकी माँ (मुर्गी) भी अब नहीं है।

चूज़े सौभाग्यवशः स्तनपान नहीं करते। वरन् उनकी जीवनी अत्यधिक पेचीदा बनता था।

चूज़े और लोग गरमी के एहसानमंद हैं। चूज़े को नरम मिट्टी मिलती है। धूप में सेख सकता है। पंजे से ज़मीन खुरच लेता है। आराम कर खुरच दोहराता है। धूल के बादल उड़ने तक यह ज़ारी रहता है। कुछ मक्की ज़रूर उड़कर दीवार पर चढ़ कर गिर जाते है। मक्कियों को चूज़े चुगने कोशिश करते है। उनकी प्रयास में मक्कियाँ उड़ जाते हैं। दोबारा चूज़े उनकी पीछा करते है। फिर वे उड़ जाते है। वह बेवकूफ बन जाता है। गरमी की मौसम तक वह मक्कियों के बारे में अनभिज्ञ रहता है। उस समय धूप की सेकाई के दौरान् मक्कियाँ यकायक उड़ जाते है।

सर्दी में लोग कमरे में बंद रहते है। उन्हें वहाँ आराम मिलता हैं। चूज़े के लिए यह बुरा मौसम होता है।

बर्फबारी ज़ारी रहती है। तापमान तीस ड़िग्री सेल्सियस से कम होता है। कमसीन चूज़े अपनी जगह नहीं छोड़ पाते। सोते रहते है। सपने देखते है कि अपना मालिक उनके लिए कुछ खाने देगा। दुर्भाग्य से मालिक अपनी दुनियादारी में रहता है। अतः चूज़ो को चारा देना भूल जाता है। भूख के तड़प से वे बाहर निकल कर खाने लायक कीड़े मकौड़े ढूंढ़ने लगते है। परिणामतः चूज़े अपने मुकुट व पंजे को खो देते है। क्योंकि बाहरी ज़मीनी परत पर वह घूमा नहीं होते है। जानते है कि खड़े होने एक टांग से दूसरे को बदलना पड़ता है। पंजारहित लंगड़ा बनने की स्थिति से बच नहीं सकते। मुकुट रहित चूज़ा घृणित वस्तु नहीं बन सकते। पंजा रहित चूज़े उसे दो लड़ी के ऊपर छिपकी मीट की टुकड़े का आभास देता है। वह इतना ही जड़मति व भोंड़ा लगता है। सर्वेश्वर को पता है कि ऐसी मस्तिष्क से चूज़ा क्यों पैदा हुआ है। सभी चूज़े वैसे मस्तिष्क से गतिशील नहीं होते। कई गाय या बकरी के पीठ चढ़कर अनर्थ से बच जाते हैं। अनेक वर्ष से बीटा स्तोम पर चूज़े ठंड या बीमारी से मर जाते है न की भूख। विकृत पंज़े से चूज़े जी सकते है जब तक अपनी मालिक उसे हलाल करता हो।

बसंत का मौसम आया। एक भारी पठ्ठा मुर्गी से प्यार करने लगा। बदसूरती की जवाब में उसकी दाहिने आँख का पटखा गया। मुर्गी की

दृष्टि बाया आँख पर ही सीमित था। संसार की नज़र पाने मुड़कर बिन पंजा खड़े होकर देखना पड़ता था। ऐसे करने के बाद उसे बाहरी दुनिया का धुंधला सा चक्रण का पता लगता था। नीचे गिरते ही बाया आँख क्षितिज़ पर पड़ता था। वह सोचने लगती थी दुनिया कोसों दूर है और वह कुछ भी नहीं कर सकती।

कोन समझे कि चूज़े की जीवन अभागा व्यक्ति से भी बदतर रहता है। ज़मीन पर रहते समय एक बच्चे ने गुलेल से उसकी मुँह पर निशाना दागा। दूसरी आँख खोकर वह अन्धी हो गई।

मुर्गी के लिए यह फिर भी दयनीय हालत होगी। अपनी माँ, मुकुट, पंज़ा, और आँख से वंचित थी। अब उसकी जीवनी में कुछ भी नहीं बचा है। उसका मालिक उसे उबाल कर खाने की प्रतीक्षा करता रहा। मांसल होने तक वह रूक गया। अच्छा चारा देता रहा। परिणामतः हैरान रहा कि जो चीज़ उसे मिल जाती है, उन सब को वह खा जाती है। चावल, सूप, कंकड़, कांच या बचा कुचा छितड़े या अर्गल—हैरान होकर उसने यह फैसला लिया। अन्धा चूज़ा दिया गया चीज़ को बाज़रे की स्वाद मानकर लील लेता है।

काली व लाल गाय

बीटा स्तोम मे रहते समय हम सार्वजनिक संपदा में रहे। प्रयोग किए मेज़, कुर्सी, पलंग व लोग सब जन समुदाय से जुड़े रहे। माँ और पिताजी उनको शिक्षा देते थे। जनसमूह के लिए हम पढ़ते थे। जन सेवा के लिए मैं निर्धारित था। न हम खेत खरीदें, न मकान बनाये, न की घर के सामने या पीछे बुसार। हेनाँन, शान्दान्ग व सिचुआँ से लोग स्थानांतरित थे। मकानों की कतार मे वे रहते थे। छावनी शिबिर की तरह व्यवस्थित क्रम में परिवारे बंटे हुए थे। ग्रीष्म महीनों में हमें यह स्पष्ट होता था। हरेक परिवार में लोहे का तार पर लाल मिर्ची टंगाई जाती थी। लाल गौरिए कतारों के दोनो पार्श्व को जोड़ रहा बांध पर बैठते थे। काले गौरिए फड़फड़ाते घर के सामने उछलते कूदते थे। उनकी चिहचिहाट सब जगह सुनाई देता था।

चरगाह के मवेशी के बारे में हम भूल नहीं सकते। एक मायने में वे भी सार्वजनिक संपदा या अमानत रहें। मकान, मेज़ और मिर्च की तरह उन्हें बनाया नहीं जाता। न की गाय, घोड़ा, मेष, कुत्ते अथवा गधे की तरह उन्हें पाला–पोसा भी नहीं जाता। जन्मतः वे ऐसे रहेंगे और जहाँ चाहे वे रहने लगेंगे। ढ़ेर कानून व विनियम उन पर लागू नहीं होते हैं। जच्चा बच्चा जन्म के बाद दर्द व संतृप्ति का स्वयं अनुभव करने लगते थे। अपने मालिक के पीछे दौड़ने लगते थे। उन मालिकों का आँखों का तारा बने रहते थे। उन्हें लगता था कि मालिक के साथ उनका मौज़ ज़ारी है। कई बार उनके नये बच्चे को खुद मार देते थे। व्याघ्र के पाशवी कृत्य का शिकार भी होते थे। कभी कभी वे कुचले जाते थें। स्वयं दबकर भी मारे जाते थे।

चरवाहे अपनी मवेशी पर क्यों चिंतित है? मवेशी, घोड़े अथवा मेष पर ख्याल रखने पर उनका दिल रहता है। जन सेवा के लिए वह निर्धारित है। उन्हीं के लिए सेवा समर्पण भावना से त्यागना उनका जन्म सिद्व अधिकार होता है। उनकी दिल के लिए दिलों के संयोग में जगह नहीं मिलती है। चरगाहों की रिहायश को सोचने के लिए सहूलियते उपलब्ध होते है। वे चलवासी नहीं होते है। दोहन लायक बकरे, गाय पालने से आवश्य उनकी जीवन स्तर में सुधार आ सकता है। पीने के लिए दूध मिल सकता है। उनकी अनुपस्थिति में मात्र चाय मिल सकती हैं। ऐसे दिन अवश्य बेकार निकलते हैं। ऐसे दिन में हर घर के सामने व पीछे खुला मैदान होता था। मवेशी पाएं परिवार अत्यधिक समझदार बनते थे।

सार्वजनिक व निजी चैतन्य में पेट पालना आम धारणा होती है। वयस्क बच जाते है। किशोरों की हालत क्या होगी? गाय पालने के बारे में मुखिया से पूछ सकते हें। मुखिया सनकी नहीं होते है। उनकी अंतःकरण साफ रहता है। लोग उनके दिल में बसे रहते है। उनकी दिल में उमड़ता है, "हरेक का जीवन कठिन होता है। कानून व विनियम की ज़रूरत क्या है? एक या दो गाय पालने से कोई नुकसान नहीं होगा। आवश्य कहें कि मवेशी की देखभाल गंभीर हों। आम जनता का अहित न हों"।

चरगाह में अतः दो गाय पहुँची। चरवाहे की गाय काला रहा और दूज़ा लाल।

स्तोम पर चल रहें बिंदाज़ जीवन से चरगाह की जीवनी भिन्न रही। उनकी आज़ादी छीनी गई थी। पर्याप्त आपत्तियों के जवाब में प्रयास किए गए थे। चरवाहे का भारी अस्तबल था। काली गाय के लिए वह एक आश्वस्त जगह बना रहा। लेकिन उसने गाय को बाहर खूंटे से बांधा हुआ था। वह देख सकती थी कि घोड़े वहाँ कैसे देखभाल किऐ जाते थे। चरगाह भी उमदा रहा जहाँ उन्हें उत्कृष्ट किस्म के घास मिला करते थे। घोड़ो को हर रोज़ बाज़रे का दूजा खाना मिला करता था। इसके अलावा मिश्रित किस्म के परिवर्तित व्यंजन भी मिलते थे। उनके नाम भी दिऐ गए थे जैसे—क्रॉउन, ब्लू बर्ड, फॉस्ट रनर, लिटल बक (घोड़ों का यह नाम मैंने दी हुई थी। कृपया किस्से की यथार्थता पर न विचार करें।) यह ज़रूरी थी कि गम्भीर रूप से उन पर ध्यान दिया जाए ताकि घोड़े खूब मैदान में दौड़े। काली गाय की अनदेखी का कुछ कारण हो सकता है। क्योंकि उसे उनकी परिवार के हित में रखा गया था। बिन योग्यता व सामाजिक नैतिकता के कारण क्या एक गाय उपभोग वस्तु बन सकती है? चरवाहे वैसे खुश थे कि चरगाह में रहते समय गाय नुकसान नहीं पहुँचाएगा और दोहन के लिए आवश्य दूध उपलब्ध कराएगा।

गाय एक जड़मति रही। आज्ञापालक रूप में पालक को उससे अधिक क्षति संभव है। एक बार वह चरगाह के सब्जी ज़मीन पर घुसकर अजमोंद खा गया। लॉव लियु से उनकी पूंछ काटी गई। वह पर्वत श्रेणी पर लम्बा काश्त कूंट काट रहा था। चूरी की धार अत्यधिक तेज़ रहा। तैयार कूंट को देखता रहा। काली गाय आकर अज़मोद चरा रही थी। कोसते हुए उसे भगाने लगा। उनकी कूंट दो टुकड़े में विभाजित हुआ। उनकी क्षति दुगुना बढ़ गया। गुस्से से उनका मिज़ाज़ धधकने लगा। एक, दो, तीन प्रहार से गाय की पूंछ काट डाला। गाय को पता नहीं चला कि दर्द का स्त्रोत किधर है। जड़मति के कारण सिर्फ घूर कर देखा और सिर हिलाया।

चरवाहे अत्यधिक चिंतित रहा। उसने कई वर्ष तक घुड़साल में घोड़ों का पाला पोसा था। देखा था कि मात्र घोड़ों की पूंछ को काटा जाता है। गाय की पूंछ नहीं काटी जाती है (गाय की पूंछ में उनकी हड्ड़ियाँ होती है)। खुद के लिऐ वह गाय की अनदेखी कर सकता है। उसने कभी कल्पना भी नहीं किया होगा कि दूसरे लोग उस गाय पर चाबुक चलाते हैं। वह ईमानदार इन्सान था। पूँछ की क्षति के लिए उसने टिप्पणी नहीं की सिवाय स्तब्ध दुःख उठाने लगा।

हादसे के बारे में काली गाय ने अनदेखी की। बिन पूंछ का अस्तित्व से उसे कोई फरक नहीं आया। वह कुछ ही दिन के शारीरिक पीड़ा थी। चराने के बाद हर शाम नियमित अपनी चरगाह पहुँच जाती थी। अस्तमय शाम दुर्गति का कारण बना। कीड़े–मकौड़े जत्थे में क्षितिज़ पर पहुँच जाते थे। रूधिरासक्त रोशनी में मछलियों की तरह तैरते थे। दलदल में रहे कीड़े काली गाय के पीछा कर चरवाहे की चरगाह पहुंच जाते थे। मवेशियों के लिऐ वह दुर्दम्य पराश्रयी होते थे। चरानेवाले मवेशी अपनी पूंछ से दुष्ट पराश्रयी को भगा सकते है। वरन् मक्कियाँ ऐसे जगहों मे अनावश्यक भीनते रहते है।

चारवाहें ने गम्भीरता से गाय की कूंठ को देखा। पराश्रयी पूंछ की ठूंठ पर अंड़े रखे हुए थे। मक्कियाँ व कीड़े घाँव में चड़पड़ा रहे थे। उनकी गाय जैसा दिल वेदना से चटपटाने लगा। हादसे के लिऐ अपनी जनानी, बेटा और खुद को कोसा। आखिर काली गाय को कोसने लगा। पूछने लगा कि वह दूसरी जगह के मुकाबले सब्जी उगाऊ जगह क्यों गई थी? मामले पर चुप्पी साध कर गाय के बारे में किसी से जिक्र नहीं करने सोचा। क्योंकि वह उनकी सेवा करने आई है। किसी दिन कुंए से पानी ढोते समय लॉव लियु और मुझे पानी लाते देखा। दोनो के बीच घमासान लड़ाई ज़ारी रही।

लॉव लियु ने कहा, "संसार की चीज़े अपरिचित होते है। गाय मासूम होती है, वैसे ही आप की परिवार। मेरी बगान देखने पर दिल की वेदना

होती है? वह सुव्यवस्थित रहा। आप के जंगलू ने उस का घ्वंस किया और पूरी बगान अस्तव्यस्त कर दिया"!

चरवाहे ने कहा, "हमारा परिवार और गाय नासमझ थे। आप क्यों संवेदनशील बर्ताव नहीं किया? आप जानते हैं कि वह एक पशु है। उसे मात्र बगान से भगाया क्यों नहीं? सोचा होगा कि पूंछ काटने से अपनी पुरुषार्थ का सिद्व होगा"।

लॉव लियु ने कहा, "मूर्ख! आपने सोचा कि अपनी परिवार को प्रभावित करने ऐसा नीछ काम किया है"।

इस व्याख्या ने चरवाह के दिल पर गम्भीर असर डाला। कुछ भी नहीं कहा। उसकी हुलिया उत्तेजित रहा। चेहरे की स्नायु मंद स्तर पर विकृत हुआ। कंधे पर लटके पानी की बाल्टी को कुंऐ में फेंक दिया। दो बाल्टी पानी के साथ घर लौटा। दो–तीन मीटर पार करने के बाद मुढ़ कर देखा और लॉव लियु से कहा, "सोचता हूँ कि तुम पक्के मूर्ख हो। सार्वजनिक बगान में तुमने एक निज़ी गाय की पूंछ को काट दी। सरकार ने उस गाय को निजी प्रयोग के लिए बख्शा था। सोच रहे हो कि आपने नेक काम किया है? सब्जियों को गाय खाने के बावजूद जरूर वे उभर कर आएंगे। मगर गाय की पूंछ को तुमने काट दी। क्या वह वापिस गाय के साथ पैदा होगा? हे धूर्त? मक्कार"!

चरवाहे अपनी नाराज़गी जाहिर करने के बाद चला गया। लॉव लियु कुंए के पास ही रहा। यकायक उनकी दिमाग मे होश आने लगा। काफी देर तक वह हीं–हीं करता रहा। उस की बर्ताव से मैं भी खीज़ता रहा।

सदमे से हमारे परिवार को गहरा धक्का लगा। वह इतना कठिन रहा जब काली गाय की पूंछ का घांव कुछ महीनों तक अचिकित्स्य है।

गाय लोगों पर बुरा असर नहीं डाले है। वे ईमान्दार, सद्भाव संपन्न, विश्वस्त, कलंक व अनादर में बलि का बकरा बनते है। बिन कारण

उनसे विद्वेष करेगा? जिद्दी, असभ्य, दस्तंदाज व जड़मति बने गाय को देखे हो तो बताइऐ। वह मेरे परिवार की गाय से भी भिन्न हो सकता है।

सरकार से हमें दी गई लाल गाय सर्दी पर आ रही है। कभी भी अपनी बछड़े को वह जन्म नहीं दिया है। उसकी दुहाई की कम क्षमता है। फिर भी हम रोज़ दूध की चाय पीते है। हमारी घर आते समय घर में पर्याप्त चारा नहीं था। हमने सार्वजनिक चरगाह से मंगाने की चरवाहे से आग्रह की। शुरू में उसने मना किया। उसने बहुत कम चारा दिया। उसके बाद लाल गाय कुछ दिनों तक चारा नहीं चरा। हमें दी जानेवाली चारा की मात्रा कम था। मंद समाधान से मामला हल नहीं होता। भूखी गाय चरगाह में भिक्षुक की तरह जाकर चराने गया। स्कूल से शुरू कर विश्राम घर, लुहार की अड्ड़ा व चक्की, बड़ई के कारखाना, हज़ाम की दुकान, पुलिस थाना घूमते ही उसे पहरेदार क्सियाँव लिज़ि के पुराने नमूने के रॉफल की नोक पर खड़ा किया। पहरेदार मुंह गढ़ा बनाकर गरजने लगा कि जडमति वाकई उनकी खिड़की तले दोपहर लुनाई करने लगी। गाय होने के नाते वह चुप रहा। यदि वह कुत्ता हो उसे जरूर उसे हलाल किया होता। गाय की ओर से उनकी शिकायत सुनकर हमने कुछ भी नहीं की। पता लगा कि वह इतना गम्भीर नहीं था। वह कुत्ता हो तो जरूर उस पर गोली चलाया होता। भूलना नहीं कि चारागाह सरहद पर बनाया गया था। उसको भी पता था कि सरहद पर गोली चलाने का अर्थ क्या होता है।

इसके बाद लाल गाय पुलिस थाने कभी नही गई। उसने चराने के लिए अच्छी जगह ढूँढ़ ली। चरगाह स्टाफ केन्टीन के पीछे भारी खाई। हर सुबह दोहन के बाद पूरे दिन के लिए वहाँ रहती थी। रात तक लौट आती थी। उसकी तुंद बढ़ी रहती थी। मेरूदण्ड़ समतल रहता था। महसूस होता था कि उसने बहुत चीज़ खाई होगी। प्याज़, कमल का ड़ंड़ा, व हरी शलगम के ढ़ेर लील कर जुगाल करते हुए फुत्कार करने लगती थी। उसकी दूध घृणित महक से घुला रहता था। माँ जी ने गन्धी कूड़े दान चरानेवाली गाय न बनने से मुझे सतर्क कर दी थी।

पूरी सर्दी में सफलतापूर्वक उसे कूड़े दान गाय बनने नहीं दिया। समस्या गाय बनने से रोक नहीं सका। चारा चरने के मामले में हर जगह वह मुसीबत में पड़ जाती थी। जो मिलता था उसे लील लेती थी। मुट्ठी भर प्याज़, मुर्गीवाड़े में रखे अनाज़ की बोरी, कलिंगड़ बीज़ की बोरी, नए वर्ष के लिऐ तैयार किए जमी जेंदू (चरगाह टेले से अभी अभी उतारी गई) एक ओर हो तो सूखने टंगे हुए बच्चों के कपड़े, कंबले इत्यादि (नई दुल्हा–दुल्हने से प्रयोग किये कंबल की ऊपर चढ़नेवाले साटिन चादर पसंद करती थी) दूसरी ओर। कथई हमारी परिवार में रखी ऐसी गाय की हरकतों से शर्मिन्दा था।

आमने सामने खड़े रहे। वह उदासीन भावना से मुझे घूरने लगी। मैं भी नारज़गी से उसे देखने लगा। उसकी दिमाग अस्तव्यस्त रहा। मेरी दिमाग में लॉव लियु से काली गाय की पूंछ कटने के प्रसंग आ रहा था। सोचकर कहने लगा, ''हे मंदमति भोंडू लाल शैतान! तेरी पूंछ काट कर भेज दूँगा। तेरी सिर काट कर कुत्ते को दूँगा। तुझे दही'चीनी ही उल्टे मिलेगा''। आखिर आग की सिलेंड़र की कुंड़े से उसकी नाक पर मारा। सिर उठाकर अपनी आँखों की गुठलियाँ दिखाकर वह खिसक गयी।

अगले दिन लाल गाय ऐसी घूमने लगी कि उससे कुछ हादसा नहीं घटी। चरगाह के कलब दरवाज़े के सामने आई। दीवार पर चिपके कागज़ पर उसकी नजर पड़ी। हवा की घुमाव से वह मीठी गोंद का महसूस करने लगी। दूसरी ओर कज़ाकियों के एक भीड़ में नोकझोक ज़ारी थी। गाय ने सोचा कि वह बहस उसका मतलब का नहीं। उसने गोंद को चाटक कागज़ को फुर्तीली जीभ से लील ली। देखते ही, भीड़ ने गाय को पकड़ ली। उनकी गाली गलोच जारी रहा। उनकी पसलियाँ टूटने तक डंडे, झाडू व फावड़े से उसे मार दिया गया। शायद लाल गाय की जीवन यह कदम प्रभावी निकला।

यह प्रभावपूर्ण कार्यवाही नहीं रही। एक दिन उसकी चलचित्त पूर्णतः झकझोर कर दी गई।

जून महीने में एक सुबह था। मैं बिस्तर पर था। माँ दूध संग्रहित नहीं की थी। लाँव लियु दोबारा आया और पिताजी से कहा, ''चक्की के प्रभारी कल चारागाह के गेट बंद करना भूला। आप की मंदमति गाय रात में उधर घुसी। सभी अनाज़ को दिल भर खा कर मरी पड़ी है। जल्दी जाओ, लाश उठा लाओ''।

उनकी टिप्पणी से ऐसा लगा कि किसी ने मेरी ऊपर बम फेंका है।। उठकर चक्की की तरफ दौड़ा। पता था कि वह मर चुकी है। जिंदगी में अधिक संपदा खो चुका हूँ।

नुक्कड़ पर पहुँचा। अनाज के स्वर्णिम गुच्छा मेरा स्वागत किया। लाल गया ऐसा खड़ा रहा जेसे उसकी शरीर जलकर लाल शोले दे रहा हों। मगर उसकी बदन से असली ज्योति निकल चुका था। देखा उसकी बदन ढ़ेर अनाज पर पड़ी है। तुंद असाधारण सॉइज़ पर पहुँची है। लगा कि उसकी टाँगे शरीर से अभी निकला ही नहीं। उसने जोड़ने की ज़रूरत है। आँखें खुली हुए थे। क्षितिज़ के सभी कारक उसके गवाह बने थे।

कई बकरे वहाँ मृत पड़े रहे। लाल गाय की लाश भी रही। उनकी विशाल काय के सामने सब बकरे तिलचट्टी लग रहे थे। किसी ने उन्हें ज़हर खिलाकर मार दिया है।

लाल गाय मरने पर भी किसी काम का नहीं। सरकार ही उसकी अवशेष पर ध्यान देगी। उसे स्टाफ केंटीन भेज दिया गया। शस्त्र क्रिया से तुंद खुला – समय पर अनाज़ हज़म नहीं हुआ, कील, प्लास्टिक फिल्म, व कुछ उत्कीर्ण वॉल पेपर मिलें। सुनते ही माँ ने कही ''दोहन के बाद सभी चीज़े मंद गति में चरमरा रहे होंगे''।

अध्याय – 20

कुत्ते का प्यार

काले स्तोम पर पहुँचा। दो ही दिन बचा था। गरमी के लिए चरवाहें रवाना हो रहे थे।

सुबह ही खाल ढ़ेरे से निकल रहे थे। मुखिया के काले कुत्ते ढ़ेर लकड़ी से निकला था। पहचाना कि मैं अपरिचित हूँ। चरगाह में मेरी उपस्थिति पर उसने अनदेखी की। निराश से मुड़कर देखा। दाहिने की ओर ऊंचाई पर चढ़ा। तीन पिल्ले उसका पीछा करने लगे। उनकी चीख माँ के लिए बच्चों की चिल्लाहट की तरह था। बेचैनी से कुत्ता भौंका और आगे बढ़ा।

सत्कारिणी खाल ड़ेरे से बाहर आई। पानी छिड़काने लगी। साथ खड़ी होकर कुत्तों की फौज़ देखने लगी। अवज्ञा के साथ कही, "उदास कुत्ते को देखे। विरह वेदना का महसूस कर रहा है।

ड़ेरे के भीतर अपने काम में वह व्यस्त होने लगी।

स्तोमीय तुशार बढ़ा। मुढ़ कर देखा। एक दूसरा कुत्ता बाई ओर स्तोम पर बैठा था। देखने में वह भेड़िए की तरह रहा। वह आगे बढ़ने लगा।

एक परिवार वहाँ से रवाना हो रहा था। खाल डेरे को निकालने लगे। अपनी सामान बांधने लगे। बच्चे की रूलाहट नीचे तक आया।

माँ उसे सांत्वना दे रही थी। "रो मत लालें, जल्दी निकलेंगे। श्वेत घोड़े पर तुझे बिठायेंगे। हाँ, श्वेत छोटा घोड़ा"।

गरमी चरगाह का आखिरी अस्तमय समय था। साया मेरे ऊपर पड़ा। ढ़लान पर, मगर अति दूर नहीं। स्तोमीय साया पैर तले मंद रहा। ज्वार भाटे के उतराव पर शैलभित्ति लगा। नीला आकाश पर भारी बर्फीला स्तोम दिखा। सूरज के मंद प्रकाश उस पर सुखद पड़ा रहा। पैर तले हरी घास मुरझाई पड़ी थी। बीहड़ फूल धूप सेक रहे छितड़े की तरह गिरा पड़ा। ग्रीष्मीय हवा का शिकार हो चुका था।

गरमी चरगाह का समय आ चुका। ठंड़ बढ़ने लगी। तलवार प्रदर्शन के बीच सर्दी की बाज़े रौंदने लगे। घना तुशार व अर्धचन्द्र रात असर ड़ाला। बीहड़ अपतृण से सुबह भर सकता है। एक दिन बाद स्तोमीय व नदी हिमलव नृत्य पर होगे। संदर्भीय फूल वहाँ विकसित होंगे। हवा के साथ स्तोमीय वर्षा दरख्तें व घास भीगेगा। चरवाहों की गाने व उनकी सुख से कुत्तों का प्यार फूलेगा।

उदास कुत्ता लौट रहा था। पड़े ढ़ेर लकड़ के सामने सिर झुकाकर झूम रहा। दूसरा वहीं पास में चरा रहा था। परिवार रवानगी पर तैयार रहा। घोड़े पर किसी ने सवार किया। ऊँटों के ऊपर बरतनें लादी गई। इत्तला किया गया कि वे क्रम में आगे बढ़े। बुझी चूल्हे से सत्कारिणी चाय पॉट उठाई। बचे पानी को चूल्हें पर फेंका। भारी धुंआ उड़कर भिखेरने लगा। श्वेत धुंएँ को देखकर कुत्ता खड़ा हुआ। बैठकर खड़ा होने लगा। सत्कारिणी घोड़े दौड़ाने से पूर्व उस की ओर इशारा किया। सवारी व घोड़ों के कतार स्तोम से उतरने लगा। विदाई करने कुत्ता दौड़ा। कुत्ते आपस में खड़े होकर एक दूज़े का आलिंगन करने लगे।

खाल ड़ेरे की सत्कारिणी बाहर आई। तौलिऐ धोने बैठ गई। सात साल का बच्चा पानी ड़ालने लगा। मुझसे वह कही, 'गरमी चरगाह में दो परिवार है। कई आगुंतक वहाँ पधारेंगे। दो कुत्ते, कुछ मवेशी, घोड़े व ऊंट हमारे साथ दे रहे है। दूजा परिवार आज रवाना हुआ। कई दिन बाद हम भी रवाना होंगें'।

संदर्भ में दूजा परिवार खाल ड़ेरे से गुज़रा। ग्रीष्मीय घास पर ऊँट के भारी कदम की आहटें आई। स्तोमीय साया घटने लगा। प्रज्वलित धूप हम पर नज़र डाला। दूज़े परिवार से सत्कारिणी विदाई करने गईं। शुभ यात्रा की कामना की। सवारी और घोड़ों की बारात निकली। कुत्ते वहीं रह गए। काले कुत्ते को दोबारा बुलाई। हमारा कुत्ता रह गया। काला कुत्ता बारात का पीछा किया। स्तोम तले कुछ पिल्ले धूप सेकने लगे। दुनिया से दूर अपने आप खेलने लगे।

कुत्तों की विदाई से लगा संसार अस्थिर है। भेड़िया जैसे कुत्ता बारात से कुत्तिया के पास लौटा। आलिंगन करते हुए बारात पर नज़र डाला। कुत्तिया से दोबारा आलिंगन करने लगा। उसकी नज़र विदा कर रहे बारात पर ही थी। कुत्तों की नज़र में बारात ग्रीष्मीय आखिरी धूप देख रहे है। ऊँट सड़क पर अविस्मरणीय छाप छोड़ रहे है। गरमी की धूप ख्यालों के साथ घटने लगी।

समय किसी की प्रतीक्षा नहीं करता। कुत्ते भी उसके सामने गौण है।

स्तोम चढ़ी परिवार को चढ़ाव ऊंचा नहीं था। समय कुत्ते का इशारा किया। वह दौढ़ने लगा और बारात का पीछा किया। समय का पीछा करते ही कुत्ते को उससे विदा लेनी पड़ी। ग्रीष्मीय गरमी चरगाह से समय पीछा रहा। कुत्ते को पर्याय के बीच रूकना पड़ा। बिन पर्याय हवा के बीच उसे न्यौता देना पड़ा। कुछ देर स्तोम पर खड़ा होकर गायब हुआ।

कुत्ते गायब होते ही, हमारा कुत्ता धमका। चीते की तरह चराव घोड़े के सामने खड़ा। घोड़े ने अपना सिर उठाया। नासमझ सिर नीचा किया। माँ को मदद किया बालक चीखा, 'माँ हमारा कुत्ता बारात के पीछा कर रहा है। वह जोर से चिल्लाने लगा। सत्कारिणी ने हीं–हीं की। उसने कहा, 'कैसा बच्चा है? हड़बड़ी क्यों? वह कहां जाएगा जब मालकिन इधर है'। वह ज़ोर से दोबारा चिल्लाने लगा। हमारे कुत्ते के सामने घूम रहा कफत्ता टपका। कुत्ते समझे कि मुखिया समक्ष जल विभाजक बुलावे का प्रतीक्षा कर रहे है। उनकी वरण अंतिम होगा।

दूजे परिवार के सत्कारी सड़क पर घोड़ा बांध रहा था। कुत्ते आखिर विदा होकर अनिच्छा से उतरने लगे।

पिल्ले वहीं खेलते रहे। ग्रीष्मीय धूप में उनका मौज़ रहा।

खाल ड़ेरे के सामने धुंधला धूप में ज़ारी प्रसंग के बारे में विचार किए। काला कुत्ता उदासी लौटने लगा। सत्कारिणी धीरे हंसने लगी, ''वह कुत्ता है। मुखिया से दूर कहीं नहीं जाएगा''। समझने के बाद कुत्ता धीमी भौंका। सत्कारिणी पर घिनावना देखने लगा।

अध्याय – 21

सर्वदा देर से लौटे पिताजी

चरवाहा 'हाली' विधुर हुआ। भविष्य पर सब सोचने लगे। वृद्धों ने कहा, "सफर में घोड़े और जनानी की विदाई अत्यंत कठिनाई लाती है"। एकत्रित स्त्रियों ने जवाब दी,"पति को अब खाना कौन पकाएगा? बच्चों के कपड़े कौन धोएगा? उत्तेजना कोन देगा"? वृद्धो ने जवाब दी,"मेल–मिलाप के लिए आप तैयार है"?

हाली के पास उमदा विचार नहीं थे। पुनर्विवाह के लिए तैयार थां। वह इतना सरल नहीं था। स्त्री ऐसा नहीं की घर यकायक बसा लेगी। बसाई स्त्री के गाढ़ने बाद वह लौट भी नहीं सकती"।

उनकी जनानी मरी थी। परिवार टूट पड़ा। बच्चे रिश्तेदार व मित्र के हवाले हुए। वापिस नहीं लौटे। चूल्हे की आग तत्काल राहत दे सकता है।

विधुर के जीवन के बारे में पता नहीं (जानना भी नहीं चाहता)। बहने या मेरी गलती हो तो मां–बाप चिंतित रहते थे। माँ कहा करती थी,"त्रृटियों की उपेक्षा मत करो। उदासी और हतोत्साह बढ़ती है। एक की विदाई बवंडर पैदा कर सकती है। चूल्हा भुज सकती है। बहने गोदी में चले जाऐंगे। तेंगड़ी ही तुम्हारी भविष्य पर जानता है। चरवाहा हाली का यही अनुभव है"।

माँ का आदेश सावधानी नहीं थी। नटखट चेष्टा से मां–बाप परेशान थे। निरंतर प्रबोधन से हमारी उत्तरदायित्व बढ़ी। मामला छोटा नहीं था। परिवार संरक्षण पर हम प्रतिबद्व थे। मेहमान के सामने शोर–शर्राबा नहीं करते थे। मिले लकड़ी को चून्हे में प्रयोग करते थे। मिट्टी निकालने फावड़ा ले जाने पर माँ–बाप को इत्तला करते थे। दोबारा पड़ोसी का याद दिलाते थें। रोज़मर्रे में फावड़े व झाड़ू आवश्यक वस्तु होते है। वरन् अपमान का सामना करना पड़ता है। भावुक व गम्भीर बनते थे ताकि मां–बाप निश्चिंत रहे।

दिन बीते। हमने अपनी ज़रूरतों पर अनदेखी की।

एक बार अस्वस्थ माँ अस्पताल में रही। घर नहीं लौटी।

खिड़की की चौखट पर झुके हुए थे। पिताजी एक बकरे बांधे हुए खूंट की ओर आ रहे थे। हाथ में एक लोहे की मर्तबान था। माँ के संपोषण के लिए पड़ोसी से बकरे मांगे थे। वह बहुत दुबला पतला हो चुकी थी। बकरी से दोहन के लिए कमजोरी से माँ आगे बढ़ती थी। बिन माँ बकरी दूध के वज़न से सारा दिन मिमियाती थी। बकरी घबड़ाई हुई थी। पिताजी के पहुँचते ही खूंट के पास बकरी अविराम दौड़ी। पिताजी खड़े होकर उसकी मन पढ़ने लगे। चिउरा पकड़ने के बहाने उसकी चूची पकड़े। पिताजी के हाथ के मर्तबान पर वह लात मारी। उपहास से मर्तबान के साथ दोबारा उसकी चूची पकड़े। बकरी ने मर्तबान पर दोबारा लात मारी। ऐसे की उसके नखरे चलते रहे। पिताजी एकदम नाराज़ हुऐ। बकरी माँ की इंतज़ार करती रही।

सब परेशान थे। पिताजी हमारे सामने अनाड़ी, जड़मति व कठोर थे। हमारी खामोशी से पिताजी खुद को कोसने पर मज़बूर किया। हमने टोका मगर दीदी उनके पास गई। उनकी हाथ से मर्तबान लेकर बकरी पास पहुंची। वह मा़ नौ बरस की थी।

प्रसंग से हमारी गरिमा को ठेस लगा। प्रत्यक्षदर्शी के सामने उपहास का शिकार हुए। पिताजी के बारे में एकदम उदास रहा। माँ को

खोना नहीं चाहता था। मैं एक दिन भी उनके बिना सांस नहीं ले सकता था।

जल्द ही माँ घर लौटी। पिताजी काम के लिए जाते थे। कई दिनों तक नहीं लौटते थे। बिन पिताजी माँ के संग हम निस्सहाय नहीं होते थे। पिताजी जाते समय लौटने का दिन बताते थें। हम उनके बारे में आश्वस्त रहते थे। उनकी अनुपस्थिति में घर पर असंदिग्धता पैदा होती थी। क्योंकि वे एक दुर्गम स्तोम थे।

एक सर्दी की शाम था। पीले बकरे स्तोम पर एक ठेले ले गऐ। सक्सउल लकड़ लेकर शाम को ही घर लौटना था। विशाल बीहड़ में सारा रात बिताए। बोर में लकड़ी लिया। ठेले में भरा और घर की राह देखने लगे। दुर्भाग्य से अगला दिन बुरा रहा। दुस्वप्न व हवा सहित हिमपात ज़ारी रही। संदर्भ में गोबी मरूस्थल दौरे पर रहा व्यक्ति मरने का अंदेशा था। कुछ लोग घोड़े पर सवार हुऐ। बंदूक सहित स्तोम के मैदान में ढूँढ़ते रहे।

विदाई के बाद आंधी का मुकाबला करना पड़ा। घर पर ठंड हज़ार गुना बढ़ी। सेकाई का रास्ता नहीं बचा। बकरियाँ लिपट कर खिड़की चौंखट पर पड़ी रही। हवा बहने लगी। बर्फबारी में बुर्रादा निकला। असमानी आवाज़ सावधानी दी। पूर्व दोपहर में पिताजी की प्रतीक्षा की। उनके लिए चौंखट पर दूध की चाय जमा किया। अगले दिन उनकी प्रतीक्षा में रहे। मैंदान से लौटने के बाद उन्हे पीने कुछ मिलेगा।

बेचारे को ऐसा अवसर नहीं मिला। सेकाई के लिए लकड़ भी नहीं रहा। उम्मीद थी कि शीत लहर में हम मौत की राह में जम जाऐंगे।

खोज़ी दस्ता खाली हाथ लौटें।

सारी रात बत्ती जलती रही।

चरगाह में बत्ती बुझी। माँ ने दियासलाई बत्ती जलाई। जलते चूल्हे पर चाय का टोप रखा। उभलते समय पानी का उफन आया। ढ़क्कन चूल्हें पर गिरकर फुफकारने लगा। शोलों मे दीवार पर टंगी कोट

उड़कर झूलने लगा। दीवार जलकर पीला हुआ। पिताजी चूने से गर्मी में पुताई की थी। उनके बिना माँ हमे बेचैनी नहीं आने देती। मत्थे पर पाग सख्त बांध रखी थी। मीठी रोटी तल कर पिताजी के गर्मी–सर्दी कपड़ों को व्यवस्थित डाली। हमें आराम सोने दिया। वह खाली नहीं बैठना चाहती थी। उन्होंने अन्य चीज़ों की व्यवस्था भी की। शीत लहर में सुबह तक वह निराश थी। हल्की झटके से भी दरवाज़े तक पहुँचकर लौट जाती थी।

देखा की त्रिअंक दरवाज़ा टूटा। बर्फीली हवा का प्रपात ज़ारी था। टूटी हुई छत से पानी टपकने लगा। फर्श भी ढीली रही। नींव डूबकर किसी क्षण पर मकान ढ़ह सकता था। पिताजी की लौटने की उम्मीद से बाहर था।

कितने बार माँ घर से बाहर आई होगी। नाल की रगड़ाव़ या किकियाना हो। घर से ज़ोर शोर से बाहर निकले। घोसले से कड़ाके धूप में चिड़िया उड़ने की तरह।

पिताजी का दर्शन हुआ। बदन, भोंहे, दाढ़ी, च चेहरे पर बर्फ जमी थी। लोम कोट व हेट, और नमदा जूता जोड़े विकृत हुए थे। धोड़े के बगल में खड़े थे । उनकी भौंहे, नाक, अयाल व नाल पर सख्त बर्फ जमी थी। सांस हवा लड़ी–दर–लड़ी निकल रही थी। बिन लकड़ी जले सर्दी की बहारे फूंकने लगे।

सूती दस्ताने में ढ़के हाथ से उन्होंने इशारा किया। चेहरे के स्नायु में सख्ती पेश आई। यों ही मुस्कराने लगें। विलंब लौटना उन्हें उपहास बन गया था। ठेले से लकड़ी निकाले। माँ को उसे दिया ताकि वह चाय बनाये। उसे घर में लाई और चूल्हा जलाई।

बर्फीला स्तोम में बोर की मंद रोशनी दोहराती थी।

अध्याय – 22

ग्रीष्मीय चरगाह

निसर्ग में यह अत्यधिक आकर्षक स्त्रोत है। चरगाह परिवार सुखद जीवन बिताते है। क्षितिज़ नील रंग से समा लेता है। हरी–भरी घास फूलों से विफुल होते है। विशाल स्तोम बर्फीला रहता है। घने जंगल का मैदान व्यापक फैलता है। संकरी खाड़ी टपकने लगते हैं। कभी–कभी मछलियाँ नर्म शैवाल से तैरने लगती है। घासमंच पर बकरा धूप में नहला रहा है।

ग्रीष्म चरगाह असमानी नील में क्यों स्पष्ट रहता है? हमारी नज़ारा बिन बादल चुकना चाहिए। क्षितिज़ गहरा रहता है। विशाल, शुद्ध वातावरण में प्रज्वलित रोशनी बिंबित होती है। दिगंत पर गर्म हवा में उजाले अंधेरा की तरफ बढ़ता है। बूरा रंग से गहराई तक, बर्फीली ठंड़ में दिखता है। रंग कभी–कभी गाढ़ा और गहरा रहता है। नील लहरी रोशनी में फरिश्ते की 'भा मंडल' कितना प्रभाव पूर्ण रहता है? आम आदमी की अंतरात्मा कैसे परिशुद्व होता है? मानव धर्म के हितेशी कैसे बनते है? वर्षा समय बादल निकट मंड़राते है। मझौले हवा मंड़ल में वे लटका देते है। क्षितिज़ से दूर मगर जमीन परत से ऊपर। हवा में चीख झंझा उछाल कर घाटी में फेंकता है। उड़ रहे एरिगेरान गुलदस्ते बन जाऐंगे। आराम करने वहाँ जगह नहीं मिलेगी। गरज़ की गड़गड़ाहट से बलिष्ठ बिजली दिगंत को मिला देती है। ऊंची देवदारू विभजित हो

जाती है। अग्नि पुत्र ही शनि भगवान हैं। नरक से जीव का उलझन में क्यो रहता है? विपत्ति कारक वह क्यों बना है?

सुदूर रिश्तेदार यायावर था। चारवाहों की तरह निसर्ग पर परिवार आधृत था। गरमी में ग्रीष्म चारागाह, सर्दी में उचित शिबिर पर वह स्थानांतरित होता था। स्तोमीय सड़क के बीच में वह घूमने लगता था। निसर्ग लय पर उनकी जीवनी चलती थी। दर्द व खुशी, सुख व नष्ट निसर्ग समान है। दुर्भाग्य में वायु, तुशार, व वर्षा विपत्ति में समन्वित है। संदर्भ में ठंड़ व उल्लास चलता है। गर्मी में स्तोमीय फूल पूर्णतः विकसित होते है। काला परत धरती की चेतना में दीप्ति व अंधेरा, सूखा व आर्दता, विकास व कुम्हालना पिघल जाते हैं। नगरवासी को उत्प्रेरणा का लाभ नहीं मिलता। आधुनिक तकनालजी की मकड़ी जाल में लोभ से यह बंधे है। नगरों की दलदल में फंस जाते है। खुले आसमान प्रतापी निसर्ग से भिन्न रहता है। फरिश्ते, शैतान मात्र शब्द बने है। ममी या शिलामानव की तरह मंद व निर्जीव बनते है।

उनकी शादी के संदर्भ में मैं छोटा बच्चा था। मेरी शादी के बाद उसकी गर्मी के चरगाह में रहने लगा।

वह उस समय तक तीन बच्चे का बाप बना था। बड़ा उच्च बोर्डिंग स्कूल, मझौला कनीय उच्च दर्जा स्कूल में अप्रवासी छात्र, और छोटा तीसरी कक्षा में दिन का छात्र रूप में पढ़ाई करते थे। उनकी जनानी साधारण स्त्री थी। वह सीधी–साधी रूकी पानी की तालाब थी। उसमें अपने बिंब को वह देख सकती थी। रिश्ते में वह पिताजी या चाचाजी की पीढ़ी का था। हर चाल से वरिष्ठों के लिए निर्धारित प्यार व आरक्षण उनमे होती थी। बच्चों के परिचय में अभिमान व संतुष्टी दिखती थी। उनकी फरवरिश, पहनावे, सेहत, आराम व सुख, संतृप्त रहता था। मुसीबत व अच्छे समय में भद्र रहते थें। बड़ों का आदर करते थे। सौम्य व स्वयं अनुशासित रहकर दुष्टता से दूर थे। परिश्रमी व सहृदयी थे। वह स्वयं खुश था। परिवार के परिचय में नौ बरस का हणते के बारे में कहा, ''इनकी कंधे दो लोगों को मदद कर सकता है। ज्ञानी, स्पष्ट व

निर्मल और स्तोमीय झील स्वभाव से परा है। परिवार की भविष्य भार सम्हाल सकता है। वृद्धों के लिए वृक्ष बना हुआ है। उनकी अपनी ही 'बाहे' हैं। कहा गया है कि फरिश्तों को अपने ही बाहे होते है। उनका परिचय करते समय उन्हें पूर्ण कहता था। जहाँ बाज़ से गौरिए बनकर विशाल दिगंत में अपना हौसला बढ़ा सकता था। मेरी नज़र में छोटा बेटा वैसा नहीं दिखा। कमज़ोर, शर्मीला, उत्सुक व माँ–बाप के संरक्षण में आश्रित दिखता था। उनकी अवसान पर सर्वेश्वर के संरक्षण में वह आ सकता था। दोपहर चाय के बाद सत्कारिणी अपनी बाँहों से फल सहित दूध के चाय परोसी। एक चम्मच मक्खन व शहद उसमे ड़ाली थी। छोटे बेटे से कह रही थी, 'प्यारे, मेरी जाँन व मेरा सूरज़! ले लो। पर्याप्त चावल व चाय के बाद, दोपहर स्कूल जाओ। सर्वेश्वर! उनके पास इतना फासले जाने की हिम्मत है। बेचारा बालक'! अनेक शब्दों से बिन ढ़ोंग उसका गुणगान की। वह लम्बी जीवनी की मुसीबतों को दर्शाता था। भगवान उसके बच्चे को किसी चोट से बचा सकता था। वह माँ के लिऐ निसर्ग से निकट इनता उत्साही और महत्वपूर्ण था।

दोपहर की चाय हुई। परिवार के साथ मात्र दो घंटे से कम बिताया। चिरकालिक अनुराग से मैं सम्मोहित था। रिश्तेदार का संबंध कोसो दूर था। अध्यात्मिक दृष्टि से ऐसा नहीं लगा कि हम बहुत दूर बन्धे हुए है। खाल ड़ेरे के पीछे और हरियाली ढ़लान में सांस लेने लगा। ग्रीष्मीय चरगाह के ताज़ी हवा को लेकर शहरी प्रदूषित हवा छोड़ दिऐ। दिल व दिमाग उत्प्रेरित निसर्ग व उत्तेजन के स्वरसंगति के बाद मेरी सुनवाई पकड़ पर आई। असीमित खंड़ में इन्सान के भाग्य पर किसका नियंत्रण होता है?

ढ़लान पर बैठा रहा। कहने के लिए कुछ भी नहीं बचा। निसर्ग शक्ति पर रहा सदमा अत्यंत बलिष्ठ रहा। मैं संवेदी स्वर में खुश था। मेरी जीवन ब्रह्मांड़ का एक लम्हा रहा। निसर्ग की महत्व के कारण प्यार की परिभाषा विशिष्ठ होता है। ढ़लान पर बैठे मधुर मनोभाव से देखा जब हणते को उनकी बहन उपनगर रास्ते पर अत्यधिक घास तरंग में ले जा रही थी।

अतः मैं सुखशांति के घासमंच पर लेटा था। आसमानी रंग पर नज़र डाला था जब फरिश्ते के बारे में मेरी गहरी समझदारी थी।

आँखें मूंद ली। उम्मीद रही कि निरंतर नील रंग में घुल सकता हूँ। मन में शहरों की शोरशराबा नहीं रहा सिवाय कीड़े का फड़फड़ाहट सहित उछला। कीड़े हरियाली घास तिनकों के बीच घूमते थे। तेज़ हवा से ज़ोरदार घास फूंक रही सुन्दर मशकबीन ध्वनि उठती थी। ध्यानपूर्वक उसे सुना और सहसा रहने स्तोमीय कंकड़ सर्पी के टकराव सहित लंबित चरगाहे की गाने। धरा की गहराई से ध्वनि उत्पन्न हो रही थी। यकायक आंतरिक भाव खींचनेवाली उदास व संवेदनात्मक लोक गीत विवर्ण और कारूणिक रहा। आँखे खोली। ग्रीष्म चरगाह पर पड़े सूरज़ की चमक का मुकाबला मैं नहीं कर पाया।

चारावाहों के लंबित गाने से चित्रमय ग्रीष्म चारागाह बना जो यकायक से वैविद्यमय था। ध्वनि की दिशा में उभर रहे एक के बाद एक विशाल स्तोम व लाल चोटी मेरी आँखों का अभिवादन किया।

ढलान पर चट्टान तले घास से आवृत मंच में चमकीले मोती की तरह भेड़ समूह दिख रहे थे। चरगाहे का दूसरा गीत सुना। पता नहीं चला कि गायक कौन होगा। लाल चट्टान चोटी पर उन्हें देखा। वह मुझे देख रहा था या उसका पीठ मेरी ओर थी, मुझे मालूम नहीं। कुछ देर के लिए वहाँ रहा, बाद में वह गायब हो गया।

सिर हिलाया। सोचा कि वह कौन हो सकता है। निस्संदेह भेड़ समूह वहीं पड़े होंगे। परिवार का परिचय करते समय मेहमान ने चरवाहे के बारे में नहीं बताया। वह हरेक काम को स्वेच्छा से करता था। बस्ती में अक्सर विक्रेता चीनी इल्ली भूखड़ी की खुदाई करते थे। अधिकांश विधिपालक नागरिक नहीं थे। मैं विक्षत था और सोचा कि गिरिपीठ जाऊँ। स्तोम के बीच चला और सोचा, अब मैं स्पष्टतः चलते सोचा, चरवाहे का गीत अभी सुना, क्या विक्रेता चरवाहे का गीत गा सकता है? अपनी सिर दोबारा हिलाया।

ढ़लान और देवदारू वन में चला। जब मैं खाल डेरे पर आने लगा एक गहरी खाई के नीचे 20 मीटर दूरी पर चट्टान की व्यतिक्रम ढ़ेर पर प्लास्टिक शेड़ और सूखा घास तले एक बिस्तर था। उसके ऊपर चादर सहित कशीदा, नमदा कंबल थे जहाँ बिस्तर के अग्र भाग में गोल गट्ठी केक की तरह बेल दिया गया था। एक पुराना ट्रेवल बैग, पुराना लालटेन, बिस्तर कम्भे पर टंगाया गया थां घोड़े की काटी, चिमटा व कुठार बिस्तर के बगल में पाए गए। कोई यहाँ रहता था? कौन हो सकता है? 20 मीटर दूरी पर एक खाल ड़ेरा था। मेज़बान को यहां क्यों सोना चाहिए? इस तरह मवेशी पर निगरानी रखनेवाला चरवाहे को मैं नहीं जानता क्योंकि ऐसी शेड़ को कलिंगड़ खेत संरक्षण करने बनाई जाती है। वाकई वह गज़ब रहा। संदेह से परे मैं खाल शिबिर पर लौटा।

शाम के चार बज गया था। मेज़बान एक कटोरी भरी दही लाई। उसने कहा, 'शायद इधर आने के बाद आप थक गए होंगें। एक कटोरी दही पीकर आराम कीजिए। कल के लिए बढ़िया बन जाएं तो स्तोम पर जाकर आप देख सकते है। दही लेकर पी लिया। बाद में गहरी नींद में खो गया।

उठा तो शाम हो चुका थी चूल्हे के बगल मेज़बान दोहन की बाल्टी धो रही और कहीं, 'आप थके हुए होंगे। सोते ही रहे। मुझे आप को जगाना पड़ा। शाम को सोना स्वास्थ्य के लिए हानिकारक है'। कहते हुए वह चली गई।

अत्यधिक आराम अनुभव किया। ताज़ी हवा और दही से पक्की नींद की सौम्यता का अनुभव मिला। नगरों में ऐसी नींद व आराम प्राप्ति अत्यधिक कठिन होता है।

खाल ड़ेरे से मैं निकला। कैसा स्वर्णिम चरगाह था वह!!

वहाँ वर्षा अभी हुई थी। वायु में आर्दता रही। वर्षा से घास का छिड़काई हुई। वह मज़बूत हुआ। अस्तमय सूरज़ की दीप्ति में घास तिनके पर रोशनी बिंबित होने लगी। घाटी में बादलों की घुमाव और

आकाश के पूर्व फैली इन्द्रधनुष निसर्ग हरा–भरा, स्वच्छ व मीठा रहा जैसे सम्मोहक दुधिया सुगन्ध दे रहा अभी नहलाया हुआ शिशु।

भेड़े मेले चराने के बाद लौटे। मेषी व मेष अलग–थलग खड़े रहे। माँ बछड़े को बुलाने लगी। यह परिदृश्य नगरों में बालविहार से वयस्क से उठाये जानेवाले बच्चों की तरह रहा। माँ और बच्चे के बीच प्यार, उस लम्हें में लचक की तरह उछलने लगा।

शाम के व्यस्त समय में तारें धीरे–धीरे रात की आकाश पर चढ़ाई करने लगे। दियासलाई दिया जलाया। चूल्हे की आग दीप्त रहा। सी सी टी वी राष्ट्रीय समाचार बुलेटिन की उद्घोषिका की ध्वनि घर में भर गया। उसकी आवाज़ से लगा कि बाहरी संसार की नज़दीक हूँ। मेज़बान कहीं, 'ठीक? आप दूर की मेहमान है। एक मेष का हलाल कर आप की दुआं उस तक पहुँचाएगें'।

मुस्कराहट से सिर हिलाया। वरिष्ठ रहते समय, कैसे में "तात्कालिक नेतृत्व को निकाल सकता हूँ'? मेज़बान मेरी दिमाग पढ़ लिया और सच्ची रूप में बाहर से किसी पर आग्रह किया, "उसे लाइए"।

विगत वर्ष घर में पैदा हुए संदर्भ में मैने एक दिया का मंद प्रकाश देखी, मेमने का प्रहार किया। वह भयभीत था। घूसा मार कर पीछे लौटने लगा। ढकेलनेवाला आदमी उसके शरीर पर चिमटी से कस कर रखा था। बदन चट्टान को ज़कड़ गया था। नज़रे मिलाते हुए सिर पर ठंड़क घुलकर उतरने की तरह मैंने महसूस की। एकांत में सिहरने लगा। उनकी नज़र में संपूर्ण दृष्टि पाया। उनका भारी सिर, दो बोझिल भौंहे व नथुने, गण्डास्थि व भारी मुंह अत्यधिक बेड़ौल और रूक्ष था। उनकी पहनावा चीन नमूने का ऊनी कुरता जैसा विकृत था। कद में वह टुण्ड़ था। सैनिक पाज़ामे और बारिश के रबड़ जूते जोड़े पहना हुआ था।

"आप नासमझ हैं। मगर हमे खाना चाहिऐ। हमारी पाप का क्षमा कीजिऐ। अमीन"!

मेज़बान की प्रार्थना के दौरान्, यह ''बौना'' हमारे तरह अपनी हाथ जोड़ा और अल्लाह से बख्शे तोहफे के लिए अभिवादन किया।

प्रार्थना के पश्चात्, मेज़बान ने अपना जूता जोड़ा निकाला। कझाकी बाजे 'दोंगबुला' बजाने का आनंद उठाया। बच्चे अपने विराम समय के लिए दी गई काम किये। मेज़बान चूल्हा जलाई। पानी गर्म की। 'बौना' ''दोंगबुला'' के प्रवाही लय सेट की। मेमने को हलाल किया। छीला। आंते निकाला। अंग विच्छेदन किया। आरंभ से अंत तक उनसे कुछ भी नहीं सुना। एक सम्मोहित व्यक्ति की तरह पेश आया। कहने लगा, 'अपनी चेतना हरण के बाद ही दूसरे के अनुसार वह चल सकता है'। उनकी निगाह व रीति–रिवाज़ कुछ हद तक दिलचस्प नहीं थे। हम उसे बर्फ व तुशार से भी ठंडा नहीं कह सकतें। 'ऊष्मा' अनुभव किया व्यक्ति ही 'ठंड' का मुकाबला कर सकता है। कोरा कागज़ की तरह पूर्णतः शून्य रही उनकी निगाहें। जिन्दगी में किसी से अनुरक्त नहीं था। रूक्ष चेहरे व लोहे गुम्बज़ जैसी बलिष्ठ अंगलेट से तंगहाली के अनुकूलन वह रहा। पूर्ववतः देखी व्यक्ति से मिला परिदृश्य रहा। जैसे लाल चट्टान रहे आदमी, चरवाहे की गीत और बाहर पड़े बिस्तर।

बिस्तर पर विचार करने लगा। विचार व धारणा से मन भरता। परिवार में गरिष्ठ संबंध बनते है। किसी से पक्षपात होता है। गुलाम का भी अपना स्थान है। समाज का यह दस्तूर है। रिश्तेदार व मेरे बीच अकथ्य फासले थे। मैं इससे हताश था। दुर्भाग्यवशः यह फासले की संवेदना दिन–ब–दिन मज़बूत हुए।

चारवाहे के लिए सहभोज व्यवस्था नहीं थी। वह मेमने हलाली से लेकर खाना तैयारी की जिम्मा लिया था। उनका खाना निकृष्ट था। उसने मेष समूह का निगरानी की। बरसाती के लिए शेड लौटा।

रात में लगा आकाश दुःखी था। लोहे चादर धुंआरे की क्षति हुई। वर्षा प्रहार करने लगी। मेज़बान जाग उठी। बाहर जाकर देखी। सोची कि खाल ड़ेरे को क्षतिग्रस्त है। चरवाहे पर मैं चिंतित था। सहसा वह भी चिंतित रहीं। उसकी कथन सुना, 'पिताजी, अच्छा है, बच्चे को

वापिस बुलाओ'। बाद में मेज़बान ने बेचैनी से कहा, 'गढ़े मुंह से (हर रात) उनके बारे मे क्यों बोल रहे हो? अपनी काम करो'!

नाराज़गी की फुसफसाहट में कही, 'किसी दिन बच्चे को मार दोगे। मृत गोदी मां–बाप का कैसे सामना करोगे'?

नाराज़गी से दिल धड़कने लगी।

अगले दिन जागा। मेष चराने निकले थे। चरवाहे गुमशुदा था। उनकी चादरें लुड़की हुई थी। कल की हालत ही रही। किसी ने उसे छुआ तक नहीं। कुछ देर बाद बच्चे स्कूल गए। मेज़बान भी बाहर गया। जनानी अपनी काम में व्यस्त रही। दोपहर वर्षा ज़ारी रही। कुछ दिन तक धूप गायब रही। चरवाहा बोर में निकला। देर रात लौटा। लगा कि बुरा मौसम उन पर बेअसर है। मेज़बान व जनानी इस पर व्याख्या नहीं की। कई बार उनके बारे में पूछने कोशिश की। मगर पूछ नहीं पाया। कई दिन बाद बारिश के बीच ग्रीष्म चारागाह की सैर समाप्त हुआ। गदले पर चला। मेज़बान परिवार के लिऐ अकथ्य विस्मय रहा।

घर लौटते ही परिवार जन से जिक्र किया। पूछा कि उन लोग से क्या दोष है। जवाब से दिल टूट पड़ा। कई वर्ष बीते। संस्मरण भारी रहा। लोग शादी कर लेते है। अपनी पेशे पर रहते है। अच्छा–बुरा दोहराता है। कुढ़न पर फैसले नहीं होते।

पता चला कि चरवाहा बौना नहीं था। उनकी बौनापन उम्र दर्शाती थी। उनकी शारीरिक विकास कम रहा। वह मात्र चौदह वर्ष का था। नाबालिग बच्चा था। उनकी मां–बाप का दूजा बेटा था। उनकी पैदाइश के बाद बांज़ चाचेन उसे गोदी में लिया। मंशा साफ था। पहले चाचा–चाची का ख्याल। अवसान बाद परिवार की देखबाल। बच्चा उनके साथ दो ही साल रहा। अस्वस्थ चाचा–चाची एक के बाद एक मरें। फरवरिश से पूर्व परिवार टूटा। खाना व ईंधन का अभाव रहा।

मेरा परिदृश्य दोहराया गया। पिताजी की घृणा से उनकी जीवन चला है। वह दुर्व्यवहार से देखना चाहता हैं। बेटे का दंडित करना

चाहता है। शारीरिक रूप से। जननी सहित खुद को मानसिक रूप से दंड़ित करने लगा है।

पिताजी के अनुसार, वे निसर्ग के अच्छे दिन–जैसे दूध, नमक, पानी, भोजन सहित आपसी प्यार–के भोगी है। बच्चे के गोदी मां–बाप असली के तरह नहीं रहें? कच्चा ज़मीन पर ठंड़ में क्यों सो रहे हैं? विपत्ति से पूर्व उनकी सांत्वना के लिऐ क्या कहें? जी हाँ, कोई निदान?

काफी पुराना प्रसंग रहा। हाल की स्थिति पर निबंध लिखने लगी। सुना कि बच्चे को आज़ादी देर बाद मिली। कई रिश्तेदार खामोश नहीं रहे। पिताजी से समझाये। मरते समय किसी को मदद नहीं कर सकता। नासमझ बच्चे का दंडित करना अन्याय होगा। दिल मांस का उपज़ है। आश्वस्त कौन करेगा कि किसी दिन निरर्थक नहीं होगा? घृणा की दुर्बोधन नहीं होना चाहिऐ।

गत वर्ष बच्चा पच्चीस बरस का हुआ। विच्छेदित स्त्री के साथ पलायन की। स्त्री का पति पियक्कड़ था। उपनगर पर फोटों स्टूड़ियों ढूँढ़ने गऐ। सहज़, सौम्य, नियंत्रित मगर संकोची शादी के फोटो की जरूरत पड़ी।

कहा गया – दूल्हे की कद 175 से.मी. से भी ज्यादा है।

दुल्हन नाटी व छैली रही।

अध्याय – 23

पुराना खाल शिबिर

पिताजी व माँ शिक्षक थे। बचपना–शैशव रिहायशी सुस्थिर था। चरवाहों के तरह चरगाहें बीच खाल ड़ेर पर नहीं घूमा। एक शिक्षक से शादी हुई। उनकी रिहायशी पक्की थी। दूसरों के साथ ग्रीष्मीय चरगाह रिहायशी के सिवाय मेरी ठिकाना स्थिर था। खाल शिबिर की जिंदगी कभी नहीं आई। मेरा सौभाग्य व नुकसान भी है। चढ़ाई, हवा व वर्षा की परेशानी से सुदूर रही। जिन्दगी की असली मज़ा नहीं मिला। स्वभाव में भावुक व अनिश्चित रही। क्षति–लाभ की सादृश मनोभाव व अनुकूलन रहे। अंतिम निर्धारण नहीं हो पाई। चरगाह ही बिन मवेशी या मेष आश्रय स्थान रह। पुरानी खाल शिबिर संस्मरण में रहा कि मैं ग्रीष्मीय चरगाह का आप्रवासी हूँ।

मैं उस समय आठ बरस की थी। सरल, कच्चा, छोटा व चार विभजित कमरा घर था। पिताजी के अनुसार, पूर्व दिनों में विभाजक फलकें अमीर घराने के संकेत थे। कभी–कभी उनकी संख्या बारह से अधिक होते थे। घर अकसर स्थलीय चतुर्भुजीय आंगन लगता था। खाल शिबिर के मुखिये की पहचान व स्थान उनकी शिबिर की सहूलियतों पर आधृत था। मुखिये विस्तृत जगह पर रहते थे। चरवाहों से बनी हमारी शिबिर में चार कक्ष थे। अपने शिक्षक के लिए सहानुभूति से सामग्री दिए हुए थे। पिताजी के पास घर नहीं था। हमारे लिए वह एक प्रतिष्ठा का

संकेत था। स्नेही संवेदनशीलता का वह ध्योतक रहा। परिवार में हुई आनंद श्लाघनीय रहा। विशाल आंगन सहित बंगले में रहने का ख्वाब देखते थे। शिबिर का साज–समान व अलंकरण सूक्ष्म तरीके से मैंने की। चरवाहों की रोजमर्रे भी बदल डाले। उनको महसूस होने लगा कि वह शिक्षक के घर में बसे हुए है। उदाहरणार्थ, ड़ॉइनिंग मेज़ व बांहेदार कुरसी के अलावा बड़ी बिस्तर, छोटी अल्मारी, रेड़ियो व पैर से चलनेवाली सिलाई मशीन शिबिर के संपदा थे। चरवाहों की तरह हम फर्श पर नहीं बैठते थे। मेज़ के सामने बैठकर भोजन करते थे। सांस्कृतिक तौर पर यह अनोखा रहा।

शिबिर बनने के दिन मेरी तथ्य खोखला निकला। वह बेतुका, नासमझी व बिन आधार रहा। छोटा शिबिर अप्रिय व किश्किन्धा रहा। न उस में कुर्सी न की बिस्तरें। लोगों के बीच सामरस्य नहीं होता था। सहृदयी नुकसान में थे। मेरी अनदेखी की गई। शिबिर को जल्द में बनाया गया। घर का निर्माण साधारण लोग में अतिशयोक्ति है। वह एक अनुष्ठान भी होता है। समारोह में सभी चरवाहें उपस्थित रहें। रोशनदान व्यवस्था के लिए किसी ने दुआ मांगी। किसी ने मेष का हलाल की। एक नानी माँ ने उस पर मीठी रोटी फेंकी। माँ ने टिप्पणी की। मृत को सांत्वना, जीवित को आशीर्वाद व अनर्थ के विरूद्व नींव।

शाम को बारिश हुई।

शिबिर को रस्सी बांधते समय पवित्र रहा। नानी माँ ने याद की, 'शिबिर बने लम्हें में बारिश आई। कितनी सौभाग्यषाली है यह'? माँ ने जवाब दी, 'जी हाँ, रिहायशी घर रहने के बावजूद रोशनदान से इस स्थान की हुलिया भिन्न रही'। उनकी बातचीत के दौरान शिबिर में खड़ी रही। जो भी हो, यह एक घर की छप्पों में जुड़ाव होगा। मालूम था वह आपदाओं में बेकार था। बारिश बूंदे रोशनदान से दीवारों पर टपकते थे। ठंड़े जल ज़मीन पर एकत्रित होने लगता था। दुःख की लक्ष्मण रेखा सर्वदा हद से बाहर होता था। मेरा मनोभाव पूर्णतः कुचला था।

छोटा शिबिर इसके पश्चात् अकथ्य दुःखद स्त्रोत रहा।

चरगाह के प्राथमिक शाला के नज़दीक हमारा घर था। खेल मैदान भी वहीं रहा। शिबिर घर के बिलकुल सामने रहा। वह इतना पुराना हो चुका था। खेल मैदान काफी प्राचीन था। मैं अति उलझन में रही। हर बार पढ़ाई के साथी उसे चर्चा का विषय बनाए हुए थे। बच्चों को कक्षा में ला रही प्रवेशक व नौकरानी की बेटी की तरह महसूस करने लगी। शेष समय में लड़के शिबिर के पास 'टॉम एंड़ जेरी' नाटक खेलते थे। वे समझते थे कि धोकेबाज़ मेज़ पर क्रियाशील है। स्वयं–ष्लाधन की मगर तय किया कि कभी मैं किसी शिबिर में नहीं रहूँगी।

शायद मैं शिबिर से नाखुश रही होगी। दिन भीतने लगे। छोटा शिबिर से मेरी ख्वाहिश पूरी हुई। एक महीने के बाद तुड़ाई पर आदेष हुई। आँखों का कांटा वह नहीं था बल्कि पिताजी–माँ की उत्सुकता की प्रेरणा बनी। चरवाहें इसके पश्चात् हमारे घर कभी न आएँ।

छोटा शिबिर की तुड़ाई के बाद, बहन और मैं देर से घर लौटे। स्तोम पर हम बीहड़ हरी प्याज़ तोड़ने गए हुए थे। शिबिर की अनुपस्थिति से खुद को नुकसान में पाई जैसे महान् स्तोम खिसक गया है। स्पष्टतयः माँ की रूलाहट एक ओर रहा। पिताजी की मुस्कराहट दूसरी ओर। कोयले की शेड पर हमें जवाब मिला। उधर मैं खुद जाकर देखा। छत पर कंबल, घर की शहतीर, रोशनदान सुचारू इकठ्ठे हुए थे। खुद की गलत तथ्य का ऐसा अंत हुआ। मेरी सोच की धार विरूद्व दिशा में बढ़ी———।

खुद को सांत्वना नहीं दे सकती थी। शिबिर के साथ जुड़ने से मैं वाकई शर्मिन्दा हूँ। उसके बारे में क्यों समुत्साही रहीं? शिबिर हमारी किस्मत में नहीं रही। आरंभ से यही एक तरस था। अगले ग्रीष्म की शाम लड़कियों का समूह कोयले शेड तले खेलते रहे। ढ़ेर लकडी पर आग लगते ही शिबिर जल कर खाक हो गया। सोभाग्यवशः वहाँ कोयला इकठ्ठा नहीं था। वरन् हमारी घर को भी नुकसान हो सकता था। आग का समय पर नियंत्रण किया गया। छोटा शिबिर के निकट रोशनदान का चौंखट पड़ा था। कुछ ही कंबल बच निकले। बदबू भारी मात्रा में

फैलने लगी। उस दिन को मैं कभी नहीं भूल सकती। पचास मीटर फासले के भीतर माँ आंसुओं की आंधी में खो गई। तालाब में मिट्टी मात्र बची थी। पिताजी हल्की आवाज़ में कहा, 'शिबिर का मरम्मत करेंगे। भविष्य में यह जरूर काम आएगा'।

कई वर्ष भीते। चाचा का ज्येष्ठ पुत्र की शादी, वह अवसर था। पिताजी ने कहा, माँ और वे अनाथ रहें। समय पर चाचाओं ने पाला पोसा। वरन् हमारी परिवार न बनती थी। पिताजी की ओर से ज्येष्ठ चाचा सुखी जीवन बिताए हुए थे। माँ की ओर चाचा एक चरवाहा था। उसने बेटें व बेटियों की शादी करने में अनेक मुसीबतों का झेला। चरवाहों ने उन्हें शिबिर नहीं दी थी। पिताजी स्वेच्छा से शिबिर बनाए थे। कहना अति कठिन होगा। वह शिबिर मात्र ही रहा। पिताजी के बारे में संदेह नहीं कर सकती थी। वैस ही थे उन सुशील चरवाहें।

शिबिर के रोशनदान के बारे अनेक पुरावे है। कझाक कभी नहीं कहते, 'जल रहे लोभान पुरखों से प्राप्त करें'। बदले में 'रोशनदान आतिशबाज़ी' न की 'आप अमीर बनेंगे' बत्कि 'रोशनदान के लिए भाग्य चमकें'। चरवाहे की छोटी बेटी से गज़ब कहानी सुनी। 'वह दिन शुभ माना जाता था जिस दिन हमारी शिबिर आग से बाल–बाल बचा'। इसका संकेत यह है–हमारी परिवार के व्योम विध्वंस नहीं होगा। महसूस हुआ कि उसकी पिताजी व माँ ने बताया होगा। कई वर्ष बाद और एक चीज़ महसूस की गई। साधारण व्यक्ति से ऐसे भविष्यवाणी! समूह की प्रार्थना शायद शुभ सूचक होगा। रोशनदान की चौंखट को घर पर ही सुरक्षित सम्हाली जाए। आगामी वसंत में चरवाहों को ऐसे शिबिर बनने में वह सहयोग दे सकता है। स्तोम से इमारती लकड़ी चरवाहे ठेलों से लाते है। सामग्री से शिबिर के शहतीर बना सकते है। पिताजी और माँ ऊन की इन्द्रधनूषी रंगाई की। सुझाव दिये कि चरवाहें अपने कंबल व कर्षण सुतलियों को ऐसे ही सुन्दर सजाये। कई कझाकी दिन–रात हमारे मदद करने आए। मध्य ग्रीष्म तक रोशनदान चौंखट तले एक छोटा व अभिनव शिबिर बना। उसकी आखिरी हिस्सा कझाकी महिला

'लाज़िया' के घर में बनी। शिबिर के छत बनाने में वह अत्यंत दुःखी थी। क्योंकि एक सप्ताह पूर्व सात्रिक बीमारी से बेटी मर चुकी थी। संभव्यतः यह अभिनव शिबिर हमारी याददाश्त में सर्वदा रहेगा। श्वेत कंबल, लाल शहतीर, लाल रोशनदान, विशिष्ट कर्षण सुतलियाँ और रंगीन सज़ावट उनमें शामिल होंगे।

बीटा स्तोम पर उसी ग्रीष्म हम रवाना हुऐ। हमारा गंतव्य जंगर का दक्षिणी उप नगर था। हमारी नई जिंदगी वहाँ से शुरू हुई। अभिनव शिबिर की जरूरत उधर नहीं बनी। चाचा जी के ज्येष्ठ बेटे का उसी वर्ष शादी चारागाह में हुई। अभिनव शिबिर उस का घर बन गया। पिताजी ने कहा –शिबिर में नहीं रहने के वजह हमारी दिमाग से उभरी सोच पर अनदेखी की जाए।

अस्सी के आरंभिक दशक में मैं कॉलेज गई। प्रथम ग्रीष्म की छुट्टियों में चरगाह पर रिश्तेदार की घर गई थी। उद्वेश्य बहुत दिन से रहा कि अनदेखी शिबिर को देखा जाएं।

रिश्तेदार दो बच्चों का बाप बना था। शिबिर की आयु घटने लगी थी। शहतीर व रोशनदान तेल व धुंएँ के वजह लाल–काले हुए थे। कशीदा कंबल और दीवारें उज्वल व प्रदीप्त नहीं दिखते। रिश्तेदार चतुरता से पुराने शिबिर को अति सुन्दर बनाए है। हरेक जगह आप कशीदे की चीज़े पाएंगे – बिस्तर, कंबले, कपाटें, विकास में रहें फूलें इत्यादि मित्रता व सौहार्दता के कारण। दौरे के समय छोटी ननद पिताजी और माँ की सेवा सराहती रही। मैं ने सलाह दी कि शिबिर के गूढ़ार्थ के बारे मे वह विस्तृत परखे। उसने कहा, कितने परेशानियाँ भी हों, विशाल शिबिर वह ज़रूर बनेंगी। पांडित्य से परे लड़की सारण चरवाहे से की शादी को वह गलत बताई। उसकी व्याख्या पर आज भी में चिंतित हूँ।

उनकी टिप्पणी सही रही। ग्रीष्मीय चरगाह पर कई दिन रहीं। दिल की ताज़गी हमेशा के लिए समाप्त हुई। घने घास मंच और भराव पानी के बीच मूसलाधार वर्षा ताज़गी लाती है। स्तोमीय वर्षा की रोमांच से परे

शिबिर को क्षति पहुँची थी। वर्षा की रातों में ढ़ेर चादरों से कंबलों को ढ़कने पड़ते है। संदर्भ में कंबलों के ऊपर भारी चादरों के बीच सोना पड़ा। शिबिर की दीवारों से पानी छलकने लगा। गर्भावस्था में रही मां, बेटी खोई चरवाहें की ज़नानी, और छत पर कर्षण सुतलियों की रंगाई व कशीदे इत्यादि शिबिर निर्माण का दुःखद प्रसंग हैं। मेरी दिल में अब भी मार्मिक वेदना होती है। पूर्वज क्यों रूक्ष तरीके अपनायें एक विडंबना है। पिताजी ने खुद को समझाया कि ऐसे घर अपनी रिश्तेदार के लिए सही है। सब से क्या हो सकता है?

सप्ताह बीत गया। पेचीदगी की मनोदशा में रिश्तेदार दम्पतियों से विदा हुई। उनकी ग्रीष्मीय चरगाह वाकई अपवाहों से सुदूर था।

समय तत्काल बदला। कई वर्ष बाद मैं बच्चे की माँ बनी। पति देव से बचाया धन से सहूलियतों से परे घर खरीदी। रिश्तेदार की जनानी कहने लगी, शिबिर से मेरा भविष्य अन्धेरा है। माहौल बदला हुआ है। चरगाह के चरवाहें ईंट से निर्मित मकानों में जत्थें मे बसने लगे। न जाने 'खाल शिबिर' एक दिन ऐतिहासिक संग्रालय की वस्तु बनेगा? कई लोग शिबिर निर्माण को एक धंधा बना लिये हैं। पर्यटक उसका लाभ उठा सकते है। यह भी सुना कि रिश्तेदार भी ईंट से निर्मित मकान पर रहने लगा। निर्मापक पूर्ववतः दस हज़ार युऑ किराऐ पर रहते थे। पुरानी शिबिर पर मैं चिंतित नहीं रह सकती।

हाल ही में अपने रिश्तेदार के घर गई। नया घर सोचा जैसे नहीं था। वह एक साधारण ढ़ांचा रही। स्तोम के निकट पानी और ताज़ी हवा के साथ रही सूदूर रही मकान सबसे अच्छा है। यह मेरी घर से अच्छा हो सकता है। पुराना शिबिर शायद उनकी संस्मरण से लुप्त हो गया होगा। रिश्तेदार के भारी गोदाम में उसे रखा गया है। शहतीर विकृत है। रोशनदान पर क्षति हुई है। लोहे के तारों के बीच फंसा है। कंबल पुराना हो गया है। लगा की धूप से सेकी लच्छा बांसुरी बन गई है। रिश्तेदार की जनानी से पूछी विगत समय से उम्र बदला तो नहीं। अब वह मध्य उम्र महिला बनी है। मां–बाप से सुनी किस्सा दोहराने लगी।

वह बीस साल पुराना था। क्या खाल शिबिर उतने समय तक रह सकता है? कंबल तो बार बार बदलना पड़ता है। रोशनदान तो वही रह सकता है। बदलने के मन नहीं आया। अभिभावक के अनुकंपा पर वह सराहती रही। क्योंकि रोशनदान परिवार की प्रधान रोशनी है। कहने लगी वह दोबारा उसे प्रयोग मे लाएगी। आजकल चरगाहों को ठेके पर चलाने दी जाती है। ईंट के मकान बनाने गये है। ग्रीष्मीय चरगाह में रहने का आनंद अलग ही था। उसकी व्याख्या से मैं विचलित रही। पूछा उसके बेटे शिबिर में रहने के लिऐ नए कंबल की आवश्यकता है। कही, वह ज़रूरी नहीं है। जीवनी के लिए आवश्यक बना हुआ तो वह अच्छी बात है। चाहे वह शिबिर अथवा ईंट से निर्मित मकान हो, वह एक मकान ही रहेगा। सुनते ही संपूर्णतः चकित रह गई।

रिश्तेदार की कटिये पर रात को लेटी रही। काफी देर बाद भी सो नहीं पाई। हवा काफी बर्फीली थी। बसंत का माहौल भीतर में रही। स्तोमीय वर्षा कंबल को गीला नहीं करती। दिल के भीतर फुंहार ज़ारी है। ऐसी माहौल में अतीत का संस्मरण करती रही। उन सुशील चरवाहें, खेल मैदान, पुराना खाल शिबिर, पूर्वज के स्थानांतरण, बच्चों के भविष्य के लिऐ रिश्तेदार जनानी की उपेक्षा, और उस की मेरी ओर निर्धारित नकरेबाज़ी, इत्यादि सस्मरण की लहरें थे। मेरी जैसे लोग शिबिर में रहने का आनंद के बोझ में समझ नहीं सकते। यदि न हों तो वह कैसा आनंद हो सकता है ? हम अयाधुनिक व भूषाचारी तथ्यों से समझ सकते है। एक अत्वरित शैली भी हो सकता है। वह गहरा नहीं हो सकता। भूषाचार एक नई संस्कृति ला दिया है। व्यक्तिपरक भावनाएँ सांस्कृतिक परंपरा से जुड़ी होंगी। वह स्थिर व विश्वसनीय होती है। मित्र, संबंधी व माँ बनती है। अतः शहर में रहते समय, पुराना घर जाने की इच्छुक हूँ। उम्मीद है कि हर जगह उसे संरक्षक अवरोध होंगे। कई बार मेरी सोच से नज़र में आता है कि वह दूसरे लोगों की भावना से मेल नहीं खाता है। अत्यधिक उम्र के वृद्ध की तरह अनेक उतार–चढ़ाव का वह भी मुकाबला किये रहते है।

अध्याय – 24

बेटी का जल

बीटा स्तोम से रवाना होते समय मैं केवल तेरह बरस की थी। वह अगस्त महीने का दिन था। पिछला दिन का अभिवादन में शामिल थे – मेरा जल, मेरा घास मंच, मेरे फूल व छोटे कीड़े समूह। सोच रही थी वापिस नहीं लौटूँगी। मेरा परिवार दूसरी जगह से आया था। पिताजी व माँ अपनी जगह ले जाने के लिऐ इच्छुक थे। मेरा जन्म यही हुआ था।

छोटे स्तोम पर आंसुओं की धारा बहने लगी। मेरी रवानगी पर स्तोम नहीं जानता था। आकाश पर नज़र ड़ाली। ढूंढ़ने लगी अलेतेंग ओबाओ गाँव किधर है। तेरह वर्ष तक स्तोम में बात करने, चलने, दौड़ने व चढ़ाई पर व्यस्त रही। दिल में मेरी रवानगी पर विशाल सहानुभूति रही।

किस्मत पर कझाकी विश्वास रखते है। अन्न किस्मत बनाता है। व्यक्ति या स्थान से लगाव अन्न से होता है। किस्मत प्रत्यक्ष से काम करता है, न की परोक्ष। नई जगह भी हो वहाँ अन्न आपको पकड़ कर ले जाता है। अन्न ऋण समाप्त होते ही जीव संसार से विदा होते है। अन्न में रोटी, नमक व जल समन्वित है।

बीटा स्तोम की उपज़ हूँ। जल संबंध टिकाऊ रही। सुदूर जाने के बावजूद जल संबंध बुला लेता है। 27 वर्षा के बाद अपने छोटे बेटे को स्तोम पर लाई।

तीस वर्ष बाद वापसी पर कहना कठिन है। जल ऋण के बाद में जिक्र कर सकती हूँ।

छोटा स्तोम पर किसी ने मेरी ठिकाना पूछे। जवाब में कही अलेतेंग ओबाओ बोली। शादीशुदा महिला ऐक्सिया खुद की घर पर थी। रवानगी से पूर्व माहौल अलग था। उनकी माँ और मेरी घर पर उनकी दौरा पर बताती थी। वह छः बरस की लड़की थी। घर के सामने कशीदे का पलंगापोश था। उसमे सुदर फूल की टोकरियाँ थी। हमारी माँ उनकी माँ को उसे दे दी थी। उन्होंने अनेक चीज फूल टोकरी नमूने में सिलाई की।

अब की दौरे में सब भूल दी थी। देखने मे वह छोटी कद की थी। आंखे काले थें। देखते ही रोने लगी। कहीं माँ पिताजी के साथ चली गई। कार की दुर्घटना उन्हें मारक रहा। पता नहीं खुदा के लिए मेरी गलती हुई या मेरा जन्म ही कारण था। अनाथ को वह जरूर फेंक देता है। खुद को कोसना चाहिए। मेरा जन्म ही उनकी अवसान के लिए कारण होगा। मरने की मंशा रही। किसी ने कहा कि उसका वरण नहीं करना चाहिए। तीन छोटे भाई हैं। मेरे पास विकल्प भी है। जीने के लिए रह गई।

ऐक्सिया जाने–अनजाने बातें करने लगी। उनकी छोटा बेटा कुछ कहा। उसके बाद वह चुप हो गई। उनकी पति दाऊ मुझे अलेतेंग ओबाओं जाने कल मदद करेगा। उनकी मां–बाप वहाँ मरे थे। छोटा भाई उनकी छोटा बेटे का खतना किया था।

अपनी जगह आ गई। बचपन से आने की तड़प थी।

खतने की दावत में कुछ भी कहना नहीं चाहती थी। घोड़े व मेष पकड़ने की तजुर्बे बेकार थे। जल ऋण के बारे में बोलना उचित था।

स्तोम पर धारा जारी था। 27 वर्ष पूर्व वहाँ से विदाई ली थी। मालूम न हो सका जल संसाधन सुन्दर बना था। गाँव से होकर धारा तटीय

क्षेत्र से देवदारू समूह के बीच आने लगा। ऐक्सिया जल साधन की खूबी का अवलोकन के लिए संदर्भ सही बताया। उनकी कहने से खरा चाय पीने का अनुभव होने लगा। हो सकता है उनका विश्लेषण गलत हो गया होगा।

स्तोम की मोड़ पहुँचते ही पक्षी समूह मंडराने लगे। एकत्रित महिलाओं सहित धारा की आवाज़ दूसरी ओर आई। उनकी ठहाका हंसी से मैं उत्तेजित हुई। दिन के बीच मोड़ से आगे बढ़े। महिलाएँ कोई और नही थी। स्तोम व मेदान में एकत्रित पक्षी समूह।

स्तोम पर कुछ देर तक खड़ी रही। लगा कि पक्षि समूह मेरे ऊपर घिरे हुए है। मेरी बाहे, मेरे कंधे, मेरे भौंहे, मेरे बाल, मेरी धमनियाँ सहित तंत्रिकायें पर छू रहे थे। उनकी पतली व मज़बूत पैर दिल पर गहराई से चोट पहुँचा रहे थे। उनकी नुकीले व फुर्तीले चोंच मेरे त्वचा पर प्रहार कर रहे थे। वह ट्यूना मछली जैसा रहा। जल तरंग के साथ उछलकर कूदते थे। प्रतिस्पर्धा में पक्षि संवाद करने तैयार थे। उनको पता नहीं था कि वह क्या कर रहे है। धारा के उभय पार्श्व चट्टानों के ऊपर रेंगते रहें। बाद में चरवाहों के लकड़ ढ़ेर, कपड़े सुखानेवाला जगह गांठ नुक्कड़ पहुँचे। मवेशियों के बदन को भी न छोड़े। समूह इतना व्यस्त रहा कि उनकी कतार कई कि. मी. तक होगी।

ऐक्सिया से पक्षी समूह स्त्रोत पूछी। जैसे – कहाँ, क्यों, किस वास्ते व ठंड़ की हालत।

जवाब मिला विलोमतः, अगस्त। तीस दिन के बाद रवानगी। गंतव्य नहीं पता। मई महीना। अंडे रखने लगेंगे। चूज़े की निकासी। टिड्ड़ी पकड़ेंगे। कीड़े मकोड़े पकड़ेंगे। धारा में नहलाएगे। चूजों को चारा देकर नहलाने वापिस आऐंगे। रोज़ नहाऐंगे। स्तोम की उभय पार्श्व देखें। पत्थरों के नीचे कितने चूज़े होंगे। पहली पक्षी अब तक उड़ रहा होगा।

कई पक्षी चोंच से टिड्ड़ी पकड़ कर पानी में झूल रहे होंगे। मेरी माँ इनके बारे में ज्यादा जानती थीं भविष्य के बारे में जिक्र भी करती थी।

हर साल टिड्डियों से प्लेग महामारी का खतरा था। ज्यादा से उनकी संख्या बढ़ सकती थी। मेरी बचपन से मांसल होने लगे थे। टिड्डियों से कभी प्लेग महामारी नहीं आई। हो सकता हैं उनकी भविष्यवाणी गलत हो।

क्या आप की माँ नहीं बोली वह कहाँ की थी?

ऐक्सिया बोली, 'चरवाहे की पुत्री होगी। अकसर याद दिलाती कि पक्षियों के अंडे का नुकसान न पहुँचाओ। नुकसान से समूह का अभिशाप आ सकता है। चेहरे पर चेचक दाग आएंगे। कोई हम से शादी करने तैयार नहीं होता। व्यक्ति अनाथ भी हो सकता है।

ऐक्सिया की बात से दिल का दर्द बढ़ा। कुछ कहने की हिम्मत न हुई।

धारा के पास पत्थर के ऊपर हम बैठे थे। बलिष्ठ हवा से शैवाल उड़ने लगे। वह लगा कि महिला के बाल कमर पर लचक रही है।

जवाब नहीं दिया। पानी के बहाव देखती रही।

दोबारा कही, 'बचपना में पक्षी को चोट नहीं पहुँचाई। चावल, रोटी खिलाती थीं। गिरे पंखे को लोहे के बक्सों में डाल देती थी। सरदी के खिड़की के ऊपर जाली में छिपका देती थी'।

मुझे उसे देखकर रोने की मंशा बढ़ी।

दोबारा कही, 'मैं ही नहीं तीन बेटे व उनकी साथी कभी पक्षी समूह को चोट नहीं पहुंचाएं थे। बच्चे उनकी सुचारू देखबाल की। उनकी नज़दीक गए तो छोड़ कर जाने पर चीखने लगते थे। शायद मेरी मौत से वे ड़रते थे'।

आँसू आने लगा। वह भी रो रही थी।

कई दिन पहले की बात है। सुदूर से कुछ पर्यटक आए थे। पक्षी समूह को छेड़े थे। दबंग भतीज़ा उन्हें रोकने गया। बेचारा उनसे आखिर मारा गया'।

कुछ देर खामोश रहें। आगे बढ़े। पक्षि समूह टिड्ड़ियां पकड़ने में व्यस्त थे। कुछ तो अपनी पूंछ हिला रहे थे। कुछ ही मीटर दूर थे। यकायक चड़पड़ाकर वहाँ से गायब भी हुऐ।

ऐक्सिया कहीं, 'बहन ऐन बेकार चीज़ नहीं बताना था। आपको ठेस पहुँचाया होगा। इन घृणित पक्षी समूह! अब कुछ भी नहीं बोलेंगे। उनकी ज़रूरत नहीं हैं। कुछ रोचक चीज़ो पर कहेंगे। देखों उस चोटी पर नज़र डालों'।

'जी हाँ'।

'कल बारिश नहीं आए तो वहाँ आपको ले जाऊँगी। मेरा जल उधर है'।

वह रूक गई। मैंने उसे रूकवाई। उसे कहीं और बात करने मुड़वाई। मेरे दिल पर खास तौर पर उसका जल असर किया था। कई वर्ष तक बीटा स्तोम पर जल संसाधन के बारे में जानती थी।।

अनजान थी कि यह बहन मुझ से दस साल छोटी है। अपना जल स्त्रोत रखी हुई है। साथ जाकर उसकी जल स्त्रोत देखने तैयार हो गई।

सहानुभूति यह रही कि ऊपरवाला नाखुश था। अगले सुबह अलेतंग ओबाओ पर मूसलाधार वर्षा हुई। अपने घर के सामने खड़ी रही। देर रात उगे हुए फूल व पौधे वर्षा के शिकार हुए। कलियाँ मुरझा गए। धूप आये हो तो सचमुच वह विकसित हो सकते थे। धारा के उभय पार्श्व पक्षी समूह खामोश थे। न चीख आई न हीं–ही न की लंबी जीभ महिलाओं का ठहाका हंसी। टिड्ड़यौं वर्षा से बचने पत्थरों के नीछे सुहावना जगह पकड़ भी गए होंगे। बिन कीड़े–मकोड़े पक्षी समूह छुट्टी मनाते हैं। हम भी अपने घर पर रहे।

घर पर आई।

कझाकी साधारण परिवार। मेज़बान व उनकी अर्धांगी दस साल पूर्व वहाँ से स्थानांतरित थे। खाल शिबिर का जीवनी सक्रिय रहा। चिलमची

से आग व धुंएँ नियत रूप से निकलते थे। रोशनदान को काला नहीं करते थे।

ऐलेक्सिया का छोटा भाई शादीशुदा था। मां—बाप के देहांत के बाद वह मात्र आठ साल का था। वह सोलह साल की थी। दस साल तक भाईयों के साथ वह रही। उनके पति सुशील था। ससुराल भी विचारशील थे। छोटा भाई पढ़ाई में था। बढ़े भाई लोग पढ़ाई समाप्त कर शादी कर चुके थे। कझाकियों के सहयोग के बिना उनका परिवार नहीं होता था। जो भी हो खतना की दावत तो खूब चली होगी।

बच्चे की खलड़ी की दर्द से वह सो नहीं पाया। उसकी माँ और चाची भी जागे रहे। खाल शिबिर के बाहर वर्षा जारी रही। लगा कि कई टहनियाँ दीवार पर घूंसे मार रहे है। सुरों के लिए दुष्ट शक्यिों से बचने शामन चला रहे होंगे। बालक के माँ बाहर निकली। वह शिबिर के सामने रही ढ़ेर लकड़ पर फावड़े लेकर वहाँ खाई बनाने खुदाई की। टपकन ज़ारी रहा जैसे भारी मात्रा में पानी मिला हो। बेटे के बगल में रहकर समझाई कि मूसलाधार वर्षा से चोट पर तुशार जमी है। आकाश में तारे गायब है। बेटे ने कहा, 'कल जा सकता हूँ'? माँ ने कही, 'नहीं, तेरा दर्द बढ़ जाएगा। धूप आने तक रहो। वहाँ लेकर अंकल बाटा की दुकान में खिलौना कार खरीद कर दूंगी'। बेटे ने बोला,'नहीं, मुझे एक नाँव चाहिए। उससे मैं धारा में चला सकता हूँ'। 'ठीक, ठीक। ज़रूर एक नांव'।

वर्षा तेज़ हुई। ऐक्सिया बगल में सोई थी। मुंह उसकी ननद व बेटे की तरफ था। दर्द के मारे रो रहा था। वह भी रो रही थी।

सुबह की चाय शिबिर पर हुई। दरवाज़ा खुला था। लड़का खामोश था। तुशार स्तोम की चोटी तक पहुचां घाटी तले बादले पिघल रहे थे। देवदारू के आधी हिस्सा वर्षा व तुशार में भीगा हुआ था।

मवेशी चोटी पर थे। मालूम नहीं था कि कितने दूर वे चरा रहे है। नज़दीक में महाकाय भी थे। लग रहा स्तोम तले घास मंच के वजह छोड़ना नहीं चाहते थे। कुत्ते या पक्षी समूह अपने घोसलों पर ही

रहे। सब जीव अपने ठिकानों पर वर्षा की खामोशी से मुकाबला करते रहे।

ऐक्सिया ने कही, 'मेरा जल धुंध के भीतर है'।

उनके इशारे पर आगे देखा। भीगी हुई धुंध का वह विस्तार था। वह धुंध नहीं था। स्तोम के ऊपर मंड़रा रहे बादल समूह।

ऐक्सिया ने कही, 'लोग जल को –ऐक्सिया सु कहते है। कझाकी बोली में 'सु' की परिभाषा जल के लिऐ होता है। कहने लगी, उनकी परिवार जब वह तेरह साल की थी, एक जोड़े बकरों को खो लिया। बकरी और बछड़ा। पिताजी कई दिन खोज़ के बाद असफल रहे। सोचा कि भेड़िए के शिकार हुआ होगा। एक दिन ऐक्सिया खुद चोटी पर गई। अलेतेंग ओबाओ। एक खड्ड़ पर मेमने व जल दिखे। चट्टान पर बकरी आँख मूंद जुगाल लगा रही थी। लगा कि धूप में किसी वृद्ध सेकाई कर रही है।

जल से बकरी व मेमने संपोषित थे न की भेड़िये की शिकार झरना स्त्रोत बड़ा नहीं था। चट्टान से नज़दीक ही रहा। ऐक्सिया ढ़लान की धारा को पकड़ लाई। चट्टान के ऊपर धारा खिसक। घाटी की धारा खामोशी से बहने लगी। उस पर बह रहा पत्थर तेल की सतह से भरा जैसा था। पक्षी समूह उस पर रेंग सकते थे।

ऐक्सिया जल स्त्रोत के बारे में मात्र माँ से बताई। किसी को कहने से उसने मना कर दी। माँ ने उसकी माँग को स्वीकारी। परिणामतः बकरियाँ जल स्त्रोत को छिपा दिए थे। ग्रीष्म मौसम में मां–बेटी चुप्पी सादी रहीं। किसी कझाकी ने आवाज़ दी, 'ऐक्सिया सु'। क्योंकि ऐक्सिया की माँ ने उसका प्रथम बार पता लगाई थी।

तात्पर्य था, माँ ने उसका नामकरण किया था। चीनी बोली में उसको 'बेटी का जल' माना गया।

ऐक्सिया ने कहा, जल की भी अपनी भावनाएँ होती है। मां–बाप की देहांत के बाद कई वर्ष तक जल स्त्रोत कटा रहा। माँ ने कही थी 'अपनी आंसू सूखने के बाद जल स्त्रोत भी सूखा रहेगा'। बाद में वह बहने लगा। कुछ समय तक वह रूखा था। यकायक दोबारा बहने लगा। इस वर्ष भी जल धारा ज़ारी रही। माँ के समय की तरह धारा प्रवाहित रहा। कुछ समय तक उसके जीवन में उतार–चढ़ाव रहा। ससुरालवालों के अवसान बाद ऐक्सिया व उनकी पति अपने भाई–बहनों की देखभाल की।

आय स्त्रोत सीमित रहने के बावजूद भाई–बहने आपसी सौहार्दता से खुश रहे। एक दूसरे से अच्छे व्यवहार रखते थे। अब ऐक्सिया चरगाह के प्राथमिक स्कूल केंटीन में काम करती है। तीन बच्चे की माँ है।

दिन में वर्षा ज़ारी रही। "बेटी का जल" देखने छाता ले गई थी। बूंदा बांदी चलती रही। आसमान व ज़मीन पर पानी रहा। वर्षा की पानी और "बेटी का जल" का अंतर समझ नहीं पाई। उधर ही खड़ी रही जहाँ से "बेटी का जल" पानी धारा में बह रहा था। स्त्रोत पर जा न सकी। वहाँ देखने मुझे पक्षी समूह मिला। कतार पर चट्टान दरार तले छिपे हुए थे। अनेक मादा व चिड़ियाँ होंगी। उन्हें अलग नहीं कर सकती। नज़दीक ही थे। भीड़ पर मेरे बारे में वे अनजान थे। दक्षिणी ध्रुव पर स्थित पेन्ग्विन की तरह पक्षी समूह लोग से नहीं ड़रते थे।

रोने पर मज़बूर हुई। ऐक्सिया ने कही, "भविष्य में परी समान पक्षी अपनी चिड़ियों को सुदूर दक्षिण ध्रुव तक ले जा सकते है। दुनिया उस संदर्भ में कहीं देखे तो बर्फीला अड्ड़ा बन सकता है।

बीटा स्तोम से लौटी। आधार संग्रहण में पक्षि समूह के किस्म के बारे में खोज़बीन की। पता चला कि पक्षी समूह भारत से वहाँ पहुँचे हुए है। वहाँ वे भड़कदार बने हुए थे।

'बेटी का जल' मेरी नज़र मे नहीं दिखी। शायद वह अपना मार्ग तय कर लिया होगा। उम्मीद कर सकते है कि वहाँ मानवीय हस्तक्षेप नहीं हैं। स्तोम, घास, फूल, सड़कें, बचपन से ज़ारी रही मेरा जल से भी वह रह सकता है।